갑오년의 동아시아
甲午年
: 1894와 2014

임현진·손열 엮음

진인진

지은이(집필순)

김동노 · 연세대학교 사회학과
김현철 · 동북아역사재단
김재호 · 전남대학교 경제학부
정근식 · 서울대학교 사회학과
류더빈(劉德斌) · 길림대학교
브루스 커밍스(Bruce Cumings) · 시카고대학교
히라노 겐이치로(平野健一郎) · 와세다대학교
손열 · 연세대학교 국제학대학원

엮은이

임현진 · 한국사회과학협의회 회장
손열 · 연세대학교 국제학대학원

갑오년의 동아시아 : 1894와 2014

초판 1쇄 발행 | 2015년 7월 27일

저　　자 | 김동노·김현철·김재호·정근식·류더빈·브루스 커밍스·히라노 겐이치로·손열
엮 은 이 | 임현진·손열
발 행 인 | 김영진
발 행 처 | 진인진
등　　록 | 제25100-2005-000003호
주　　소 | 경기도 과천시 별양동 1-14 과천오피스텔 614호
전　　화 | 02-507-3077~8
팩　　스 | 02-504-3079
홈페이지 | http://www.zininzin.co.kr
이 메 일 | pub@zininzin.co.kr

ⓒ 진인진 2015
ISBN 978-89-6347-229-4 93300

::: 머리말

　　최근 동아시아 지역 정세가 불안하다. 이 지역의 한국, 중국, 일본은 물론 미국, 러시아 등의 서로 다른 이해관계가 교차하면서 긴장이 나타나고 있다. 국제정치의 각축장이었던 19세기 말 동아시아를 보는 것 같다는 지적도 나온다. 이러한 문제의식 아래 한국사회과학협의회는 2014년 10월 국내외 전문가들을 모시고 한국 근대사에서 가장 중요한 의미를 지니는 갑오년을 돌아보면서 현재를 진단하고 미래를 전망하는 국제회의를 개최하였다. 갑오년의 농민운동, 국가개혁(갑오경장), 청일전쟁이란 일련의 사건을 하나의 일관된 역사적 현상으로 잡아 재조명하고 미래한국을 위한 정책적 시사점을 도출하는 시도이었다. 이 책에 실린 여덟편의 글은 당시 발표된 주옥같은 글들을 저자들이 직접 수정, 보완한 것이다.

　　1894년인 120년 전 한국을 돌아보자. 동북아 정세는 한반도를 둘러싸고 인접국가들 사이의 패권 다툼으로 얼룩졌다. 개화와 척사 사이에서 방황한 조선은 변화를 이끌지 못하고 비극의 신세가 되었다. 동학운동, 갑오경장, 청일전쟁 등 갑오년에 일어난 굵직한 사건은 조선의 위상은 물론 동북아의 역학을 바꾸는 전기를 이루었다. 결국 한일합병에 의한 대한제국의 식민지화, 그리고 해방과 함께 한국전쟁을 거쳐 분단국가로 이어지는 오늘에 이르고 있다.

모든 일에 본말本末이 있듯 무대는 한반도에서 시작한다. 조선 후기 문란해진 삼정으로 민란이 잦은 가운데 왕조 리더십은 한계에 직면했다. 서세동점의 시기 조선은 강요된 개항을 통해 일본, 청, 러시아가 아시아의 패권을 두고 각축하는 마당이 되었다. 1884년 일본의 지원을 받아 갑신정변이 일어났지만 청의 개입에 의해 3일천하로 마감했다.

10년이 지나 수탈과 압제에 빠진 농민들이 동학을 사상적 토대로 하여 체제혁파를 위해 봉기했다. 조선의 요청으로 청이 무력으로 개입하고 이를 기다린 듯 일본도 군대를 보내 결국 청일전쟁이 벌어졌다. 청일전쟁의 와중에서 근대국가 체제를 갖추기 위한 위로부터의 개혁인 갑오경장甲午更張이 있었다. 하지만 일본을 배후로 진행된 관제개혁이 민중으로부터 지지를 받기 어려웠다. 타율적 근대화의 자명한 결과였다. 외세에 대한 의존과 개입은 결국 조선의 와해로 이어졌다.

한반도 강점을 위한 일본의 야욕은 아산만과 압록강 어귀에서 연이어 청군을 패퇴시키고 여세를 몰아 요동반도의 여순을 함락하고 산동반도의 위해를 점령한 후 청의 북양함대를 궤멸시켰다. 한반도를 둘러싼 아시아의 패권은 청으로부터 일본으로 넘어갔다. 아편전쟁 이후 계속된 치욕스런 패배로 인해 중국은 제국주의 열강에 의한 침탈의 대상으로 전락했다.

오늘의 동북아 정세는 이전과 유사한 점이 적지 않다. 우선 역사왜곡이 심각하다. 일본은 한반도의 식민지 지배와 전쟁을 미화하고 있고, 중국은 고구려와 발해의 독자성을 부정하고 있다. 바다와 하늘 사이에서 영토분쟁도 심각하다. 센카쿠/다오위다오에 감도는 전운, 독도도 안심하기 어렵다. 중국은 방공식별구역에 대한 자의적 설정을 주저하지 않고 있으며, 일본-오키나와-대만-필리핀으로 이어지는 제1도련(島連: first islands chain)을 넘어 일본-괌-호주-뉴질랜드-남중국해로 이어지는 제2도련 밖으로 미국의 해상력을 밀어내기 위한 준비를 진행하고 있다. 남중국해에서 매립과 활주로 공사를 단행하면서 미국과 충돌하는 것도 이런 까닭이다. 미국의 아시아 재균형 전략은 이러한 중국의 팽창을 막으려는 시도로서, 미국은 일본의 적극적 역할분담을 요청하고 있으며 아베 신조安倍晋三 수상이 이끄는 일본은 이에 편승하여 군사력을 강화하고 군사적 역할 확대를 적극적으로 꾀하여 이른바 '보통국가'로 거침없는 행보를 보이는 한편 야스쿠니 신사참배나 고노 담화 재검증, '침략' 부인 등과 같은 아베의 도발적 행동도 주저하지 않고 있다. 문제는 한국이다. 미국/일본과 중국 사이에서 한국은 사드(THAAD)논란에서 보듯 안보적 이해와 아시아인프라투자은행(AIIB) 가입을 둘러싼 경제적 이해의 중첩으로 인해 균형외교를 밀고 나가기에 매우 어려운 형편에 처해 있다.

 이 책은 동아시아의 격랑을 헤쳐 갈 한국호의 순항을 위해 1894년 갑오년을 재조명한다. 필자들은 1894년의 시공간 속에서 한국의 대응을 돌이켜 본 후, 정책제안으로 개혁을 위한 폭넓은 지지기반의 확보, 배타적 민족주의의 극복, 동아시아적 시각의 확보, 동아시아를 단위로 한 중층적 공동체 구축 등을 내어놓고 있다.

 구체적으로 김동노(제1장)는 왜 1894년 농민운동과 갑오개혁이 하나로 결합되거나 협력할 수 없었던가라는 질문을 던지면서 위로부터의 국가개혁이 폭넓은 사회적 지지기반을 확보할 때 성공할 수 있다는 역사적 교훈을 제시하고 있다. 그는 그 가능성으로서 민족주의에 주목, 근현대사를 통해 형성된 민족주의의 배타성을 극복하기 위해 민족의 개

넘 재정립과 정치적 이념과 계급적 경계선을 넘어서는 포괄적 민족주의로 나가야 함을 역설하고 있다. 근대 정치제도 수립과정을 분석한 김현철의 글(제2장)과 근대 재정제도 설립을 둘러싼 노력을 기술한 김재호(제3장)에 따르면 개혁이 실패한 까닭은 지배층인 개화파 관료들이 정치적 통합에 실패하고 고종 등 정치 지도자들이 리더쉽의 한계를 노정한 데 있다.

제4장에서 정근식은 일국중심주의를 넘는 동아시아적 시각을 강조한다. 1994년을 전후하여 이루어진 1894년의 역사적 사건을 기억하기 위한 장치로서의 한국의 동학혁명기념관과 중국의 갑오전쟁기념관을 비교하면서, 한국은 동학농민혁명과 청일전쟁을 연속되고 결합된 사건이 아니라 별개의 독립된 사건으로 인식하고 있음을 지적한다. 그는 이러한 일국주의적 시각을 극복, 동아시아사란 사고 지평을 열 필요가 있음을 지적하고 있다.

제5장 류더빈의 글은 역사해석을 둘러싼 국가간의 정체성 갈등과 미중간 전략적 경쟁의 점증으로 인해 지역을 단위로 한 협력과 공동체 구축노력이 난관에 빠져있음을 지적한다. 중국학계에서 갑오전쟁 연구가 주목을 받게 된 계기는 두 번 다시 패배의 비극을 겪지 않으려는 중국의 열망에서 나왔다는 것이다. 이는 동북아 혹은 동아시아를 단위로 한 집합정체성 연구의 상대적 쇠퇴와 관련되어 있다. 일본의 우경화와 군사대국화 시도가 점증하여 중국과 대결구도가 이어지는 한편 한중관계가 긴밀해지면서 한일관계가 악화되는 속에서 지역 정체성과 공동체 의식의 발전이 정체되어 있는 현실이 동아시아 공동체 연구의 위축과 동학전쟁 연구의 확산을 가져왔다는 것이다.

한편 커밍스(제6장)는 미국의 영향력에 주목하고 있다. 1894년 갑오년의 주역이었던 일본이 2014년 다시 골칫거리로 등장하는 상황에 대해 미일간의 태생적 친밀감을 강조하면서 '1등 미국'과 '2등 일본'이란 관계가 19세기 후반이래 오늘날까지, 1931-1945년을 예외로 하면 일관된 것이었음을 주장한다. 2014년의 미국은 여전히 아시아-태평양의 패권국이며 간헐적인 전쟁, 영토분쟁, 중국의 부상에도 불구하고 일본을 현재 상태로 묶고, 중국을 봉쇄하며 한반도의 분단을 방치하는 미국의 전략은 변함이 없다는 것이다.

제7장에서 히라노 겐이치로는 19세기 동아시아 국제관계사의 전환점을 상징하는 동시에 향후 비극적 역사를 예견하는 글로 황준헌의 조선책략을 꼽으면서 국민국가간 2차원의 제로섬 경쟁을 극복하는 3차원의 다층공간 체제 안에서 모든 부분 들이 서로에게 중층적으로 연결, 소속되는 지역 공동체를 만들어 가야함을 역설하고 있다. 끝으로 제8장에서 손열은 미국, 중국, 일본 세 대국 간 '동아시아의 꿈'의 경쟁 속에서 한국이 대안을 제시하는 것이 아닌 이들 꿈을 엮어 내어 평화적으로 경쟁하며 협조할 수 있도록 하는 중견국의 역할을 담당해야 한다고 주장하고 있다.

요컨대, 1894년 갑오가 주는 교훈은 자명하다. 내분이 외세를 불러들인다면, 적과 동지를 구분하기 어려운 것이 외세다. 우리가 하기 나름이다. 오늘의 진보와 보수, 어느 입장이든 자강自彊은 몰라도 사대事大를 위해선 결코 아니 된다. 이 책은 안으로 통합하고 분단국가이지만 말썽꾸러기 북한의 도전을 거꾸로 활용하여 우리의 입지를 강화하여 밖으로 공생을 위한 지역협력체제의 건축에 나서야 한다는 메시지를 던지고 있다.

이 책은 경제·인문사회연구회의 후원으로 이루어졌으며 한국사회과학진흥(SSK)을 위한 한국연구재단의 지원에 힘입었다. 또한 이 책의 모태인 국제학술대회를 성공적으로 개최하는데 서울대학교 아시아연구소(소장 강명구)의 행정지원을 빼놓을 수 없다. 끝으로 수집된 원고가 한권의 책이 되기까지 한국사회과학협의회 윤여령 사무국장의 헌신적인 뒷받침이 있었다. 감사를 드린다.

임현진, 손열

* 이 책은 한국연구재단 SSK- 성과홍보확산지원사업에서 발간비를 지원받았습니다.

:::목차

머리말 _3

동학농민전쟁, 갑오개혁, 그리고 민족주의 김동노 _11

갑오개혁의 정치사적 의의와 현재적 시사점:
제2차 김홍집·박영효 내각의 성과와 한계 및 과제를 중심으로 김현철 _44

근대적 재정국가의 수립과 재정능력, 1894-1910 김재호 _95

중국갑오전쟁박물관에서 다시 보는
동학농민혁명과 청일전쟁 정근식 _141

갑오전쟁이 중국 및 한국에 주는 교훈과 시사점 류더빈 _179

1894~2014년 간의 동아시아 질서에서
일본에 대한 미국의 선호 브루스 커밍스 _195

동아시아 국제레짐의 맥락에서 본 갑오개혁과 세 전쟁 히라노 겐이치로 _233

동아시아의 꿈: 1894년과 2014년 지역질서 건축 손열 _243

1

동학농민전쟁, 갑오개혁, 그리고 민족주의

김동노(金東魯)

시작하면서

　1894년, 갑오년. 분명 한국 근현대사에서 가장 중요한 해 가운데 하나이다. 물리학에서 보는 시간의 흐름은 항상 균일하겠지만, 역사의 흐름에서는 같은 시간이 때로는 완만하게 때로는 급박하게 흘러간다. 1894년은 역사가 급박하게 진행된 한 해였을 뿐만 아니라 이 해의 역사가 상당히 오랫동안 한국사회의 성격을 결정하는 전환점이 되었다. 19세기 후반 내내 지속된 국가적 위기 속에서 이를 해결하기 위한 농민운동과 정치 엘리트의 국가개혁 시도가 동시에 진행되었던 1894년은 조선이 근대로 들어가는 길을 치열하게 탐색하던 시기였다. 그러나 이러한 노력이 실패로 돌아가면서 조선의 몰락은 돌이킬 수 없게 되었고 끝내 조선은 일본의 식민지로 전락하는 운명을 맞게 되었다. 같은 해 일본

---

* 2014년 10월 24일 한국사회과학협의회가 주최한 국제학술대회 『갑오년의 동아시아와 미래한국: 1894와 2014』에서 발표.

은 동아시아의 종주국이었던 중국과의 전쟁에서 승리하고 대만을 식민지로 확보함에 따라 세계의 열강과 어깨를 나란히 하고 제국주의의 반열로 올라가는 계기를 마련했다.

1894년은 전통적 체제의 질곡 속에서 고통을 겪던 농민들의 저항으로 시작되었다. 온갖 불법적 방법을 동원하여 농민을 약탈해온 관리의 부정부패가 참을 수 없는 수준으로 악화되면서 19세기 후반 들어 농민들이 저항의 의지를 행동으로 옮기기 시작했고 결국 농민운동이 일상화되었다. 이 흐름이 갑오년 들어 동학농민전쟁으로 결집되어 한국 역사에 있어 가장 대규모의 농민운동이 일어났고, 그해 12월 전봉준을 포함한 지도자들이 체포될 때까지 지속되었다. 농민들의 거센 저항을 진압할 수 없었던 조선 정부는 청에 도움을 요청했고 이에 맞추어 중국과 일본의 군대가 동시에 조선에 진출함으로써 동아시아의 세계질서를 바꾸려는 전쟁의 기운이 싹터갔다. 조선에 진출한 일본의 요구에 따라 고종은 개혁 내각을 구성했고, 오랫동안 근대적 개혁의 이상을 이루고자 했던 개화파는 갑오개혁이라는 국가개혁 운동을 통해 꿈을 현실로 만들어갔다. 그러나 청일전쟁에서 일본이 승기를 잡게 됨에 따라 큰 변화가 오기 시작했다. 평양전투에서 승리한 일본은 동아시아에서 중국을 대신하여 중심국의 지위로 상승하는 기반을 마련하였고, 남쪽을 지배하고 있던 농민군의 진압에 본격적으로 나서기 시작했다. 지금까지 경험해보지 못한 강력한 일본의 무력 앞에서 농민군은 속절없이 무너졌고 밑으로부터의 변화의 싹도 차가운 겨울바람 앞에 얼어붙어 버렸다. 격동으로 시작했던 한 해가 좌절의 심연 속으로 가라앉게 된 것이었다.

한국 근현대사에서 가장 대규모의 민중운동과 가장 급진적인 국가개혁 운동이 진행되었던 해가 바로 1894년이다. 국가가 맞이한 절대적 위기 상황 속에서 이를 해결하기 위한 밑으로부터의 농민운동과 위로부터의 국가개혁이 동시에 일어난 해였다. 중요한 두 사건이 동시에 일어났기에 국가적 위기를 극복할 수 있는 기대가 크게 높아졌던 해이기도 하지만, 이 시도들이 결국 모두 실패로 돌아감에 따라 가장 큰 좌절을 맛본 때이기도 하다. 그로부터 120년이 지난 지금 1894년을 다시 생각함에 있어 가장 의문스러운 것은 왜 국가를 혁신하고 국가의 위기를 해결하려는 두 시도가 같은 방향으로 가지 못했는가이다. 만약 밑으로부터의 농민운동과 위로부터의 국가개혁이 같은 목표를 향해 협력할 수 있었다면 아마도 한국의 근현대사는 실제로 일어난 것과는 상당히 다른 방향으로 전개되었을 수도 있을 것이다. 이들이 하나로 결집될 수 있었다면 조선은 위기를 극복하고 자생력을 회복했으며 더 나아가서는 일본의 식민지로 전락하는 고통을 겪지 않았을 수도 있었을 것이다.

　역사를 연구함에 있어 일어나지 않은 현상에 대한 반사실적counter-factual 추론을 한다는 것은 분명 상당히 위험스럽다. 그러나 갑오년의 역사적 중요성으로 미루어 볼 때 어느 정도의 반사실적 추론이 정당성을 가질 수 있다. 특히 19세기 후반 일본이 경험한 국가적 위기와 조선이 겪은 위기가 거의 같은 구조적 형태를 띠고 있었다는 점에서 그러하다. 안으로는 전통적 질서가 무너져가고 밖으로부터는 침략이 강화되던 내우외환의 시기를 같이 경험한 일본과 조선이 이 위기에 어떻게 대응했는가에 따라 너무나 다른 역사적 궤적을 보여주었다는 점에서 1894년 조선에서 일어난 역사적 사건에 대한 반성은 새로운 의미를 가진다. 1853년 페리 제독이 이끌던 흑선黑船의 도래로 국가적 위기를 맞았던 일본은 그로부터 불과 15년만인 1868년에 메이지이신明治維新을 통해 위로부터의 국가개혁을 성공시킴으로써 근대화의 길로 들어섰고 결국 산업화를 통한 부국강병으로 아시아의 제국주의로 성장하게 되었다. 일본의 변화와 발전은 곧 인접국인 조선에게는 새로운 위기 구조를 만들었고 이 위기를 극복하는 것은 조선이 식민화를 벗어나 독립국으로 남기 위한 선결조건이었다.

시각을 달리해 보면, 이 위기는 조선이 자생적으로 근대화하기 위한 좋은 기회가 될 수도 있었다. 그러나 아쉽게도 1894년의 치열한 노력들이 물거품으로 돌아가면서 조선은 되돌아 나오기 힘든 절체절명의 위기 속으로 빠져들어 갔다. 그 이후 조선은 일본의 식민지가 되었고, 식민지배에서 해방된 조선은 남과 북으로 나뉘어져 분단국가가 되었다. 한반도의 남쪽을 차지한 대한민국은 경제발전과 경제위기, 독재와 민주화를 겪으면서 오늘에 이르고 있다. 120년이 지난 지금 1894년을 되돌아본다는 것은 무슨 의미가 있는가? 특히 역사가 동일한 형태로 반복되지 않는다면 말이다. 물론 역사는 반복되지 않을 것이다. 그러나 반성하지 않은 역사는 동일한 형태로는 아니더라도 유사한 형태로 반복될 가능성이 충분히 있다.

그런 점에서 이 글은 1894년 갑오년에 일어났던 두 역사적 사건인 동학농민전쟁과 갑오개혁을 거시적 관점에서 되돌아보면서, 이 사건들이 가진 의미가 무엇인지 찾아보려 한다. 농민전쟁과 갑오개혁이 각각 무엇을 이루려 한 사회운동이었는지를 살펴보면서 이들의 역사적 중요성을 따져보려고 한다. 더 나아가서는 이 두 운동이 하나로 결합될 수 없었던 이유가 무엇인지를 분석함으로써 국가적 위기 속에서 이루어지는 다양한 개혁운동들 사이의 협력을 이끌어 낼 수 있는 방안이 무엇인지 혹은 그러한 협력을 어렵게 하는 요인이 무엇인지 찾아보려고 한다. 이 시도에서 특히 관심을 두는 것은 민족주의의 문제이다. 두 운동의 주체들은 무엇이 그리고 누가 민족을 구성한다고 생각했으며, 민족을 어떤 시간과 공간 속에 위치시켰는가를 살펴봄으로써 이들이 가진 한계와 극복해야 할 과제를 찾을 수 있을 것으로 기대해본다.

민중의 고통으로부터의 탈피: 동학농민전쟁*

　격동의 해였던 1894년은 농민운동과 함께 시작되었다. 진주민란 이후 19세기 후반에 지속되던 농민운동이 질적으로 다른 차원으로 승화되어 동학농민전쟁이 일어났다. 그해 3월에 시작하여 12월에 이르는 10개월에 걸쳐 전국에서 진행되었을 뿐만 아니라 전성기에는 20만 명 이상이 참여한 한국 역사에 있어 최대 규모의 저항운동이 바로 동학농민전쟁이다. 관리의 경제적 약탈에 대한 민중적 저항으로 발생한 민란과 교조 최제우의 처형 이후 핍박받던 동학교도의 종교운동이 결합되어 마침내 갑오년에 동학농민전쟁이 발생하게 된 것이다.** 특히 1893년에는 전국 각지에서 민란이 일어났고 전라도 지역에서만 하더라도 전주, 익산, 고부에서 농민의 저항운동이 전개되었던 만큼 대규모 농민운동이 어느 정도 예견되는 상황이었다. 더하여 교조신원敎祖伸寃이라는 종교적 목표로 시작된 동학의 사회운동이 1893년에 보은과 금구의 집회를 거치면서 척왜양이斥倭洋夷와 같은 현실적 목표로 전환되면서, 두 운동의 흐름이 결합될 가능성은 상당히 높아졌고 마침내 이 가능성이 1894년 들어 현실화된 것이다.

　1894년 3월 21일 무장茂長에 모인 농민군은 4대 강령을 발표하면서 1차 기포起包를 시작했고, 4월 9일 무장현을 점령하면서 창의문倡義文을 발표하여 농민운동의 대의를 공표하였다. 이들이 동학농민운동을 일으킨

---

* 김동노(2009: 3장)를 수정 보완했음.
** 동학농민전쟁은 상당히 오랜 기간 진행되고 다양한 배경의 사람들이 참여한 만큼 이 운동의 성격을 둘러싼 논쟁은 여전히 진행 중이다. 그 가운데 하나는 이 운동에 어느 정도 동학의 종교적 성격이 포함되어 있는가이다. 동학의 중요성을 인정하는 경우 이 운동의 이름에 동학을 포함하여 '동학농민전쟁', '동학란', '동학혁명' 등으로 부르게 되지만, 그렇지 않는 경우 동학 대신에 갑오라는 연호를 사용하기도 한다. 그러나 최근 들어서는 대체로 동학의 중요성을 인정하기 때문에 이 글에서도 동학농민전쟁이라고 부르기로 한다.

이유를 가장 웅변적으로 보여주는 창의문의 주요 부분은 다음과 같다.

지금 우리 임금은 인애자애(仁孝慈愛)하고 신명성예(神明聖睿)한지라, 현량방정(賢良方正)한 신하가 있어서 그 총명을 도울 지면 요순(堯舜) 의 덕화(德化)와 문경(文景)의 선치(善治)를 가(可)히 바랄 수 있을지라. 그러나 오늘날의 신하된 자는 보답하기를 꾀하지 아니하고 한갓 녹위(祿位)만 도둑질하여 총명을 가릴(擁蔽)뿐이라. …… 수재(守宰)의 탐학에 백성이 어찌 곤궁치 아니하랴. 백성은 국가의 근본이라 근본이 쇠삭(衰削)하면 국가는 반드시 없어지는 것이다. 보국안민의 책(策)은 생각지 아니하고 다만 제 몸만을 생각하여 국록(國祿)을 없애는 것이 어찌 옳은 일이랴. …… 팔역(八域)이 동심(同心)하고 억조(億兆)가 순의(詢議)하여 이에 의기(義旗)를 들어 보국안민(輔國安民)으로써 사생(死生)의 맹서(盟誓)를 하노니 금일의 광경에 놀라지 말고 승평성화(昇平聖化)와 함께 들어가 살아보기를 바라노라(오지영, 1940: 108-109).*

전봉준全琫準, 손화중孫和中, 김개남金開南의 이름으로 발표된 창의문에서 드러나듯이 이들은 부패한 관리에 대한 불만과 보국안민의 대의를 위해 농민운동을 시작한 것으로 이해된다. 뒤이어 발표한 격문檄文에는 보국안민의 방책이 구체적으로 제시되어 있는데, 이는 "안으로 탐학貪虐한 관리의 머리를 베고 밖으로는 횡포한 강적强敵의 무리를 구축하려"는 것이었다. 이러한 목표 하에 이들은 지방관청을 공격하여 점령한 후 부패한 지방 관리를 처단하고 세금을 납부하지 못해 갇혀있던 무고한 죄인을 방면하고 세곡을 풀어 빈곤한 농민들에게 나누어 주었다.

---

* 인용된 창의문은 오지영의 『동학사』에 실린 것을 부분적으로 인용하면서 일부 고어(古語) 표현을 현대적으로 바꾼 것이다.

농민군은 첫 번째 중요한 전투인 황토현黃土峴에서 승리한 후 중앙에서 파견된 관군과의 직접적인 대결을 피해 남진하면서 곳곳에서 전투를 벌여 무안, 영암, 강진 등을 점령하여 세력을 확장해갔다. 전라도의 남쪽 끝에 다다른 농민군은 샛길로 빠져나와 방향을 바꾸었다. 전주로 북진하던 중 장성長城에서 관군과 격전을 치러 승리를 거둔 농민군은 4월 28일 전주를 점령했다. 뒤늦게 전주에 도착한 관군과 농민군은 5월 7일 전주화약全州和約을 맺음으로써 휴전하게 되었다. 그 사이 조선 정부는 관군만으로 농민군을 진압하기 힘들다는 판단 하에 중국에 원병을 요청했고 이에 따라 5월 초 청군淸軍이 인천과 아산에 도착하였다. 동시에 일본도 군대를 파견하여 며칠 사이로 인천에 상륙하여 전주화약이 맺어진 5월 7일 서울에 진입했다. 이들은 결국 6월 23일 청일전쟁을 개시하여 동아시아의 세계질서를 바꾸는 역사적 사건을 일으키게 된다. 이웃 두 강대국의 군대가 대치하고 있는 불안한 상황을 감지한 농민군과 관군은 더 이상 전쟁을 계속하는 것이 서로에게 도움이 되지 않는다는 판단에 따라 휴전을 성립시켰다. 전주화약 이후 관군은 서울로 돌아가고 농민군은 전라도 53주에 집강소執綱所를 설치하여 폐정개혁에 착수하게 되었다.

애초에 집강소는 지방정부를 보완하는 자문기능을 수행하도록 되어 있었으나 실제로는 행정기구의 역할을 수행했다. 지방정부의 행정절차를 관장했을 뿐만 아니라 사법기능과 함께 지역의 군사 기능까지도 맡았다. 때로는 농민군의 집강소 체제에 협력하지 않는 지방 수령과 관리를 몰아내기도 했다(甲午略歷, [1895]1959 상권: 65). 동학농민군은 지방 행정에 있어 조세의 불법적 수탈에 따른 폐해와 신분 차별을 바로잡는데 많은 노력을 기울였다. 그 과정에서 농민군의 힘이 강해지자 많은 기회주의자들이 참여하면서 부호에 대한 무절제한 약탈과 같은 의도치 않은 부작용도 생겼다. 이에 전봉준은 불법적 약탈을 금하고 빼앗은 재물을 돌려주라는 경고를 보내기도 했다.

그 사이 일본은 경복궁에 진주하여 고종에게 내정개혁을 요구하는 한편 중국과의 전쟁을 준비하고 있었다. 청의 리훙장(李鴻章)이 청군을 보강하기로 결정하자 일본도 주한공사인 오오토리(大鳥圭介)에게 중국과 국교를 단절하고 청의 보강병력이 도착하기 전에 개전하도록 훈령을 내렸다(陸奧宗光, [1896]1982: 82). 마침내 일본은 6월 23일 조선에 진주한 청군을 공격하여 청일전쟁을 시작했고, 개전 이후 일본은 일련의 전투에서 쉽게 승리를 거두어 전세를 유리하게 이끌어 갔다. 8월 중순 평양전투에서 결정적인 승리를 거둔 일본군은 방향을 바꾸어 남쪽에 주둔하고 있던 농민군을 본격적으로 진압하기 시작했다. 이러한 상황의 변화를 맞이한 전봉준을 비롯한 농민군의 지도부는 9월 초 2차기포를 결정하고 새로운 전쟁 준비에 착수했다.

농민군을 결집하려는 전봉준의 시도에 대해 동학의 종교적 정통성을 지니고 있던 북접(北接)이 농민운동을 주도해온 남접(南接)을 적대시함으로써 난관을 맞았으나 온건파 북접지도자의 중재에 의해 해소되었고, 평안도와 함경도를 제외한 대부분 지역에서 남·북접 연합군이 형성되었다. 그 결과 호남지역의 남접에서 11만여 명 그리고 충청과 경기를 중심으로 하는 북접에서 10만여 명이 참여하는 농민군이 결성되었다(오지영, 1940: 134-135, 140). 농민군은 남진하던 일본군과 관군을 맞아 10월 중순 공주 우금치에서 결정적 전투를 치렀다. 우세한 현대식 무기로 무장한 일본군을 견디지 못한 농민군은 회복하기 힘든 타격을 입었다.* 공주전투 이후 농민군은 계속 패전과 후퇴를 거듭하다 결국 12월 들어 농민군의 지도자였던 전봉준, 김개남, 손화중이 모두 체포되고

---

* 전봉준은 나중에 이 전투를 되돌아보면서 몇 차례의 접전 후 만여 명의 농민군 가운데 생존자가 오백을 넘지 않았다고 그 참혹함을 증언했다(全琫準供招, [1894]1959 하권: 529)

농민군이 해산됨으로써 동학농민운동은 끝나고 말았다.

치열하게 진행되었던 전쟁은 이렇게 끝났고 민중들이 경험한 역사의 상처는 해결되지 못한 채 묻히게 되었다. 그 이후 농민을 포함한 고통 받는 민중이 집단행동으로 자신의 의지를 표현할 수 있는 기회는 조선의 식민화에 이를 때까지 다시 주어지지 않았다. 그런 만큼 농민이 역사의 주체로 등장하여 자신들의 의지를 실현하려고 한 많지 않은 경험을 통해 이들이 무엇을 성취하려고 했는지를 알아보는 것은 상당히 중요한 의미를 가진다. 그러나 이 운동이 가진 역사적 중요성으로 인해 기존연구는 축적되어 있지만 농민전쟁의 본질에 대한 완전한 일치는 여전히 이루어지지 않고 있다. 이는 농민전쟁이 오래 지속되면서 성격이 변화된 측면에서 기인한 것이기도 하며 또한 다양한 참여자들의 복합적 의도가 하나의 운동으로 묶여진 것으로 인해 나타나는 어느 정도 불가피한 측면이기도 하다.

이러한 특징을 반영하듯, 농민전쟁은 이를 바라보는 다양한 시각에 따라 서로 다르게 이름 지어졌다. 박정희 시기까지는 동학란東學亂이라는 이름이 가장 널리 사용되었는데, 밑으로부터의 사회운동을 부정적으로 보는 독재체제의 입장이 반영된 란亂이라는 용어의 부정적 함의를 비판하는 시각이 나타나면서 현재 이는 거의 폐기되었다. 박정희 체제의 몰락 이후 짧은 민주화의 시기에는 혁명이 란을 대체하는 용어로 주로 사용되었다. 그러나 곧이어 이 운동을 혁명으로 볼 수 있는가에 대한 문제제기가 있었다. 사회운동의 한 형태로서 혁명은 어떤 구체적인 조건들이 만족될 때 사용할 수 있는 분석적 용어라는 점에서(Skocpol, 1979: 4-5) 이는 적절한 문제제기였으며, 이로 인해 혁명이라는 용어를 대신하여 전쟁이 보다 보편적으로 쓰이게 되었다. 이렇게 다양한 용어가 한 사회운동에 사용된 경우도 흔치 않다는 점에서 이 운동의 성격을 규정하는 것은 분명 쉽지 않지만, 이 운동이 가진 몇 가지 중요한 특성에 근거하여 이를 시도해 볼 수 있다.

과도한 일반화의 위험성이 있기는 하지만, 1차 기포는 대체로 반제국주의의 요소와 내정개혁의 요소가 결합된 가운데 내정개혁이 보다 중요한 목표로 설정되었던 것으로 볼 수 있다. 반면에 일본군에 맞서기 위해 일어난 2차 기포는 분명 반제국주의 투쟁의 성격을 강하게 가졌다. 동학농민운동의 반외세적 성격은 더 이상 규명할 필요가 없을 정도로 명확하다. 일본의 침입이 조선의 주권과 농민의 경제적 이익에 직접 위협이 되었던 만큼 최제우가 동학을 창시한 이래 동학교도는 물론이며 농민운동에 참여한 일반 농민들에게도 일본은 분명한 적으로 인식되었다. 그러나 내정개혁의 요구는 정치, 경제, 사회의 여러 영역을 포함하기 때문에 이에 대한 농민운동 참여자들의 생각은 보다 구체적으로 논의될 필요가 있다.

동학농민군의 의도가 가장 명확하게 표현된 것은 이들이 정부에 제시한 요구조건들인데, 이는 김윤식金允植의 『속음청사續陰晴史』, 정교鄭喬의 『대한계년사大韓季年史』, 오지영吳知泳의 『동학사東學史』, "전봉준판결문全琫準判決文" 등에서 확인할 수 있다. 이들 문헌에 나타난 농민군의 주요 요구조건들을 정치, 경제, 사회분야로 나누어 정리하면 다음과 같다. 정치적으로 농민군이 가장 관심을 가졌던 것은 부패한 관리의 처벌과 농민에 대한 약탈의 근원이 되었던 국가기구나 관직(가령, 전운사轉運使와 균전어사均田御使)의 폐지였다. 경제적으로 농민들이 관심을 가진 것은 조세제도와 농업의 상업화였다. 동학농민운동의 발생이 상당한 정도로 삼정의 문란이라는 조세문제로부터 기인했던 만큼 농민군 요구의 많은 부분이 지세地稅, 군역軍役, 환곡還穀과 같은 조세제도의 시정에 모아졌다. 가령, 농민군은 환곡의 혁파는 물론이며, 조세를 법에 따라 징수할 것과 세율을 인상하지 말고 예전 세율을 지킬 것, 일단 징수한 세금은 다시 징수하지 말 것, 황무지로부터 세금을 거두지 말 것, 그리고 염세鹽稅, 선세船稅, 수세水稅와 같은 잡세雜稅를 거두지 말 것 등을 요구했다. 또한 농업의 상업화로 인한 곡물의 수출이 곡가를 상승시킴으로써 농민들의 또 다른 고통의 근원이었기 때문에 이에 대해 저항하는 요구조건들도 다수 포함되어 있었다. 농민군이 제시한 사회적 요구조건들은 대체로 불평등한 신분질서의 개선과 인간 평등의 이상을 실현하려는 것으로 모아졌다. 가령, 농민군은 사악한 양반과 유학자의 처벌, 약탈적 부호배의 처단, 노비문서의 소각, 천민에 대한 차별 시정, 과부의 재가 허용, 타고난 신분이 아닌 능력에 따른 관리의 임명 등을 요구했다.

위에서 제시한 농민군의 요구조건들을 종합적으로 검토하면 이들의 개혁의지가 가장 강하게 나타난 것은 사회적 요구조건임을 알 수 있다. 사회적 측면에서 농민군은 전통적 신분질서에 입각한 양반 지배체제를 전면적으로 재구성하려는 의도를 보여주었다. 농민운동 당시 권력을 장악하고 있었던 갑오개혁 정부도 농민군의 이러한 의도에 호의적으로 반응하여 신분 차별의 철폐를 공식적으로 선포했다. 이러한 급진적 개혁에 대한 양반의 반대에 직면하여 조선 정부는 나중에 이를 어느 정도 완화하여 관직 등용의 기회 균등을 보장하는 선으로 물러서긴 했지만(박찬승, 1985: 71), 이는 분명 이전의 불평등한 인간관계를 근대적 평등관계로 전환하는데 상당한 정도로 기여했다.

그러나 정치적, 경제적 측면의 요구조건들은 기존 체제를 혁명적으로 변화시키는 것으로 보기 힘들고 오히려 보수적인 측면을 포함하고 있다. 앞에서 인용한 창의문에서도 확연히 드러나듯이, 정치적으로 농민군이 왕정체제에 대한 정당성을 부인한 적은 없었다. 농민군의 공격대상이 된 것은 전통적인 정치체제가 아니라 왕의 선정善政을 가로막고 있는 사악한 관리와 부패한 이서들이었다. 이들의 부정과 부패가 참기 힘든 상태에 이르렀기 때문에 문제가 생긴 것이었지 정치체제 자체가 부정되어야 할 정도로 문제가 있었던 것은 아니었다. 그런 점에서 이들은 처음부터 지켜져야 할 것(왕정체제와 군주의 권위)과 무너뜨려야 할 것(탐욕스럽고 부패한 관리)을 분명히 하였고, 정치적 틀을 완전히 바꾸는 것이 아니라 오래된 틀 속에 새로운 내용(능력 있는 참신한 관리)을 채워 넣음으로써 당시 조선이 맞이한 위기를 극복할 수 있으리라 기대했던 것이다.

경제적인 측면에서 보면, 농민군의 개혁의지는 더욱 뚜렷한 한계를 드러낸다. 농민군이 경제적으로 추구한 것은 기존의 농업경제 체제를 근본적으로 바꾸려는 것이 아니라 당시 농민들의 고통의 근원이었던 조세와 무곡貿穀 문제의 해결이었다. 실제로 농민운동을 통해 나타난 대부분의 경제적 요구조건들이 조세 부정의 개선을 요청하는 것이었는데, 그나마도 조세제도의 근본적인 개혁이 아니라 구법舊法에 따른 세율과 징수를 요청했다는 점에서 이들의 관심사는 단지 관리들의 임의적인 조세부정을 막으려는 것이었다. 또한 농업의 상업화에 대한 이들의 태도도 여전히 보수적이다. 전통적 농업사회를 근본적으로 재구성할 수 있는 계기가 되는 농업의 상업화에 대해 농민들은 대체로 부정적인 태도를 보여주었다. 따라서 동학농민운동은 농업의 상업화를 통해 보다 많은 이익을 추구하고 이를 방해하는 요인을 제거하기 위한 공격적 동원에 의한 것이라기보다는 구제도의 복원을 통해 새로운 사회변화가 가져오는 불안정과 위협으로부터 자신들을 보호하기 위한 방어적 동원에 의한 것임을 알 수 있다.* 이러한 이유로 인해 일부 연구(가령, 임종철, 1984: 421)에서는 동학농민운동이 경제적인 측면에서는 보수적인

---

* 사회운동에 있어 공격적 동원과 방어적 동원에 관한 논의는 Tilly, 1978: 73-75 참조.

운동이며, 심지어 반동적 요소마저도 가진 것으로 평가했다.

지금까지의 논의에 근거해 볼 때, 동학농민운동은 조선시대에 가장 대규모의 민중이 참여한 사회운동으로 이해될 수 있지만 이와는 상관없이 이 운동이 지향한 목표가 당시의 국가적 위기를 극복하기에는 한계를 지니고 있었다. 농민들이 조선의 위기를 근본적으로 해결하기 위하여 전통사회를 근대사회로 탈바꿈하려는 의지를 보여주었다고 보기는 힘들다. 오히려 이들은 자신이 처한 급박한 현실적 문제를 개선함으로써 체제의 안정성을 되찾아 조선 사회가 원래 의도한 대로 적절히 작동되도록 복원하려는 시도를 보여주었다. 물론 이들이 신분질서를 해체함으로써 새로운 사회질서를 구축하려는 급진성을 가진 것은 인정되지만, 여전히 정치와 경제체제에 있어서는 근대적 변혁을 시도한 것에는 미치지 못하였다. 이 한계는 곧 이들의 인식의 지평이 가진 한계였으며 동시에 이들의 행동을 통해 조선이 국가적 위기를 극복하기 어려웠음을 보여주는 것이기도 하다. 그렇기 때문에 동학농민운동이 가진 높은 폭력성에도 불구하고 이 운동이 추구한 사회변혁의 급진성에 있어서는 분명 한계가 있었다. 사회운동으로서 혁명은 폭력성과 급진성을 동시에 지니고 있어야 한다는 점에서 볼 때, 동학농민운동의 혁명으로서의 한계가 드러난다고 할 수 있다.

근대를 향한 거대한 발걸음: 갑오개혁*

동학농민전쟁이 일어났던 해에 국가개혁운동인 갑오개혁이 동시에

---

* 김동노(2009: 4장)을 수정 보완했음.

일어난 것은 우연이자 필연이었다. 두 역사적 사건 사이의 관계가 우연인 것은, 이들이 서로 연계된 인적 네트워크에 의존하지도 않았고 한 사건의 발생이 다른 사건의 발생을 예견한 것도 아니기 때문이다. 동학농민전쟁에 참여한 농민과 농민군의 지도자들이 국가개혁을 주도한 정치적 엘리트를 조우할 가능성은 없었던 것이 당시의 정치체제였으며, 실제로 이들은 서로 다른 사회변혁을 생각하고 있었다. 전봉준을 포함한 농민군의 주축이 운동을 일으킬 때만 하더라도 이 운동이 위로부터의 국가개혁운동에 연계될 것으로는 상상조차 하기 힘들었을 것이다. 그러나 다른 한편에서 보면 두 운동은 모두 개혁을 필요로 하는 당시의 사회적 상황으로부터 기인했다는 점에서 필연적 관계를 맺고 있다. 언젠가는 일어날 수밖에 없었던 개혁운동의 구조적 필연성이 1894년이라는 우연적 기회에 서로 연계되어 두 운동이 발현된 것으로 이해될 수 있다.

전통적 체제가 무너지는 상황으로 인해 국가개혁의 필요성은 고종 시대 줄곧 인식되고 있었다. 이 필요성이 구체적인 행동으로 표출되기까지에는 여러 굴곡이 있었지만, 마침내 갑신정변을 거쳐 10여년 만에 갑오개혁으로 귀결되었다. 앞에서 언급했듯이, 그 시작은 동학농민전쟁을 기회로 조선에 진출한 일본의 개혁요구였다. 갑신정변으로 인해 정치의 전면에서 물러났던 개화파가 다시 부상하는 계기가 된 것은 사회개혁 요구가 밑으로부터 분출한 동학농민운동이었다. 동학농민전쟁으로 어수선해진 민심을 사회개혁을 통해 가라 앉혀야 했고 일본의 개혁요구에도 직면했던 고종은 개화파에 눈길을 돌렸다. 그로 인해 김홍집金弘集, 김윤식金允植, 어윤중魚允中 등의 온건 개화파와 1890년대에 성장한 김가진金嘉鎭, 조희연趙羲淵, 유길준兪吉濬 등이 새로운 개혁의 주체로 등장했다. 이들은 1894년과 이듬해의 개혁을 통해 국가구조를 근본적으로 변화시킴으로써 당시 조선이 맞이한 국가적 위기를 극복하려고 했다. 과연 이들이 시도한 위로부터의 개혁은 어떤 성격의 개혁운동이었고, 이들의 개혁운동이 가진 근대성은 무엇이며, 이들의 시도는 왜 실패로 돌아갔는지, 그리고 이 시도가 가진 역사적 의미는 무엇인지를 따져보기로 한다.

개혁정부는 일본의 도움을 받았음에도 불구하고 일본으로부터 어느 정도 자율성을 지닌 채 개혁을 추진하였다.* 1894-1895년에 개혁운동을 위해 등용된 정치 엘리트들에게는 흥미로운 특징이 있는데, 이들 가운데 상당수가 전통적 지배계급과는 달리 사회적, 지역적 주변부 출신이었다. 개혁을 주도했던 관료들 중에는 지역적으로 천대받던 함경과 제주 출신의 인물이 포함되었고, 사회적으로는 중인층과 서자들이 상당수 있었다. 가령, 김가진과 안경수安駉壽는 서자 출신, 조희연과 권영진權瀅鎭은 무관 출신, 고영희高永喜와 정병하鄭秉夏는 역관 출신, 그리고 김학우金鶴羽는 몰락양반 출신이었다(주진오, 1995: 58). 이들은 전통적 관료가 가진 양반의 사회적 지위와 대지주의 경제적 지위를 결여하고 있었기 때문에 기존 사회의 지배집단으로부터 자율성을 확보할 수 있었고, 따라서 이전과는 근본적으로 다른 개혁을 과감히 추진할 수 있었다.

이들은 1894년 6월 개혁을 추진할 주체로서 군국기무처軍國機務處를 신설하고, 이를 통해 수많은 의안을 통과시킴으로써 급진적 사회개혁을 추진했다. 군국기무처가 가장 적극적으로 활동한 6월 이후 3개월 동안에 208개의 의안 등을 통과시켜 놀라운 추진력을 보여주었다.** 갑오개

---

* 갑오개혁이 일본으로부터 어느 정도 자율성을 갖고 진행되었는가는 논란거리이다. 그러나 개혁정권의 성립과정과 진행과정을 구분하여 보면 성립과정에서는 일본의 도움을 받은 것이 분명하지만 진행되는 과정에서는 양자가 대립하는 측면도 상당히 있었다는 주장(가령, Lew, 1974: 30)이 설득력을 갖는다.

** 군국기무처가 이와 같이 입법 성과를 올릴 수 있었던 것은 여러 외국의 사례를 참고했기 때문이다. 이에 관해서는 왕현종, 2003: 210-211 참조.

혁의 가장 중요한 방향은 궁중宮中과 부중府中을 분리시킴으로써 군주와 왕족의 국정 개입을 차단하여 조선의 정치체제를 근본적으로 재구성하려는 것이었다. 이에 따라 군주의 신성한 통치권이 근본적으로 부정되지는 않았지만 실질적인 의결권은 더 이상 국왕에게 주어지지 않았다는 점에서 이들 개혁세력이 추구한 정치적 이상은 일본식 입헌군주제였음을 알 수 있다. 이를 위해 갑오개혁 주체들은 고전적인 중국의 조정제도를 모방한 의정부와 6조 중심의 권력구조를 일본식의 입헌군주제와 유사한 형태로 바꾸어 의정부와 궁내부의 2부와 8아문으로 구성된 내각제를 도입했다.

궁중과 부중의 분리를 통해 군주의 권위는 침해되지 않았지만, 중요한 현안에 대한 결정권은 실제로 박탈된 것과 다름없었다. 인사권에 있어서 국왕은 칙임관勅任官(2품 이상)의 관리는 총리대신 이하 상급 관료의 제청을 받아 임명할 수 있었지만, 3품 이하의 관리의 임명은 총리대신과 각 아문대신衙門大臣에게 전권을 위임함으로써 상당한 제약을 받았다. 보다 중요한 변화는 군사와 재정에 관한 왕권의 축소이다. 군사에 관해 새로 마련된 규칙에는 군무아문軍務衙門이 "전국 육, 해, 군정을 통할하고 군인, 군속을 감독하도록" 규정하면서 궁중의 근위대에 대한 통수권마저도 군무아문 휘하의 친위대로 귀속시켰다.

동시에 갑오개혁을 통해 개화파는 국왕의 경제적 이권을 축소시켰는데, 조선시대 국가재정의 취약성은 오래전부터 집권층에게 큰 부담이 되었기 때문에 왕권의 제약을 통한 국가 재정의 합리화는 개혁의 선결과제로 떠올랐다. 1887년 김홍집이 좌의정 내무대신으로 제수되었을 때 고종을 알현하며, "국가제도로서 국가재정은 3년간 운영하면 1년분의 비축분을 마련하여 전쟁, 흉년에 대비해야 하는데 지금은 당년의 비용조차 충당하지 못하고 있으니 어찌 걱정이 되지 않느냐"(道園相公記

念事業推進委員會, 1978: 160)고 당시의 상태를 우려하였다. 국가재정의 취약성이 조세제도의 문란과 이에 힘입은 왕실과 지방관리, 이서 계급의 부패 탓이었던 만큼 개화파는 재정의 중앙 집중화를 개혁의 주된 목표로 삼았다. 의정부 아래 탁지아문度支衙門을 설치하여 "전국의 재정, 양계量計, 출납, 조세, 국채 및 화폐의 사무를 통할"하도록 함에 따라 국왕과 왕실은 재정 업무에 관여할 수 없게 되었다.

    동시에 개혁세력은 화폐제도의 정비와 조세의 금납화金納化를 포함한 조세제도의 합리화, 도량형의 통일 등을 통해 근대적 경제제도의 도입을 추진하였다. 사회적으로도 조선시대를 제도적으로 뒷받침했던 신분제를 해체하고 노비제를 공식적으로 폐지했다. 신분제의 해체는 천민의 사회적 지위를 높임과 동시에 양반들에게 전통적으로 천시 받던 상업에 종사함으로써 부를 축적할 수 있는 새로운 기회를 제공해주었다. 그 외에도, 법과 교육제도를 개선하고 국가예산제도를 도입함으로써 근대적 국가체제를 갖추려고 노력했다.

    갑오개혁을 통해 드러난 근대성은 기본적으로 두 가지로 요약될 수 있다. 하나는 이전의 전통적 지배방식인 군주 개인에 의한 임의적 통치를 법률에 기초한 제도적 통치로 바꿈으로써 국가의 본질을 재정립하려는 것이다. 전통적 국가에서 통치란 어떤 구체적이고 명확한 규칙에 의한 것이라기보다는 공적 영역과 사적 영역의 구분이 불분명한 전인격적인 지배-복종의 관계였다. 물론 조선시대의 전통적 정치에서도 공公은 가장 앞서는 명분으로 제시되었지만 공적 영역을 지배하는 구체적이고 명문화된 규칙이 최소한으로 그침에 따라 흔히 공적 영역의 운영은 개인적 판단과 주관성에 의해 이루어지게 되었다. 따라서 국가의 관료는 자신의 직위에 부여되는 공적인 행정, 사법의 권리와 경제적 특권을 흔히 개인적 권리로 받아들였고, 이를 통제할 수 있는 것은 보다 강력한 권력을 지닌 군주의 처분뿐이었다. 관리의 등용도 적지 않은 경우에 개인적 자질보다는 충성심이나 신뢰관계의 구축(가령, 세도가의 형성 등)에 의해서 결정되었다.

그러나 갑오개혁은 이러한 관행을 새로운 규칙이나 법칙에 따른 제도의 정비와 통치의 실행으로 대체하려 했다. 정부의 관제를 완전히 새로운 근대적 내각제로 개편했을 뿐만 아니라, 이 제도의 운영을 위한 수많은 규칙들이 군국기무처의 의안으로 공포되었다. 관직에 부여되는 권리가 개인적 특권이 아님을 분명히 하기 위해서 새 규칙은 국가의 관리는 물론 왕족의 수입도 명문화하여 국가가 모든 수입을 모으고 왕실의 수요는 재정을 독점한 국가에 의해 지급되도록 하였다. 이 목적을 위해 이들은 정치적 실행에 있어서 관리와 국왕의 임의적 권력행사를 배제하며 객관적이고 구체적으로 명시된 규칙에 따른 통치가 이루어지도록 구상했다. 이를 통해 보다 효율적이고 체계적으로 통합된 관료제적 정치기구를 수립하려 했다. 결국 이러한 개혁의 기본 방향은 근대적 관료제의 확립이라고 할 수 있다.

제도적 개혁의 근대성으로 부각되는 다른 측면은 권력의 중앙 집중화이다. 전통적 정치체제에서 국왕은 중앙집권화 된 권력으로 신하를 통치하고 신하는 국왕으로부터 위임받은 권력으로 피지배계급을 통치하도록 되어 있었다. 그러나 이러한 공식적 제도에도 불구하고 실제로 임란 이후 사림정치와 세도정치의 등장으로 인해 왕권은 신권에 의해서 제약되었고, 지방정치에서 국가의 관리는 지방의 세력가인 호족, 사족의 협조 없이는 통치가 불가능했다. 국가의 효율적인 관료제적 운영을 가로막는 이러한 장애를 극복하기 위해 갑오개혁 세력은 현대 관료제의 요소를 정치체제에 끌어들임으로써 정치권력의 기반을 전통적인 것에서 법률과 규칙에 따른 권력행사, 즉 합법성을 근거로 한 합리적 형태의 것으로 전환하려 했다.* 합법성에 근거한 정치체계의 중앙집권화를 위해 분권화의 근원이 된 관리나 왕궁에 대한 토지분급을 폐지하고 대신에 공식적으로 규정된 급료를 지불하려 했다. 동시에 관리의 등용도 개인의 타고난 지위나 신분에 의해서가 아니라 자질과 능력의 우월성에 의해서 결정되도록 하기 위해 조선시대 지배층 형성의 관문이었던 과거시험을 폐지하였다. 이런 방식으로 사족과 관리, 그리고 심지어 국왕의 임의적 권력행사까지도 통제함으로써 정치적 권력의 절대성은 결국 국가라는 추상적 실체에 부여되도록 했다.

이런 점에서 중앙집권화 된 강력한 국가의 형성이 곧 왕권의 강화와 직결되지는 않는다. 흔히 분권화의 주체로 여겨지는 관료의 힘이 강화되더라도 이들이 개인적 이익을 도모하지 않고 공적인 실체로서 국가를 강화하려 한다면 이는 권력의 중앙 집중화를 통한 국가의 강화로 이해될 수 있다. 반면에 왕권의 강화가 일어나더라도 강화된 왕권이 곧 국가의 강화를 추구하지 않고 통치자의 개인적 이익추구로 귀결된다면 중앙집권화 된 국가의 성립으로 여겨질 수 없다. 그렇다면 갑오개혁에서 추구한 것은 왕권의 약화를 통한 중앙집권화 된 국가의 강화로 간주될 수 있다. 이는 왕이 곧 국가라는 전통적 개념과는 분명 차별성을 지닌 근대적 국가 개념의 형성이다. 이러한 국가를 형성하려는 이념과 계획은 서구의 정치적 근대성으로 표현된 중앙집권화 된 국민국가the national state의 형성과 비교해 볼 때, 그 경로와 역사적 상황은 다를지라도 정치제도로서 그 본질적 특성은 상당히 유사함을 알 수 있다.**

여러 차례의 굴곡을 거치면서 지속된 갑오개혁의 근대화 시도는 청

---

* 권력의 행사에 있어 나타나는 전통적 형태의 지배와 합리적(합법적) 형태의 지배에 관해서는 Weber, 1978: 215-216 참조.
** 중앙집권화 된 국민국가의 특징에 관해서는 Mann, 1988: 4 참조.

일전쟁에서 승리한 일본의 영향력이 동아시아에서 확대되는 것을 꺼리던 서구 열강의 개입으로 인해 일본의 힘이 약화되면서 1895년에 종결되었다. 이미 많은 연구를 통해 갑오개혁의 실패 요인은 쉽게 확인된다. 갑오정권이 의존했던 일본의 조선에 대한 영향력 쇠퇴와 러시아의 영향력 증대라는 국제정세의 요인이 흔히 가장 중요한 실패의 원인으로 지적된다. 또한 민중의 지지기반을 확보하지 못한 채 일방적으로 위로부터의 개혁을 무리하게 추진한 것이 다른 중요한 요인으로 꼽히기도 한다. 이와 더불어 개혁을 위한 재원을 확보하는데 어려움이 있었음은 개혁의 성공을 가로막는 근원적 한계로 작용하기도 했다. 물론 개화파 개혁정권도 자원 확보의 중요성을 충분히 인식하고 이를 해결하기 위한 여러 방안을 도입했지만 대부분 그리 효과적이지 않았다. 특히 이들이 손쉽게 자원을 동원할 수 있는 방법인 '일본으로부터의 외채外債'에 기대게 됨에 따라 일본에 대한 의존성을 더욱 심화시켰다. 그런 점에서 이들은 대내외적인 압력으로부터 자율성을 갖고 국가개혁을 시도하려는 의지는 분명히 지니고 있었지만 국가개혁을 성공시킬 수 있는 역량에 있어서는 한계를 보여주었다(김동노, 2004: 522-523).

이렇듯 여러 요인이 결합되면서 갑오년의 국가개혁은 실패로 돌아갔다. 개혁운동의 실패 요인 가운데 동학농민전쟁과 뚜렷이 대비되는 것은 민중적 지지기반의 취약성이다. 농민전쟁이 민중들의 폭넓은 지지 속에 진행되었고 다양한 참여자를 동원할 수 있었던 것에 반해 갑오개혁은 일부의 엘리트가 그들만의 울타리 속에서 추진한 위로부터의 개혁운동으로 평가될 수 있다. 갑오개혁이 실패로 돌아간 이후 민중들이 보여준 냉담한 반응이 이를 실증해주고 있다. 개혁을 이끌어간 핵심 주역이었던 김홍집은 아관파천 이후 개혁정권이 실각하자 분노한 군중에 의해 타살된 것으로 보아 당시 국가개혁 세력의 민중적 지지가 얼마나 취약했는지를 분명히 인식할 수 있다.

이들이 전통의 세계를 떠나 근대로 들어가는 커다란 발걸음을 옮긴 것은 분명하지만 이 걸음은 민중을 정치적 주체로 만들어가면서 함께 걸어가는 형태가 아니라 그들만이 황급히 달려가는 뜀 걸음에 가까웠다. 역사를 되돌아 볼 때, 개혁 세력이 민중을 정치적 주체로 인식하지 못한 것은 갑오개혁이 실패로 돌아간 것 이상의 큰 아쉬움을 남긴다. 만약에 이들이 국가개혁 운동을 통해 민중을 정치적 주체로 성장시킬 수 있었다면, 이들의 시도가 성공적으로 완결되었을 가능성이 높아질 뿐만 아니라 설혹 이들이 실패하더라도 그 이후에 새로운 사회변혁의 시도를 기대할 수 있다. 그렇지 않은 상태에서 국가개혁 운동이 실패하면 개혁운동은 더 이상 지속되지 못한 채 단발성의 사건으로 그치고 말 가능성이 크다. 아쉽게도 개혁 세력이 이러한 중요성을 인식한 것은 갑오개혁이 실패로 끝난 이후이다. 이들이 독립협회를 결성한 이후 민중 속으로 침투하는 방법을 채택하게 된 것은 이러한 뒤늦은 인식을 보여준다. 인식의 변화는 너무 늦었고 이때는 이미 국가개혁의 결정적 고비를 넘긴 이후였다.

갑오년의 민족주의와 시공간의 개념[*]

갑오년의 농민전쟁과 국가개혁이 모두 실패로 돌아간 상태에서 우리에게 주어진 문제는 "왜 국가적 위기에 대한 대응으로 시작된 두 운동이 하나로 결합되거나 혹은 협력할 수 없었는가?"이다. 이 문제에 대

---

[*] 김동노(2015)를 수정 보완했음.

한 실마리는 무엇보다 우선 이들 사이에 협력의 가능성이 있었는지를 검토함으로써 얻어질 것이다. 이는 "사회운동을 이끌어간 이들이 서로 상대방을 어떻게 인식하고 있었는가?"와 "이들이 추구한 사회변혁의 방향이 접합될 수 있었는가?"를 밝히는 두 과정을 통해 확인될 수 있다. 첫 번째 문제는 민족이라는 (현실적 혹은 상상적) 공간의 범주를 어떻게 구성할 것인가와 관련되며, 두 번째 문제는 민족이 나아갈 방향을 어떤 시간적 흐름 속에서 찾고 있느냐와 연관되어 있다. 그런 점에서 이 문제들은 민족주의의 형성과 민족이 인식하는 시간과 공간의 개념과 직결된다.

먼저 운동 주체들 사이의 관계를 인식하는 문제는 민족 혹은 민족주의에 대한 개념을 통해 접근할 수 있다. 흔히 비서구사회의 민족주의는 서구나 다른 외국의 침입에 맞서려는 저항적 민족주의의 성격을 띠고 있다. 따라서 외세의 침입에서 비롯된 위기를 극복하려는 사회적 주체들이 서로를 같은 민족의 범주에 얼마나 포함시킬 수 있는가는 이들 사이의 협력 가능성을 따져보는데 있어 중요한 가늠자가 된다. 민족의 범주 설정은 민족적 통합의 문제와 직결되기 때문에 그러하다. 흔히 민족주의는 계급이나 정치적 지배-복종의 관계를 넘어서는 민족구성원 사이를 통합시키는 힘을 가진 것으로 주장된다(가령, Nairn, 1981: Ch. 9). 민족주의는 우선적으로 '우리'와 타자인 '그들'의 경계선을 긋고 '우리' 안에서의 통합을 강조하는 경향을 띰으로써 그러한 힘을 갖게 된다(김동노, 2000: 282).

그런 점에서 통합의 대상이 될 '우리'의 범주를 어떻게 규정할 것인가는 민족주의의 형성에 결정적으로 중요하다. 혈통과 같은 생물학적 요인이나 언어나 역사와 같은 문화적 유산을 공유하는 사람들 사이에 '우리'의 범주가 자연스럽게 결정된다는 본원주의primodialism의 입장과는 달리 보다 많은 경우에 '우리'는 인위적으로 그리고 사회적으로 구성된다. 같은 생물학적 요인과 문화적 유산을 공유하더라도 서로 다른 세계관이나 정치적 이념 혹은 계급적 배경에 의해 민족의 경계선이 상이하게 그어지고 따라서 민족의 구성도 이질적으로 이루어질 수 있는 것이다. 민족주의의 다원성을 주장하는 이런 입장에서 보면 민족주의가 본래적으로 사회통합을 가져오는 것이 아니라 어떤 특정한 사회적 조건 하에서만 가능하다. 오히려 민족주의가 같은 생래적 민족의 요소를 공유하는 구성원들 사이에서도 분열과 갈등, 폭력과 억압을 가져오는 경우도 흔히 찾아볼 수 있다(김동노, 2012: 386-397).

이러한 이론적 맥락에 비추어 볼 때, 당시의 사회적 행위자들은 국가적 위기를 극복하려는 의도에서 민족적 행동을 시도했음에도 불구하고 민족 구성원의 범주에 누구를 포함시킬 것인가는 서로 다르게 규정했다. 갑오년의 개혁관료와 동학 농민군도 마찬가지이다. 이들은 아직 민족의 개념을 충분히 발전시키지 못했거나 때로는 서로 다른 민족주의를 발전시킴으로써 민족주의의 통합성을 제대로 살리지 못했다. 조선시대에 전통적으로 "우리"와 "그들"의 경계선으로 작용했던 것은 유학자들이 오랫동안 지녀왔던 화이華夷의 세계관이었는데, 개화관료와 농민군의 세계관도 이와 크게 다르지 않았다는 점에서는 공통된 모습을 보여주고 있다. 세계라는 공간을 문명과 야만으로 이분했던 화이관의 관점에서 볼 때, "우리"의 범주는 조선이라는 특정한 국가와 민족의 개념이 아니라 중화를 중심으로 하는 유교적 문명의 세계와 일치했다(김동노, 2010: 204). 조선이라는 공간은 조선인의 피와 역사, 문화를 공유한 사람들이 차지하는 것으로 인식되지 않고 유교의 가르침을 받은 중화라는 가상적 공간의 일부로 이해되었다.

전통적 유학자와 대립되는 입장에서 사회변혁을 이끌어 갔던 개화관료도 민족주의의 입장에서 볼 때는 이들과 크게 다르지 않다. 개화관료는 세계를 "개화"와 "미개"의 이분법이나 혹은 "반개화"의 영역을 그 가운데 넣어 삼분법으로 범주화했다.* 이러한 구분 속에서 조선은 조선만의 독특한 정체성을 가진 실체로 인정되지 않았다. 이들도 여전히 세계를 인식함에 있어 민족이 아니라 문명과 야만이라는 보다 큰 범주를 통해 접근하려 했다. 그런 점에서 이들이 생각했던 "문명"세계에 속할 구성원은 유학자들이 규정한 문명의 세계에 속할 구성원과는 달랐지만, 유학자들과 마찬가지로 이들의 인식체계가 민족을 중심으로 하는 것이 아니었음은 분명하다. 전통적 유학자들이 문명의 중심으로서 중국을 설정했던 것에 비해 이들은 중국을 문명의 범주에서 제외하고 서구와 일본을 그 자리에 두었음에도 불구하고, 이들이 인식한 세계는 조선이라는 민족을 단위로 하여 "우리"와 "그들"이 구분되는 것은 아니었다(김동노, 2010: 205).

동학 농민군은 이들에 비해 조금은 더 분명한 민족의 개념을 구성한 것으로 여겨진다. 서양과 일본에 대한 적대적 인식은 동학의 종교가 처음 만들어질 때부터 형성되어 있었으며 갑오년에 이르러서는 더욱 분명해졌다. 가령, 최제우는 동학의 기본 경전인『동경대전東經大全』의 포덕문布德文에서 "서양의 열강들은 전쟁을 하면 전쟁마다 이기며, 공격을 하면 모두 이겨 빼앗으니, ... 그런 화를 우리가 맞게 될 것이 아닌가?"(『東學經典』: 47)라고 하여 서양에 대한 두려움과 적대감을 보여주고 있다.**

---

* 이런 인식을 보여주는 가장 대표적인 사례는 널리 알려진 유길준의『서유견문(西遊見聞)』이다. 갑오개혁 후에 발표된 이 책에서 그는 세계를 개화, 반개화, 미개의 범주로 설정하여 삼분법의 세계관을 보여주고 있는데, 본질적으로는 문명과 야만의 구분을 변형 발전시킨 것으로 이해될 수 있다.

** 이 글에서 사용한 동학경전은 윤석산이 주해를 단『(주해)동학경전(東學經典)』에 실린 '동경대전'과 '용담유사'이다.

동학농민전쟁에서 농민군의 주된 슬로건 가운데 하나가 척왜양이임을 보아도 이러한 서양과 일본에 대한 배척의 태도는 분명하게 확인된다. 더하여 이들은 중국에 대한 거부감도 보여주고 있어 일면 중국이나 일본과는 구분되는 조선의 정체성을 확립하려 한 것으로 보이기도 한다. 당시 지식인의 언어였던 한문을 사용한 『동경대전』과 달리 순수 국문 가사체로 쓰인 『용담유사龍潭遺詞』의 '안심가安心歌'에서 "대보단大報壇에 맹세하고, 한이汗夷 원수 갚아보세. 중수重修한 한이 비각碑閣 헐어버리고 나니 초개草芥같고, 부수어버리니 산산조각일 뿐이로구나."(『東學經典』: 388-389)라고 하여 중국에 대한 적대적 인식을 보여주고 있다.

그러나 이러한 태도가 중국 자체에 대한 조선의 경계선을 보여주는 것인지 당시 현실적으로 존재하던 청에 대한 부정적 인식인지에 대해서는 다시 따져보아야 할 것이다. 위의 인용에서는 명을 상징하는 대보단(명 황제의 위패가 있던 사당)과 청을 상징하는 한汗(조선을 침공한 청의 우두머리)을 대비시키는 것으로 보아,* 동학에서 보여준 중국에 대한 배타성은 전통적인 문명의 중심이었던 명이나 그 이전의 중화문명을 대상으로 하기보다는 야만으로 여겨진 청에 대한 것임을 알 수 있다. 이는 동학에서 보는 조선이라는 민족의 개념이 여전히 유교적인 중화 혹은 소중화의 범주에서 크게 벗어나지 않음을 보여주는 것이기도 하다. 실제로 '용담가龍潭歌'에서는 '조선'이라는 국가의 개념과 '소중화小中華'라는 문화의 개념을 동일시하는 방식으로 조선의 정체성을 구성(『東學經典』: 397)하려 했기 때문에 엄밀한 의미에서 완전한 민족주의로 나아가기 보다는 원형적 민족주의proto-nationalism에 가까운 모습임을 알 수 있다.

---

* 윤석산, 2009: 392 주해 참조.

개혁관료와 동학 농민군이 모두 특정적으로 '조선'이라는 정체성보다는 세계를 이분법 혹은 삼분법으로 나누는 인식에 근거하여 자신과 타자를 구분하고 있었기 때문에 이들이 '조선' 혹은 '조선인'이라는 범주에 같이 포함될 수 있는 가능성은 당연히 제한적이다. 이들의 민족에 대한 생각이 원형적 민족주의에 가까운 한계로 인해 현실적으로 이들이 '우리'에 누구를 포함시키는가를 확인하는 것은 쉽지 않다. 그러나 서로가 상대방에 대해 보인 배타적 태도를 확인하는 것은 그리 어렵지 않다는 점에서 서로를 타자인 '그들'로 인식했음은 분명하다. 일본군을 적으로 맞아야 하는 농민군으로서는 일본의 후원 하에 성립된 개화파 정권에 대해 우호적인 태도를 가지기 힘들었다. 이들이 보기에 개화정권은 "위로는 군부君父를 협박하고 아래로는 백성을 속여 동이東夷(일본)에 연장連腸하여 ... 친병親兵을 망령되이 움직여 선왕의 적자를 해치려"("東徒上書", 『東學亂記錄』하권: 384)하는 무리였다. 반대로 개화정권은 우민관愚民觀에 입각하여 농민군을 비도匪徒나 비적匪賊에 불과한 것으로 비난하였으며 "문명에 대한 무모한 도전"을 감행한 "망국을 강요하는 난적"으로 여겼다(김영작, 1989: 327). 결국 서로가 생각한 문명의 범주에 상대방이 들어올 여지는 없었던 것이며 따라서 서로를 같은 민족의 구성원으로 받아들이기에도 어려움이 있었다.

이들이 이와 같이 서로를 적대적으로 인식할 수밖에 없었던 이유는 우선 이들이 직접 군사력으로 대립했던 것에서 찾을 수 있다. 하지만 보다 근본적으로 이들은 사회개혁의 진행방향과 진행방식에서 서로 모순을 일으켜 양립 불가능한 대립구도를 형성했다. 이는 이들이 생각한 민족이 나아갈 시간의 틀이 서로 다르다는 의미이기도 하다. 개혁관료는 전통이라는 과거를 떠나 근대라는 새로운 시간의 세계로 들어가는 위로부터의 개혁을 추구했던 반면, 동학 농민군은 대체로 전통이라는 과

거의 시간 속에 남아 있으려 했던 모습을 찾을 수 있다.

동학농민운동에 참여했던 농민들이 일정한 정도로 근대적 개혁을 통해 당시의 문제를 해결하려 했던 것은 분명하다. 특히 신분제의 폐지를 통해 사회적 불평등을 해결하려는 노력은 전통적 사회에 대한 근본적 도전을 제기한 것이다. 그러나 이미 앞에서 살펴보았듯이, 이들이 생각한 정치제도와 경제제도의 개선은 새로운 근대적 제도의 도입이 아니라 전통적 제도의 복구를 목표로 하는 것이었다. 그런 점에서 볼 때 이들이 시도한 근대의 도입은 제한적이었고 따라서 전통을 지키려는 보수적 유학자들과의 결합 가능성이 오히려 큰 편이었다. 그러나 농민들이 동학농민운동을 통해 사회의 변혁을 추구할 때 유학자들은 이에 대해 비판적이었을 뿐만 아니라 심지어 적대적이기도 했고, 농민들도 양반에 대해 같은 태도를 보였다. 동학농민운동에서 농민들이 불량한 유생과 양반의 처벌을 요구하며 부유한 양반의 재산을 약탈한 것과 마찬가지로 유학자들도 동학의 농민군을 "양반에 대해 무차별적 공격을 가한 천한 노비의 무리"(황현, 1994: 231)로 규정하여 비하했다.*

갑오개혁 주체들은 근대라는 미래로 향하는 시간의 틀 속으로 들어가려 했기 때문에 과거를 지향하는 농민군과 입장을 같이하기에 어려움이 있었다. 동학의 경전에서나 농민군의 창의문에서나 공통적으로 나타나는 것은, 이들이 이상적 개혁의 지향점을 과거의 요순堯舜시대나 하夏,

---

* 농민과 보수 유학자가 하나로 결합된 것은 공통의 적인 일본을 맞아 의병투쟁을 진행하는 과정 속에서였는데, 이 결합도 완전한 형태로 발전되지는 못했다. 이들 사이에는 여전히 넘을 수 없는 신분의 벽이 가로 막고 있었고, 실제로 양반과 갈등을 일으켰던 평민의병장이 불경스러움으로 인해 처형되기도 했다. 또한 군대해산 이후 군인들이 의병에 참여함으로써 군사력이 한층 강화되었고 이를 계기로 평민의병장이 다수 등장했으나 이들은 여전히 의병의 전국적 조직에서 중요한 위치를 전혀 차지하지 못했다(신용하, 1994: 220).

은殷, 주周의 3대 혹은 한漢나라 시대의 문경文景의 통치로 설정하고 있다는 사실이다. 근대로 나아가 새로운 시대를 개척하기 보다는 과거에 찾을 수 있는 이상적 통치체제를 현실에서 구현하려 한 것이 이들의 시도였다. 농민군의 많은 정치적 경제적 요구조건에서도 현존 제도의 작동을 가로막는 부정부패를 제거하려 했을 뿐이었다. 농민군이 예외적으로 근대 지향성을 보여준 것은 신분제의 폐지와 이에 입각한 과거제도의 철폐였는데, 개혁관료들이 이를 받아들여 갑오개혁의 의제로 설정한 것은 충분히 되새겨 볼만한 가치가 있다. 농민군이 근대라는 미래지향성을 보이는 한에서는 개혁관료가 지닌 같은 시간의 틀 속에서 이를 받아들일 수 있었지만 그렇지 않는 경우에는 이들과 뜻을 같이하는 것은 무리였다.

결국 시간의 개념에서 보면, 동학의 농민군과 개혁관료가 전통과 미래라는 서로 다른 시간의 틀 속에서 서로를 받아들일 수 없었던 반면, 농민과 보수 유학자들은 전통이라는 시간의 틀 속에서 서로 다투고 있었던 것이다. 이러한 차이에 더하여 개혁관료와 농민군이 추진한 개혁 방식의 이질성은 이들 사이의 연합을 더욱 어렵게 만들었다. 개혁을 추진함에 있어서 농민군은 폭넓은 민중의 지지를 받았던 반면, 개화정권은 민중의 지지가 결여된 상태에서 위에서 일방적으로 이끌어가는 개혁을 추진했다. 결국 농민들이 민중의 지지를 바탕으로 전통적 체제의 복구를 시도했다면 개화정권은 좁은 지지기반 위에 근대를 세우려는 목표를 추구했던 것이다. 이들 사이의 여러 이질성의 중첩으로 인해 국가적 위기를 극복하려는 시도는 개별적으로 추진될 수밖에 없었고, 협력의 부재는 각 시도가 실패로 돌아가는데 결정적 요인으로 작용했다. 위기를 극복하려는 희망과 기대로 시작했던 갑오년은 이렇게 모든 기대가 소진되면서 저물어 갔고 동시에 조선의 운명도 위태로운 상황으로 접어들게 되었다.

끝내면서

1894년의 갑오년으로부터 120년이 지났다. 그동안 많은 변화가 일어났다. 1894년의 시도가 실패로 돌아가면서 조선은 내재적 근대화를 위한 마지막 기회를 놓치고 말았다. 물론 그 이후 광무개혁이 진행되기도 했지만 기울어져가던 조선의 운명을 되돌리기에는 너무 제한적이었고 그나마도 1904년 러일전쟁의 발발과 함께 무위로 돌아가게 되었다. 청일전쟁과 러일전쟁이라는 두 번의 결정적 계기에서 승리한 일본은 조선에게 더 이상 버티기 힘든 거대한 힘으로 다가왔다. 결국 조선은 1910년 일본의 식민지로 전락했다. 이러한 역사를 되돌아 볼 때 1894년의 중요성과 아쉬움은 크게 남는다.

현재의 상황을 1894년의 상황에 그대로 비유하는 것은 분명 무리가 있다. 대규모의 농민전쟁이 일어나는 것은 더 이상 상상하기 힘들며, 급진적 국가개혁도 현실적으로 한계가 있다. 그럼에도 불구하고 몇 가지 측면에서 1894년의 의미를 되새겨 볼 필요도 있다. 1987년의 형식적 민주화 이후 주기적으로 반복되는 국가개혁 시도는 여전히 이것이 중요한 역사적 과제로 남아있음을 보여주고 있다. 매번 정권이 바뀔 때마다 국가개혁은 국정을 이끌어가는 지표가 되고 있고 정권이 끝날 때쯤이면 애초의 목표가 달성되지 못했음을 아쉬워하고 있다. 한 세기가 지났음에도 불구하고 왜 지속적인 국가개혁 시도가 필요하며, 왜 계속 실패로 돌아가고 있는가에 대한 깊이 있는 논의가 필요해 보인다.

다시 1894년의 교훈으로 되돌아가 본다면, 위로부터 개혁을 이끌어가는 경우 이를 위한 사회의 지지 기반을 어떻게 확보할 수 있는가는 핵심적으로 중요하다. 갑오개혁이 민중과의 민족적 통합을 이루지 못한 채 좁은 지지 기반위에 일방적으로 진행되었듯이 현재에도 같은 실수가 반복되고 있는 것은 아닌지 검토해 볼 필요가 있다. 특히 최근 들어 시도된 국가개혁 가운데 가장 강도가 강했던 노무현 정권의 경우에는 이러한 점에서 아쉬움이 크게 남는다. 시장경제를 통제함으로써 사회의 균형을 이루려는 노무현 정권의 시도는 의도치 않게 상층계급에게 이익을 가져다줌으로써 애초 개혁의 이익을 나누어 가질 것으로 예상된 하층계급의 반대에 부딪혀 결국 실패로 돌아갔다. 이를 통해 다시 국가개혁운동에서 폭넓은 지지기반의 확보는 무엇보다 중요한 과제임을 알 수 있다.

현재의 상황은 분명 1894년에 비해 훨씬 복합적이고 중첩적이다. 19세기말 중국 중심의 동아시아 질서가 일본 중심으로 대체되어 갔다면 이제 우리는 중국의 새로운 부상과 일본의 상대적 침체를 목격하고 있다. 국제정세의 변화하는 과정 못지않게 중요한 것은 국내적 상황의 고착이다. 계급 갈등과 정치적 이념에 따른 보수와 진보의 분열이 하나의 민족으로의 통합을 저해하고 있다. 보다 근본적으로는 남북한이 서로 다른 정치적 이념으로 인해 서로를 적으로 규정하는 모순은 민족주의의 의미를 되새겨보도록 요청하고 있다. 분단체제의 구축과 한국전쟁으로 인해 남북한 사이에는 극단적인 적대감이 형성되었는데, 이 과정에서 정치적 이념을 달리하는 집단을 민족의 범주에서 배제하는 배타적 민족주의가 널리 퍼지게 되었다.

엄밀한 의미에서 민족주의보다는 국가주의에 가까운 이러한 경향은 북한을 적대시하는 독재체제가 장기간 지속되면서 남한의 국가 이데올로기가 되었다. 특히 개화파에 속했던 이승만은 공산주의를 야만의 무리로 규정하면서 전통적인 문명과 야만의 이분법에 근거한 민족주의를 발전시킴으로써 1894년의 갑오개혁에서 나타난 민족 내의 분열을 보여주었다. 자유민주주의와 공산주의라는 정치적 이념에 따라 민족의 범주가 설정되는 경향은 박정희시기에 더욱 강화된 모습으로 재생되어 독재체제를 정당화하는 근거가 되었다. 자유민주주의의 정치체제를 갖추지도 못한 독재체제가 북한의 공산주의에 맞서는 논리로 이를 활용했다는 것은 커다란 모순이 아닐 수 없지만, 이 모순이 현실을 지배하고 있는 것도 사실이다.

민족주의가 현재 한국이 처한 정치적 이념의 갈등이나 남북한의 대립을 해결할 수 있는 궁극적인 그리고 유일한 해결책이 될 수는 없다. 그러나 민족주의가 정치적 이념을 실현하는 도구로 전락되면서 이런 배타성을 갖게 된 것은 모두에게 비극임은 분명하다. 그런 점에서 민족주의의 배타성을 벗어나기 위해서라도 민족의 새로운 정립과 정치적 이념과 계급적 경계선을 넘어서는 포괄적 민족주의로 나아갈 필요가 있을 것이다. 이는 1894년의 모습에서 우리가 배울 수 있는 하나의 가르침이기도 하다.

참고문헌

"甲午略歷". [1895]1959. 『東學亂記錄』上. 國史編纂委員會.

김동노. 2000. "한국전쟁과 지배 이데올로기" 『아시아문화』 16호.

_____. 2004. "한말의 국가개혁운동과 자원동원" 『동방학지』 124집.

_____. 2009. 『근대와 식민의 서곡』. 창비.

_____. 2010. "한국의 국가 통치전략으로서의 민족주의" 『현상과 인식』 34권 3호.

_____. 2012. "민족주의의 다원화와 이념 갈등" 『동방학지』 159집.

김영작. 1989. 『한말내셔널리즘연구』. 청계연구소.

道園相公記念事業推進委員會. 1978. 『開化期의 金總理』. 아세아문화사.

박찬승. 1985. "동학농민전쟁의 사회경제적 지향" 박현채·정창렬 편. 『한국민족주의론』. 창작과비평사.

신용하. 1994. 『한국 근대 민족주의의 형성과 전개』. 서울대출판부.

오지영. 1940. 『東學史』. 永昌書館.

왕현종. 2003. 『한국 근대국가의 형성과 갑오개혁』. 역사비평사.

兪吉濬. [1895]1976. 『西遊見聞』. 景仁文化社.

윤석산. 2009. 『(주해) 東學經典』. 동학사.

임종철. 1984. "동학혁명에 대한 경제사적 평가" 이현희 편. 『동학사상과 동학혁명』. 청아출판사.

"全琫準 供招". [1895]1959. 『東學亂記錄』下. 國史編纂委員會.

주진오. 1995. "19세기 후반 개화개혁론의 구조와 전개." 연세대 사학과 박사학위논문.

황현. 1994. 『梧下記聞』. 김종익 옮김. 역사비평사.

陸奧宗光. [1896]1982. 『蹇蹇錄』. 東京大學校 出版部.

Kim, Dong-No. 2015. "Time, Space and Modernity." 『韓國研究センター年報 (*Annual Report, Research Center for Korean Studies*)』 Vol. 15.

Lew, Young-ik. 1974. "An Analysis of the Reform Documents of the Kabo Reform Movement, 1894." *Journal of Social Sciences and Humanities* No. 40.

Mann, Michael. 1988. *States, War, and Capitalism*. Oxford: Blackwell.

Skocpol, Theda. 1979. *States and Social Revolutions*. Cambridge: Cambridge University Press.

Tilly, Charles. 1978. *From Mobilization to Revolution*. New York: Random House.

Weber, Max. 1978. *Economy and Society*, vol. 1, edited by Guenther Roth and Claus Wittich. Berkeley: University of California Press.

2

갑오개혁의 정치사적 의의와 현재적 시사점: 제2차 김홍집·박영효 내각의 성과와 한계 및 과제를 중심으로

김현철(金顯哲)

머리말

2014년 한국은 세월호사건, 북한의 핵문제를 비롯한 남북관계의 악화 등 해결해야할 국내외 현안이 많이 있었다. 그렇지만 정치인들은 자신의 정치적 이해에 따라 대결 양상을 보이며, 시민사회의 각종 요구에 정부가 신속히 대처하지 못하면서, 정치와 국가에 대한 불신과 불만이 커져가고 있다. 한반도를 비롯한 동아시아의 국제질서도 커다란 변환의 모습을 보이고 있다. 미국과 일본 이외에 중국이 정치, 군사, 경제적으로 새로운 지역 강국으로 부상하고 있으며, 일본과 중국간 영토 분쟁 양상을 보이고 있다. 이러한 위기상황에서 한국이 남북한 및 주변국가들과의 관계를 어떻게 이끌어 갈 것인가에 대한 전략적 판단과 외교활동의 중요성이 커져가고 있다.

2014년 한반도의 상황과 동북아 국제질서의 변천을 '위기'가 아닌 개혁의 '기회'로 만들기 위해서는 우리는 어떻게 해야 할 것인가라는 고민하에 과거 한반도에서 진행되었던 개혁활동의 역사적 경험을 되돌이켜 보면서, 앞으로 나가는데 시사점을 찾아보아야 할 것이다.

돌이켜 보면, 120년전 갑오개혁은 당시로서는 국내 주요 개화파가 권력을 장악하여 개혁구상을 실행에 옮길 수 있는 절호의 기회였다. 특히 제2차 김홍집, 박영효 내각은 개화파가 권력을 장악하여 부국강병 구상을 현실정치로 구현할 수 있는 기회였다. 그러나 개화파들은 결과적으로 권력투쟁에서 패배하여 쫓겨나거나 죽음을 당하였다.

만약 개화파가 살아나 다시 갑오개혁 현장으로 되돌려진다면, 어떻게 행동하였을까? 120년이 지난 현재 한국 상황을 보고 이들 개화파는 우리에게 어떠한 메시지를, 또는 방안을 제시하였을까? 라는 상상을 해볼 수 있다. 갑오개혁에 참가한 개화파들에게 '친일'이라는 이미지, 또는 외세와의 관련 등 커다란 한계가 있었다. 그렇지만 외세의 개입과 정치적 이해관계의 갈등하에서 제한된 기회와 역량을 어떻게 활용하였는가의 측면에서 당시 개화파 관료들의 정치이념과 현실정치의 상황을 재조명해 볼 필요가 있다.

갑오개혁은 '갑오경장甲午更張'이라 불리는 사건으로 1894년 6월부터 진행된 일련의 개혁운동을 말한다. 갑오개혁은 일본에 의한 청일전쟁과 동학농민전쟁의 격동 속에서 추진되었다.* 그동안 갑오개혁에 대한 연구 동향을 몇 가지로 구분하면 다음과 같다. 첫번째, 일본 학계의 연구동향으로서, 일본의 식민지화의 일환으로 갑오개혁을 다루는 연구로서, 갑오개혁의 타율성을 강조하였으며 일본의 침략성을 부정하고 일본을 근대적 개혁의 후원자로 간주하였다. 두 번째, 유영익 등 한국 학계의 연구에서, 갑오개혁이 일본 제국주의의 정치, 군사적 간섭을 받았으나 조선의 개화파 세력이 독자적 개혁 논리를 가지고 개혁 사업을 추진한 것으로 접근하였다. 그리하여 갑오개혁이라는 제도개혁이 근대국

---

* 갑오개혁에 관련된 주요 사료 및 문헌 해제에 대해서는 김상배, 1996: 417-461을 참조하기 바람. 갑오개혁에 관한 기존 연구로서 한국정치외교사학회 편, 1995; 유영익, 1996; 왕현종, 2003b, 그리고 갑오개혁 당시 조선내 개혁구상과 제도개편의 전개에 대한 설명은 유영익, 1998을 참조하기 바람.

가, 근대사회를 지향하는 것이었으나, 봉건체제를 충분히 개혁하는 수준에 이르지 못했으며, 일본의 정치, 경제적 침략을 막아내지도 못한 것으로 평가하였다. 세번째는 갑오개혁의 정권 성립과정에서 타율적인 측면을 인정하면서도 개혁 내용에서 상대적 자율성, 즉 주체적 성격이 있음을 부각시키고 있다. 왕현종의 경우, 1880년대 후반 개화파의 개혁이념으로 '군민공치론君民共治論'이 제시되었으며, 갑오개혁은 개혁관료들이 스스로 집권해서 탄생시킨 것이 아니라 일본의 개입에 편승해서 이루어졌다는 한계를 인정하였다. 그렇지만, 정권 성립의 외세 의존성이 이후 갑오개혁의 전체 성격을 절대적으로 규정한 것은 아니며, 갑오개혁의 자율성과 근대성이 있다고 보았다. 넷째, 최근에는 조선 정부의 입장에서 대외 종속성과 개혁 내용의 주체성을 종합적으로 분석하여, 청일전쟁이후 조선의 갑오개혁 정권이 일본과의 대외정책, 특히 일본의 내정간섭과 보호국화 조치에 구체적으로 어떻게 대응하였는가를 살펴보고 있다.*

일반적으로 갑오개혁(또는 갑오경장)의 범위는 광의로는 1894년 7월 군국기무처의 설립으로부터 1896년 2월 11일 아관파천까지로 보고 있다. 이 시기를 좀더 세분화하면, 다음 3시기, 즉 첫째, 1894년 7월 27일부터 동년 12월 17일까지 군국기무처에서 행한 개혁을 '제1차 갑오개혁', 둘째, 1894년 12월 17일 김홍집-박영효 내각이 성립된 시기부터 1895년 7월 7일 박영효가 사임하기까지 약 7개월간 추진된 개혁을 '제2차 갑오개혁', 그리고 셋째, 1895년 8월 24일부터 1896년 2월 11일 아관파천시기까지 세 번째 출범한 김홍집 내각이 을미사변 등을 겪으면서 추진한 '제3차 갑오개혁'으로 구분된다.** 이러한 갑오개혁의 성과와 유산들은 이후 개화파 관료들의 정치적 실각과 변동에도 불구하고

---

* 위와 같이 갑오개혁에 대한 국내외 연구 현황을 시기적으로 잘 설명한 것으로서 왕현종, 2009: 17-22, 466-484를 참조하기 바람.
** 이광린, 1984: 322, 343, 376.

1897년 대한제국하에서 추진된 광무개혁의 토대가 되었다.

이러한 갑오개혁 시기에 개혁과정에 참여한 관료집단은 크게 다음과 같이 몇 갈래로 구분되고 있다. 첫째, 유길준, 김가진, 안경수 등의 신진관료, 둘째, 김홍집, 김윤식, 어윤중 등의 원로 실무관료, 셋째, 박영효, 서광범 등의 갑신정변 주도파 및 이후 망명자들, 넷째, 박정양, 이완용, 윤치호 등의 정동구락부 세력, 다섯째, 심상훈, 이범진 등의 근왕파 관료, 여섯째, 고영희, 권재형, 이응익 등의 무소속 실무관료들이 참여하였다.*

갑오개혁시기에 개혁 과정에 참여한 관료들 중, '개화파'로 총칭되는 다양한 인물들과 정치세력들은 청과 일본을 통해 서양 근대 문물 및 사상에 접하면서 조선이 나아가야 할 방향으로서 개화와 부국강병의 필요성을 인식하였다.** 당시 외국문물의 수용을 통해 부국강병을 추구했던 개혁세력내에서도 김윤식, 어윤중, 김홍집 등 소위 '온건개화파'는 당시 청의 양무운동을 개혁모델로 하여 청과의 전통적인 종속관계를 유지하면서 청국의 협조를 통해서 양무적인 자강과 근대화를 시도하였다. 반면, 김옥균, 박영효, 서광범, 유길준 등 소위 '급진개화파'는 일본의 명치유신 이후의 근대화를 모델로 부국강병론을 구상한 것으로 평가되어 지고 있

---

* 이러한 구분 및 개혁파 관료들의 인적 구성과 활동에 대해서는 주진오, 1994: 28-40을 참조하기 바람. 이와 유사하게 광의의 갑오개혁기간동안 조선내의 정치세력은 그 성격상 다음과 같이 구분되어지고 있다. 국왕인 고종과 민비(명성황후)를 비롯하여 ① 大院君, 李埈鎔등의 '大院君派', ② 金弘集, 金允植, 魚允中, 趙羲淵, 兪吉濬 등의 '甲午派', ③ 朴泳孝, 徐光範 등 甲申政變派, ④ 朴定陽, 李完用, 尹致昊 등 '貞洞派', ⑤ 고종, 민비(명성황후)를 둘러싼 洪啓薰, 李道徹, 李範晋, 沈相薰, 玄興澤, 李學均 등 '宮廷派' 등으로 구분되고 있다. 유영익, 1996: 179-180.

** 기존 연구에서 개화파에 대해 임오군란 이전에 개화의 방법을 둘러싼 견해 차이에 따라 온건개화파와 급진개화파로 구분하며(이광린, 1973: 14-15), 청국과 수구파에 대한 입장의 차이에 따라 변법적 개화파와 개량적 개화파로 분화된 것으로 설명하였다(姜在彦, 1980: 202-207).

다. 그중 제1차 갑오개혁을 주도한 김홍집, 어윤중, 김윤식은 갑신정변에 가담하지 않은 전문관료로서 발언권과 영향력을 행사하였다. 당시 청, 일본은 이들 세 사람의 능력을 인정하고 이들이 기존 민씨 일족을 대신하여 조선의 국정을 어느 정도 현상유지시켜줄 수 있는 사람들로서 여겼다.*

특히 제2차 갑오개혁시기의 인적 구성을 보면, 고종이 1894년 양력 12월 17일(음력 11월 21일) 새로 김홍집金弘集 총리대신, 박영효朴泳孝 내무대신, 서광범徐光範 법무대신 등을 임명함으로써, 김홍집-박영효 내각이 출범하였다.** 제2차 개혁시기에는 갑신정변을 주도하였다가 망명한 개화파뿐만 아니라 기존의 김윤식金允植, 유길준俞吉濬 및 박정양朴定陽 등이 참여하는 내각이 구성되었다.***

그 과정에서 다음과 같은 각 정치세력들, 즉 고종과 왕실(대원군 포함), 명성황후(민비)와 외척(민영준 등), 유길준·어윤중·김윤식·김홍집·박정양 등 국내 거주 관료세력(개화파), 박영효·서광범 등 해외 망명 정치가(개화파), 그리고 주한일본공사관 등 주한 외국공사관과의 연

---

* 이와 관련, 1885년 일본의 이노우에 가오루 외무경이 청에 공동으로 조선의 내정개혁을 담당할 것을 제안한 "朝鮮弁法 8個條"의 내용중, 조선 정부는 김홍집, 어윤중, 김윤식 등을 조정의 지도적 지위에 임명할 것이 포함되었다.『陸奧宗光關係文書』, 書類の部, 72의 3. 森山茂德, 1987: 13에서 재인용함.

** 기존에 임명된 總理大臣-金弘集, 外務大臣-金允植, 度支大臣-魚允中, 學務大臣-朴定陽이외에도, 이날 고종의 칙령 제4호에 의하여 각 주요 관직에 임명된 사람들은 다음과 같다. 軍務大臣-趙義淵, 法務大臣-徐光範, 工務大臣-申箕善, 農商大臣-嚴世永, 內務協辦-李重夏, 外務協辦-李完用, 度支協辦-安駉壽, 學務協辦-高永喜, 軍務協辦-權在衡, 法務協辦-鄭敬源, 公務協辦-金嘉鎭, 農商協辦-李采淵, 警務使-尹雄烈 등이다.『고종실록』고종 31년 11월 21일; 북한 사회과학원 민족고전 연구소 역, 1993.『이조실록』, 391 (1894년(고종 31년) 1월~12월) (이하『이조실록』, 391으로 약칭함): 302.

*** 위의 분류에 따를 경우, 제2차 김홍집 내각은 박영효를 위시한 '갑신파(甲申派)' 이외에 김홍집을 중심으로 하는 '갑오파(甲午派)', 그리고 박정양을 중심으로 하는 '정동파(貞洞派)'으로 구성되었다.

락을 담당하거나 위안스카이와의 연계를 가진 인사 등이 각각 이해관계의 변화에 따라 정치적 연대를 모색하였다. 제1차 개혁시기에는 군국기무처를 중심으로 유길준 등 국내 관료세력(개화파)의 입지가 확대되었으며, 제2차 개혁시기에는 박영효 등 외국 망명에서 귀국한 정치가(개화파)의 영향력이 커져갔다.

이와 같이 다양한 성향과 지향성을 지닌 지식인 및 관료들이 하나의 내각하에 개혁을 추구한 것이 바로 갑오개혁이었다. 그러나 갑오개혁시기 현실정치에서 누가 정치권력을 행사하느냐를 두고서 군주(고종)와 개화파들은 서로 생각이 달랐다. 그중에서도 김홍집, 박영효 내각의 제2차 개혁시기에는 위에서 분류한 다양한 성향의 관료들과 개화파들의 일종의 '연합내각'의 성격도 띠었다고 볼 수 있다. 이에 본 논문에서는 제2차 갑오개혁시기에 중점을 두어 살펴보고자 한다.

갑오개혁의 배경과 대내외적 제약

1894년 조선은 크게 다음과 같은 상황에 처하였다. 첫째, '주권의 제약과 위기'로서, 조선에 주둔하는 위안스카이와 청의 존재가 커다란 압력으로 작용하였다. 이후 청일전쟁이 일어나면서, 조선의 의지와는 상관없이 한반도는 전쟁터가 되었다.*

---

* 이러한 대외적 위기에 처하면서, '자주'와 '독립'이라는 용어가 결합되어 이시기 조선의 시대적 과제를 상징하는 용어로서 사용되었다. 김현철, 2012: 187.

둘째, '왕권의 제약과 위기'로서, 고종의 입장에서 볼 때, 흥선대원군, 명성황후(민비)의 존재는 개인적으로는 가족이지만 정치적으로는 '적과 동지'로서 커다란 영향을 받지 않을 수 없었다. 셋째, '신권의 제약과 위기'로서 정부내 관료제의 부패와 무능력으로 정부가 제대로 정상적인 기능을 수행하기에 어려움이 많았다. 유능한 신하로 활용할 수 있는 지식인들이 정권에서 배제되고 개혁을 주창한 개화파가 정치적으로 망명하기에 이르렀다. 그리고 넷째, '민권의 제약과 위기'로서 각 지방에서 농민 등 민에 대한 수탈과 착취가 심해짐에 따라 이에 반발한 민란이 빈발하고 농학교도가 확대되어가고 있었다. 이러한 위기에 직면하여 체제 전반의 변화에 대한 요구가 커져가고 있었다.

동학농민군의 봉기와 개혁의 필요성 제기

1890년대초 조선은 정치, 경제, 사회분야에서 총체적인 위기상황에 처하였다. 그중 정치 분야의 상황은 다음과 같이 심각하였다. 첫째, 체제 내부의 정치권력의 정통성이 변질되거나 약화되었다. 조선 왕조의 국정 운영은 국론이 야기되었을 때 국왕의 주재하에 정부 당상관들이 합좌하여 토론하고 삼사三司의 비판, 간쟁이 제기되었다. 그러나 영·정조 이후로 문벌세도가가 정치권력을 전횡해왔으며, 세도정치라는 이름하에 비정통권력에 의한 각급 관직의 독점과 문음제門蔭制가 성행하였으며, 빈번한 특별 과시科試는 문벌세도가의 자제에 대한 관직 임명 요식 절차로 이용되었다. 둘째, 조선조의 지배층인 양반계급의 정치적 커뮤니케이션의 구조적 매커니즘으로 기능했던 유림儒林의 상소 행위가 문벌외척 세도정권하에서 본래의 비판적 기능을 상실하였다. 고종 집권초 대원군 섭정하에 유림의 본거지인 서원의 대다수가 철폐됨으로써 유림의 중앙 내지 전국적 차원의 정치 커뮤니케이션 기능이 사실상 봉쇄되었다.*

특히 1894년 갑오개혁 직전까지 조선의 국내정치는 사실상 민씨 일족이 정권을 장악하면서, 궁궐내와 정부내 기강이 크게 문란해졌다. 외척 등의 정사 간여와 그 횡포를 비난하는 여론이 대두되었지만, 민씨閔氏 세력이 주요 관직을 독점하면서 매관매직이 성행하고 과거제도의 폐단이 사회적 이슈로 등장할 정도였다.

이러한 위기 상황에서 1894년 동학농민군의 봉기는 조선 정부의 존립을 크게 위협하였다. 1894년 2월 15일 전라도 고부古阜군수 조병갑의 학정에 반발하여 고부농민들이 봉기하였으며, 지방관의 사후처리 잘못으로 전봉준의 주도하에 1894년 4월 하순 동학농민군이 전면적으로 무장 봉기하였다. 이후 동학농민군이 1894년 5월 31일 전주성을 점령하기에 이르렀다.

이와 같이 조선의 민중들은 1894년 동학농민군 봉기를 통해 전통적 체제하의 불평등과 차별, 그리고 부정부패에 대해 항의하고 정부에 개혁을 촉구하였다. 그러나 정권 보전에 급했던 조선 정부의 일부 관료들과 지도자들은 동학농민군의 시정요구사항들을 수용하지 않고, 밑으로부터의 개혁 열망을 진압하기 위해 외세(청)를 끌어들이게 된다.

당시 개혁의 대상인 '민씨 정권'은 민영익, 민영환, 민영준, 민응식 등으로 옮아가면서 세도를 유지하였다. 이들은 국왕인 고종과 왕비인 민비(명성황후)의 신임을 받아 정책집행을 주도하였다. 농민 봉기가 일어났을 때, 조선 정부내에서의 반응은 그동안의 실정을 반성하고 '경장更張'을 이룩하자는 대부분의 관료들과 강력한 무력진압을 추진하자는

---

* 정치제도측면에서 조선의 이러한 위기상황에 대한 지적은 김용욱, 1995: 72-74를 참조하기 바람.

왕실과 민영준閔泳駿으로 분열되었다. 이 때 '경장更張'을 한다는 것은 그동안 왕실과 민영준을 정점으로 하는 정부 부서의 책임을 스스로 인정하는 것이 된다. 이에 왕실은 경군京軍의 투입을 추진하였으며, 정부군마저 실패하자 청군의 힘을 빌리자는 주장이 대두되었다. 거의 모든 관료들이 반대하였음에도 불구하고 고종과 민영준이 이를 추진하였다. 이 시기 조선 정부는 정권의 유지를 위한 무력기반을 스스로 확보하지 못하였다. 그 결과 청으로부터의 간섭에서 벗어나기를 희망하면서도, 정권에 대한 도전이 나타나는 경우 다시 청에 의존하는 모순적 태도를 보여주었다.*

1894년 동학농민 봉기이후 고종과 조선 정부의 대신들은 국가적 위기 상황임을 인식하고서 자체내의 개혁을 시작할 필요성을 절감하였다. 그리하여 1894년 5월 25일 동학농민군을 진압하려 출동하였다가 회군한 군대를 맞이하는 자리에서 우의정右議政 정범조鄭範朝 등 조선 정부 대신들은 점진적 개혁을 건의하였다. 이에 고종은 개혁논의를 정부 차원에서 공식적으로 토의할 것을 지시함으로써, 조선 정부차원에서 일련의 개혁논의들이 시작되었다.**

청일 양국군의 주둔과 일본의 내정 개혁 강요

당시 정권의 실권자인 민영준閔泳駿 병조판서는 5월 16일 고종에게 건의하여 구원병 파견요청을 위한 시원임대신 회의가 열리게 되었다. 그러나 대부분의 대신들이 청병 출동시 조선이 외국 군대의 지배하에 들어

---

* 주진오, 1994: 24-28.
** 『고종실록』, 고종 31년 5월 25일조.

갈 것을 우려하여 원병요청에 반대하였다.* 임오군란당시 청군의 파견으로 내정간섭을 초래했던 경험에도 불구하고, 민씨 일족이 지배하는 친청 성향의 조선 정부는 정권 차원의 위기 의식을 느꼈다. 6월 1일 민영준 병조판서는 밀사를 위안스카이袁世凱 주조선 청 총리교섭통상사의 總理交涉通商事宜에게 보내어 교섭케 하였으며, 1894년 6월 4일 청국에 구원병 파견을 요청하였다.**

그리하여 동학농민봉기를 진압하기 위해 청군이 파병하자, 조선의 친청 집권세력들은 청에 대해 조선의 위기시 군대를 파병하여 지켜 주리라고 기대하였다. 당시 청국 정부는 '속방 보호'라는 파병 논리를 내세워, 조선 정부의 요청에 따라 조선의 내란을 대신 진압해주는 것이 청국 정부의 당연한 의무이며, 이것이 근대 조약 체제와 배치되는 것은 아니라는 인식이 크게 작용하였다.***

그동안 조선에 진출할 기회를 엿보던 일본은 1894년 동학농민군의 진압 명복으로 청군이 조선에 출병하자 1885년 4월 텐진(天津)조약상의 공동 출병 조항을 활용하여 조선에 파병하였다. 결국 청군의 파병은 일본군의 파병을 초래하는 명분을 제공하였으며, 이후 청한 종속관계의 단절이 일본의 개전 및 내정간섭의 명분으로 작용하였다.****

그리고 출병한 일본군을 지원하기 위해 조·일간 일종의 군사동맹조

---

* 문희수, 1995: 13-14.
** 1894년 조선 정부가 청에 구원병을 파견하는 과정에 대해, 구선희(1997)는 조선 정부의 외세의존성을 지적하고 있다. 반면, 이태진(2000)에서는 당시 고종이 자발적으로 이를 요청하지 않았고 청국이 강요했다고 보고 있다.
*** 은정태, 2009: 94.
**** 당시 청군의 조선 파병과 청일전쟁중 중국의 외교 교섭 등 중국측의 대응에 대해서는 진위방 저, 권혁수 역, 1999 중 "제5장 청일전쟁과 외교", 162-251을 참조하기 바람.

약이 체결되는 등 외형상으로는 일본이 조선의 독립을 지원하는 양상을 띠었지만, 고종의 신변은 청, 일 양국군의 전투 상황에 따라, 더구나 일본군의 경복궁 점령이후 크게 위협받았다. 반면, 조선 정부가 믿었던 청의 위안스카이는 조선에 남아 정세를 파악하라는 리홍장李鴻章의 명령에도 불구하고 7월 19일 비밀리에 귀국함에 따라, 이후 상황은 일본측에 유리하게 급변하였다.*

한편, 청·일 양국의 조선 출병 사실을 전해들은 동학농민군은 조선 정부와 1894년 6월 11일 전주화약을 성립하였다. 이에 봉기한 동학농민군은 자진 해산하였다.

일본군의 경복궁 점령사건과 주한일본공사관의 내정개혁 강요

명치 일본정부는 조선을 자국의 영향권하에 두어 궁극적으로는 식민지로 삼는다는 구상하에 1876년 조일수호조규朝日修好條規 체결이후 조선에 대하여 여러 차례에 걸쳐서 개혁을 권고하였으며, 이러한 일본의 조선개혁론이 구체적으로 제시된 것이 바로 갑오개혁이다.

일본군의 조선 파병이후 당시 오토리 게이스케大鳥圭介 주한 일본공사는 일본군의 조선 주둔과 개전 명분을 확보하기 위해 1894년 7월 3일 조선의 교섭통상사무 독판 조병직을 방문하여 내정개혁방안을 전달하면서 제도개편을 강요하였다.** 이어서 1894년 7월 10일과 11일 오토리 게이스케 공사는 남산 노인정老人亭에서 다음과 같이 개혁안의 구체적 내용을 조선 정부

---

* 청일전쟁 개전시기 위안스카이의 행적과 귀국과정에 대한 설명은 허우이제 저. 장지용 역, 2003: 100-108을 참조하기 바람.

** 日本 外務省 編. 1963.『日本外交文書』(이하『일본외교문서』로 약칭함) 제27권 제1책. 569-572. 문서번호 382; 杉村 濬 저. 1932. 한상일 역. 1993.『서울에 남겨둔 꿈』(이하 『재한고심록』으로 약칭함): 107-108.

에 전달하였다. 첫째, 국내외 정사를 총괄하는 기무機務 부서를 전부 의정부議政府로 복귀시키고, 육조판서六曹判書로 하여금 각각 그 직무를 분담하도록 한다. 대내외 정무와 궁중사무를 구별하여 궁중 관리들이 정무에 관여하지 못하게 한다. 둘째, 서울과 중요 항구 사이에 철도를 부설하며, 전국의 중요 도시로 통하는 전신선을 가설한다. 셋째, 구식 육군과 해군을 모두 폐지하고, 재정 상황에 따라 신식군대를 증설하며, 서울과 각 성읍城邑에 경찰을 설치한다는 것이었다.*

　이와 같이 오토리 게이스케 주한 일본공사 등 주한일본공사관측이 강요한 일련의 개혁안에 대해 조선 정부는 군국기무처를 중심으로 자체적으로 개혁을 추진한다는 점을 내세워 처음에는 받아들이지 않았다. 이러한 조선 정부측의 반발에 직면하자, 주한일본공사관은 고종과 조선 정부에 무력시위를 통해 위협과 압박을 가하기 위해 보병 제21연대를 동원하여 7월 23일 경복궁을 점령하였다. 그후 상당기간 일본군은 조선의 궁궐에서 철수하지 않은 채, 사실상 서울 부근의 조선 군대를 무장해제시킴으로써 조선측의 저항을 무력화시켰다.** 또한 일본 정부는 한반도내 전투의 원활한 수행과 일본군의 참전 명분에 대한 동의를 얻어내기 위해 조선 정부에 일련의 조약 체결과 군수물자 제공 등을 강요하였

---

* 위의 구체적인 '內政改革方案綱目'은 『일본외교문서』 제27권 제1책. 630-633. 문서번호 396. 七月 九日, 朝鮮國駐箚大鳥圭介ヨリ陸奧外務大臣宛, "內政改革案提出ノ件"의 附屬書 三, 丙號 內政改革方案綱目에 실려 있음.
** 1894년 7월 23일 일본군의 경복궁 점령사건에 대해서는 나카츠카 아키라 저. 박맹수 역, 2002를 참조하기 바람.

다.* 이러한 일본측의 요구에 조선정부가 굴복하여 동의하였으나, 지방 관리나 일반 민중은 일본군을 적대시하고 음식, 사람 및 말의 공급을 거절하였다. 이에 주한일본공사관은 병사들을 동원하여 서울 근교의 주요 도로에서 통행하는 소와 말을 강제 징발하여 군용으로 충당하였다.** 이와 같이 일본군의 주둔과 주한일본공사관의 간섭은 국내정치적 개혁을 추진해야 하는 조선 정부의 입지와 활동을 크게 제약하는 요인으로 작용하였다.

이렇게 조선의 저항을 무력화시킨 후 일본 정부는 1894년 8월 1일 대청 선전포고 이후 개최된 8월 17일자 각료회의에서, 향후 일본의 대조선 정책의 기본 방향을 "조선을 명목상 하나의 독립국으로 유지시키면서 일본이 관여하는 보호국 형태"를 추진하는 것으로서 결정하였다.*** 그렇지만, 이러한 일본의 간섭하에서도 군국기무처를 중심으로 조선의 개혁 노력이 시도되고 대원군이 정치의 일선에서 활동하면서 당시 주한일본공사측의 의도대로 상황이 전개되지 않았다. 당시 일본 정부는 주한일본공사관측이 대원군과 조선의 개혁 관료들을 장악하여 배후에서 제도개편을 이끌어가기에는 역부족이라고 보고, 기존의 오토리 게이스케 공사를 소환하고 그 후임으로 이노우에 가오루#上 馨 내무대

---

* 그리하여 1894년 8월 20일(음 7월 20일) 조선의 김윤식(金允植) 외무대신과 일본의 오토리 게이스케(大鳥圭介) 공사 간에 작성된 '조일잠정합동조관(朝日暫定合同條款)'에서는 일본의 내정 간섭의 명분이 조선의 자주독립을 위한 것이라고 언급되었다. 며칠후 1894년 양력 8월 26일 김윤식 외무대신과 오토리 공사 간 체결된 '조일동맹조약(朝日同盟條約)'에서는 일본군의 전쟁 수행을 조선이 지원해야 한다고 명기하였다. 『고종실록』, 고종 31년 7월 20일 및 22일조.
** 『일본외교문서』 27권 1책. 666-670. 문서번호 448, 1894/09/18; 문서번호 450, 1894/09/21; 『재한고심록』 131; 『주한일본공사관기록』 4권. 247-250.
*** 陸奧宗光 저. 김승일 역, 1993: 160-164.

신을 파견하였다. 이노우에 가오루 주한 일본 공사는 한성에 부임한 후 1894년 양력 11월 20일과 21일 고종을 알현하는 자리에서 20개조의 개혁항목을 제시하고 이를 채택할 것을 강요하였다. 이 자리에서 이노우에 공사는 이후 민비(명성황후)와 민씨 세력 및 대원군 세력의 정치참여를 배제해야 한다는 점을 강조하였다.* 이노우에 공사가 제시한 20개조의 개혁항목에서는 대원군과 왕비의 국정 간여를 금지하여 국정이나 신하들의 진퇴는 모두 국왕의 친재를 받아야 하며(제1조), 국왕은 정무를 친재할 권한이 있고 또한 법령을 준수할 의무가 있다(제2조)고 명기함으로써, 사실상 군주인 고종과 왕실의 정치적 참여와 영향력 행사를 제한하였다.

이어서 이노우에의 개혁항목에서는 왕실의 사무를 국정과 분리시키며(제3조), 왕실의 조직을 정비한다(제4조)고 제시함으로써, 명목상으로는 입헌군주제를 지향하는 모습을 띠었으나, 실질적으로는 왕실과 정부대신들을 분리시켜 양측 모두를 제어하려는 의도를 보여주었다. 또한 이노우에 공사의 제안에서 군국기무처를 해체하고(제17조), 외국인 고문관을 채용(제18조)함으로써, 그동안 추진해온 제1차 갑오개혁기의 성과와 주도세력을 약화시키고 일본의 간섭을 제도적으로 확보하려고 한 것이 특징적이었다. 그리고 치안문제를 포함한 군사분야에 대해 이노우에 공사의 제안은 군제軍制를 정비하고(제8조), 경찰권을 통일한다(제11조)고 함으로써, 기존의 조선군대와 경찰을 재정비한다는 명목하에 사실상 조선의 군대와 경찰을 무력화시키려는 의도를 보여주었다.**

---

* 國史編纂委員會 編譯. 1988.『駐韓日本公使館記錄』(이하『주한일본공사관기록』으로 약칭함) 5권. 89-91. 1894/12/28, 井上 馨 → 陸奧, (6) "朝鮮政況 보고에 관한 건."
** 이노우에 공사가 제시한 개혁안의 구체적 내용은 1894.『일본외교문서』27권 2책. 108-115. 문서번호 485. 1894/11/24;『고종실록』. 고종 31년 10월 23일조에 실림.

이후 이노우에 공사가 제시한 개혁안은 이러한 일본 정부의 대조선 식민지화의 일환으로서, 그동안 조선 나름대로 자주적으로 개혁을 추진해온 군국기무처를 해체하며, 중앙부서에 일본인 등 외국인 고문관을 파견하여 조선의 행정부서와 정치권력을 장악하려는 의도를 반영하였다. 기존 정치조직, 예를 들면 왕실과 정부의 각 직책을 구분하여 그 권한을 제한함으로써, 기존의 폐단을 시정한다는 명분하에, 실질적으로는 조선내 특정 정치세력의 정치권력 장악을 방지하려는 의도를 반영한 것이었다. 결국, 일본의 압력 하에 고종은 1894년 양력 11월 26일 내정개혁 20개조안을 수용하겠다는 의사를 표명할 수 밖에 없었다.

위에서 언급한 오토리 공사와 이노우에 공사 등 주한일본공사들이 전달한 개혁안들은 근대화라는 명목하에 정치, 경제, 법률, 군사, 교육 분야의 제도개편을 제안한 것이 특징적이다. 그러나 이들 제안에서는 실제로 조선의 경제, 사회 분야의 근대화나 민의 생활, 인권 개선 등에 대해서는 거의 언급된 것이 없으며, 일본의 조선 내정 간섭을 강화하려는 의도를 반영하였다.

갑오개혁의 전개: 개혁의 성과와 정치세력의 변동

제1, 2차 개혁시기 근대적 제도로의 변화

권력분립과 입헌군주제로의 개편 시도

제1차 갑오개혁기에 참여한 고위관료들의 대부분은 군국기무처 회의원들이 차지하였다. 당시 군국기무처에 소속된 이들 개혁관료들은

1880년대 이후 대외개방정책에 깊이 참여하여 일본, 청국, 미국, 러시아 등 해외 열강의 근대 문명과 접촉한 경험을 갖고 있었으며, 외교 통상관계 업무에서 실무경험을 쌓아가고 있던 관료층이었다. 제1차 개혁기의 참여자들을 보면, 크게 김홍집을 비롯한 중견 관료층과 유길준을 비롯한 소장관료층의 개혁관료들을 중심으로 구성되었다. 이어서 제2차 개혁시기의 구성원을 보면, 제1차 갑오개혁기에 정부 대신과 협판으로 재직한 인사들이 참여하였으며, 새로 박영효와 서광범 계열의 개혁관료들이 참여하였다. 1895년 제2차 개혁시기에 들어서 제1차 개혁시기에 비해 서로 다른 계통의 관료들이 개혁방향과 주도권을 둘러싸고 갈등과 대립 양상을 겪게 되었다.*

제1차 갑오개혁 시기 개혁을 이끌어간 주요 인사들은 유길준, 조희연, 안경수, 김가진, 김학우, 권재형 등이었다. 이들의 대부분은 해외사정이나 군사정보에 밝은 역관이나 무반 출신들이었다. 이들이 주도하여 군국기무처가 발의, 의결한 개혁사안중 의정안은 각분야에 걸친 개별적 개혁사안으로 총 190건에 이르렀다. 이중 정치·행정 등의 개혁사안이 124건으로 전체 의정안의 3분의 2를 차지하였다.**

이러한 제1차 개혁기의 군국기무처의 정치개혁 사안들은 기존의 통

---

* 군국기무처를 비롯하여 제1, 2차 갑오개혁기에 참여한 관료들의 구성과 이력 및 입장에 대한 자세한 내용은 왕현종, 2003b: 148-170을 참조하기 바람.
** 군국기무처의 의정안 중 그 외 군국기무처에 관한 사안이 15건으로 기무처의 회의운영, 의원임명, 면직에 관한 것이었다. 외교관계사안은 10건으로 청국과의 조약개정문제, 각 아문의 외국인 고문채용문제, 일본에 전권공사 및 보빙공사 파견 등에 관한 것이었다. 군사개혁안은 5건, 교육개혁안은 2건, 경제관계사안은 19건으로 각 아문과 지방관서의 세제, 부패방지, 토지 매매에 관한 규정이며, 사회개혁사안은 15건으로 문벌과 반상(班常)의 귀천을 없애고 광범위한 사회적 평등을 실현한다는 내용이었다. 제1차 갑오개혁시기 군국기무처의 구성과 활동에 대한 설명은 김용욱, 1995: 75-83을 참조하기 바람.

치권력 구조의 변경을 통해 왕권제한과 내각중심제를 추진하려는 시도로 볼 수 있다. 당시 외척 민씨의 세도정치하에 궁중의 정치적 영향력이 매우 컸던 상황하에서, 개화파들은 기존의 잘못된 정치관행을 타파하고 민비(명성황후)의 정치적 관여를 배제하기 위하여 궁내부와 정부를 분리시키고 내각중심의 입헌군주제를 확립하려고 하였다.* 특히 유길준의 경우 근대 입헌군주제의 한국적 수용양상인 '군민공치君民共治'를 표방하였으며, 개혁주체로서 기존의 사색당파나 붕파와는 다른 '정당'의 출현을 통한 정치개혁과 부국강병을 구상하였다.**

당시 개화파는 조선에 바람직한 이상적인 정치체제로서 서구식 정치제도를 염두에 두었다. 1880년대 당시 개화파는 영국식 입헌군주제 또는 미국의 공화제의 형성과정에 많은 관심을 보였다. 그렇지만 당시 조선의 현실에서 군주체제의 변혁을 거론하기 어려운 상황이었다. 이에 개화파는 근대국민국가를 지향한 정체개혁으로 나가는 과도기로서 군주의 권한을 감소시키며 민의 권리와 자유를 증대시킨다는, 소위 입헌군주체제로의 변화를 모색하였다.

그리고 제2차 갑오개혁을 주도한 박영효는 군권 감소를 시도하기 위한 구체적 방법으로서 일본 망명중 작성한 「1888년 상소문」에서 왕실과 내각의 분리구상을 제시하였다. 즉 군주의 위상은 왕실 및 종묘사

---

* 김용욱, 1995: 91.
** 김윤식, 김홍집, 어윤중, 유길준, 박영효 등 개화파 각각의 정치개혁 구상과 갑오개혁 시기 활동에 대해서는 다음 기존 연구를 참조하시 바람. 김성배, 2014: 21-32; 유영익, 2002: 103-133; 최진식, 1993; 정용화, 2004: 89-97, "4.갑오개혁의 실행과 좌절" 부분; 김현철, 1999a: 55-65, "제3절 갑오개혁의 주도와 좌절"; 김현철, 1999b.

직을 보호하는 업무에 관여하는 상징적 존재로 제한되며,* 행정부의 수반에 해당되는 직책으로 규정되었다. 위 '왕실과 내각의 구분' 발상 자체는 1884년 갑신정변 혁신정강에서도 어느 정도 엿보였다. 즉 기존의 내시부內侍府를 혁파하며, 대신大臣과 참찬參贊 등 정부의 주요 관료가 의정부議政府에 모여 정무를 결정하여 시행하며, 육조六曹이외의 불필요한 관청을 정리한다는 구상이었다.** 「1888년 상소문」에서 재상이 중심이 되는 내각을 의도한 점에서는 갑신정변 당시의 기본 구상을 계승하였으나, 내각의 구체적인 구성원을 육조六曹라는 특정 부서로 한정짓지는 않았다. 박영효는 내각의 구성원을 좀더 포괄적으로 구상하여, 기존의 군주가 담당해 온 직무와 권한 중 일부를 내각으로 이전시키며, 내각 등 행정부에 유능한 평민이 등용될 수 있는 기회를 보장하고자 하였다. 그리하여 그는 군주가 친히 모든 정사를 처리하는 것은 불가하다는 전제하에 군주의 업무를 해당 관리들에게 위임하고, 어진 재상을 선발하여 정무를 전담시키며, 그리고 모든 직책에 따른 업무는 그 담당자가 처리하도록 위임할 것을 주장하였다.***

이와 같이 당시 박영효의 정치제도 개혁구상을 보면, 왕실과 내각을 분리시키면서, 군주의 위상을 왕실 및 종묘사직을 보호하는 업무에 관여하는 상징적 존재로서, 그리고 행정부의 수반에 해당되는 직책으로 한정시키고자 하였다. 이러한 군주상은 당시 정치현실에서 고종이 행사하는 인사권을 제한하며 민비(명성황후)와 외척, 대원군 등 왕실 및 내

---

* 「朝鮮國內政ニ關スル朴泳孝建白書」, 日本 外務省 編. 1993. 『日本外交文書』第21卷, 문서번호 106. (이하 「1888년 상소문」으로 약칭함), 308면 상단. 제7조의 3번째 개혁항목.
** 갑신정변 혁신정강의 제4·13·14번째 항목, 金玉均. 1979. 「甲申日錄」. 한국학문헌연구소 편. 95.
*** 「1888년 상소문」 제7조의 제1, 2, 4번째 항목, 308면 하단-309면 상단.

시 등이 정치에 간여하는 것을 근본적으로 금지시키려는 의도 하에서 나온 것이었다.*

이러한 구상을 가진 박영효는 제2차 개혁기 내각의 내무대신內務大臣으로 취임한 이후 정치의 주도권을 장악하면서 근대적 국가형태를 지향하는 각종 제도들을 설립하는 일을 주도했다. 이 시기에 박영효가 추진한 개혁의 구체적 내용으로 홍범 14개조항의 입안, 국가적 상징의 창설을 통한 자주·독립의 선양, 내각중심 입헌군주제 정부의 수립, 지방행정제도의 개혁, 근대적 경찰제도의 수립 및 근대적 상비군의 조직 등을 추진하였다.**

박영효가 내무대신으로 재직하면서 관여한 개혁방안들은 크게 홍범 14개조와 내무아문개혁훈시 등을 들 수 있다. 먼저 1895년 양력 1월 7-8일(음력 1894년 12월 12-13일)에 고종이 종묘와 사직에 직접 가서 선포한 홍범洪範 14개조는 당시 왕실과 백성이 모두 준수해야할 일종의 정책지침을 공표한 것으로서, 우리 나라 최초의 근대적 헌법의 성격을 띤 것으로 평가되고 있다. 이러한 홍범 14개조의 내용은 다음 몇 가지 항목, 즉 첫째, 청으로부터의 독립, 둘째, 내각에 권력을 집중시키기 위한 왕실(궁내부)과 정부간의 권력분리, 셋째, 재정과 조세제도의 근대화, 넷째, 군사제도의 근대화, 다섯째, 교육제도의 근대화, 여섯째, 능력본위의 관리임용, 일곱째, 지방행정제도의 개혁, 여덟째, 사법제도의 개

---

* 한편, 고종을 중심으로 정치개혁 구상과 각 정치세력의 변동에 대한 설명은 은정태, 1998; 강상규, 2013을 참조하기 바람.
** 그 외 그가 이 시기에 행한 활동으로서 전통복식의 근대적 복식으로의 변화, 사대문안 승려의 출입제한 철폐, 갑신정변 관련자 등의 사면복권 등을 들 수 있다. Lew, Young I., 1977: 44-53; 유영익, 1992: 4-28; 유영익, 1998: 97-107.

혁 등으로 요약할 수 있다.*

1894년 갑오개혁 당시 홍범 14개조에서 언급된 '왕실과 내각의 구분' 등 입헌군주제를 지향한 개혁방향이 이미 「1888년 상소문」에 거의 그대로 주창되었다.** 그 예로서 박영효의 왕실과 내각의 분리 구상은 홍범 14개조 중 다음 정치개혁 부분, 즉 제2조 '왕실의 규범을 제정하여 왕위계승 및 종친과 외척의 본분과 의리를 밝힌다', 제3조 '임금은 정전正殿에 나와서 정사를 보되, 정무는 직접 대신들과 의논하여 결재하며, 왕비나 후궁, 종친이나 외척은 정사에 관여하지 못한다', 그리고 제4조 '왕실에 관한 사무와 국정에 관한 사무는 반드시 분리시켜서 서로 혼합됨이 없도록 한다' 등과 많은 유사성을 보이고 있다. 그리고 군주가 개혁 항목의 추진을 직접 대내외적으로 서약, 공포한다는 발상은 박영효가 1888년에 쓴 「상소문」에서 고종으로 하여금 5개항에 달하는 개혁서고를 하도록 권고한 점에서 엿볼 수 있으며, 갑오개혁 당시 홍범 14개조의 서약으로 실현되었다.

제2차 김홍집·박영효 내각에서는 위와 같이 내각과 왕실을 구분한다는 구상 하에 내각을 구성하는 정부의 각종 주요 부서를 설립하고 이를 법률적으로 뒷받침하였다. 그 결과 1895년 음력 3월 25일에 법률 제1호로 「재판소 규정법」과 칙령 제38호로 「내각관제」가 결재되어 반포

---

* 유영익, 1992: 22. 홍범 14개조의 구체적 내용 및 고종이 내린 지시문의 내용은 『고종실록』, 고종 31년, 12월 12-13일조. 『이조실록』 391. 315-319을 참조.
** 「1888년 상소문」 제7조의 제1~4번째 항목, 308면상단~309면 상단; 『고종실록』, 고종 31년, 12월 12일조. 『이조실록』 391. 316.

되었다.* 또한 왕실과 정부(내각)의 업무를 구분함에 따라 왕실에 관련된 업무를 전담할 궁내부宮內府가 설치되었으며, 이를 뒷받침하기 위하여 음력 4월 2일에는 궁내부 지령 제1호 「궁내부 관제」가 반포되었다. 위의 「내각관제」에 의하면, 내각은 국무대신으로 구성하며(제1조), 국무대신은 대군주폐하를 보좌하여 국정을 운영하는 책임이 있었다(제2조). 특히 내각총리는 각 대신의 수반으로 내각회의를 주재하며, 내각회의에서는 법률과 칙령안, 세입세출의 예산과 결산, 국채문제, 국제조약과 국제문제, 중요 관료의 임명, 예산외의 지출, 규정개폐 등 막강한 권한이 부여되었다.(제8조)**

근대적 외교제도로의 개편 시도

갑오개혁당시 조선 정부의 외교 관련 부서는 좀더 근대 외교를 수행하는 형태로 그 직제가 개편되었다.*** 1894년 6월 28일(음) 갑오개혁초기 개혁을 주도했던 군국기무처軍國機務處의 결정 사항에 따르면, 외무아문外務衙門에서 교섭·통상 사무와 공사公使·영사領事 등의 감독업무를 담당하기로 하였다. 그리고 이날 이후 국내외의 공사 문서에 개국기원開國紀元을 사용하며, 각국에 특명전권공사를 다시 파견할 것을 제의하여, 고

---

* 이날 칙령 제39호 「내각소속직원의 관제」, 제40호 「중추원 관제와 사무장정」, 제41호 「각부의 관제통칙」, 제42호 「외부의 관제」, 제43호 「외교관 및 영사관 관제」, 제44호 「공사관과 영사관 직원령」, 제45호 「법부의 관제」, 제46호 「학부의 관제」, 제47호 「관상소의 관제」, 제48호 「농상공부의 관제」, 제49호 「법관양성소규정」, 제50호 「재판소사무처리규정통칙」 및 제51호 「판사, 검사의 관등급봉급령」 등 정부 주요 부서 관련 칙령이 비준 반포되었다. 그 다음날 음력 3월 26일에는 칙령 제53호 「내부의 관제」와 제55호 「군부의 관제」가 비준 반포되었다.

** 김용욱, 1995: 91-92.

*** 김현철, 2005: 87-96; 김현철, 2012: 186-195.

종의 윤허를 받았다.* 그리고 1894년 청일전쟁이 전개되는 상황에서 조선 정부는 11월 21일 칙령 제3호를 통해 조선이 독립되었음을 대내외적으로 공식발표하는 의식을 거행할 것임을 공포하였다. 이날 공포된 공문들에는 향후 조선 국왕이 직접 외교사절을 접수하고 대외적인 신임장을 제정한다는 규정들이 포함되었다.**

이러한 조선의 자주독립 선언은 고종이 직접 공포한 홍범 14개조에서 언급된 취지문을 통해 새롭게 천명되었다. 그리고 조선 정부는 조선의 외교상의 최종 권한이 더 이상 청국에 있지 않고 조선 군주에 있음을 대내외적으로 알리고자 노력하였다. 그리하여 1894년 12월 13일 고종은 윤음綸音을 내려서, 정부 관리와 대중들에게 '자주·독립' 정신을 고취시키면서 정부가 추진하는 개혁에 동참할 것을 호소하였다.*** 이와 더불어 그동안 중국 사신을 맞이하던 장소인 영은문迎恩門이 헐렸으며, 병자호란 당시 청국의 전공을 기록한 삼전도비三田渡碑 등이 철거되었다.****

그리고 1895년 3월 25일 칙령 제42호로 「외부外部관제」가 비준되어 반포되었다. 이에 따르면 외부대신外部大臣은 외국에 관계되는 정무를 집행하며, 외국에서 본국 상업을 보호하기 위한 사무를 관리하며, 외교관과 영사관을 감독하는 임무를 담당하게 되었다.***** 이와 같이 개화파와 조선 정부는 청일전쟁에서 청국군이 패퇴된 것을 계기로 청국으로부터 자주독립을 시도하였으며, 그 결과 국내외적으로 조선이 하나의 자주독립국가임을 표명하고, 외교제도와 기구를 근대적 형태로 개편하는 성과

---

*『고종실록』, 고종 31년 6월 28일조.
**『고종실록』, 고종 31년 11월 21일조.
***『고종실록』, 고종 31년 12월 12일 및 13일조.
****『고종실록』, 고종 31년, 12월 17일조; 黃玹 저, 李章熙 역, 1972: 180-182.
*****『고종실록』, 고종 32년 3월 25일조.

를 거두었다.

근대적 군사, 경찰기구로의 개편 시도

앞 절에서도 살펴본 바와 같이 1894년 4월 제1차 동학농민군의 봉기 당시 조선 정부는 이를 진압하기 위해 홍계훈(洪啓薰)을 양호초토사로 임명하여 장위영 병력 약 8백명과 야포 2문 등을 이끌고 현지로 출동케 하였다. 그러나 사기가 저하된 관군중 도망자가 속출함에 따라, 홍계훈은 숫자상 많은 동학농민군을 진압할 자신이 없어 증원군의 파견을 요청하였으며, 청에 원병을 청하도록 상주할 정도였다.*

그리고 일본군이 1894년 7월 23일 경복궁을 점령한 이후 사실상 서울 부근의 조선 군대를 무장해제시켰다. 그 결과 이후 조선 정부는 수도 한성(서울)을 비롯하여 전국적으로 치안 유지에 많은 어려움을 겪게 되었다. 1894년 제2차 동학농민군이 봉기하자, 조선 정부는 군대를 동원하여 동학농민군을 진압하고자 하였다.** 그러나 조선에 주둔하면서 치안유지를 담당해온 일본군의 철수 위협은 조선 정부에게 사실상 동학농민군에 의한 정부의 붕괴 위협을 의미하는 것으로 간주되었다. 결국,

---

* 청일전쟁당시 1, 2차에 걸쳐 동학농민군과 일본군간의 전투 및 일본군의 무자비한 탄압 현황에 대한 개괄적 설명은 강효숙. 2014: 3-20을 참조하기 바람.

** 최근 연구에 의하면, 조선정부는 동학농민군을 진압하기 위해 1894년 9월 22일 '양호도순무영(兩湖都巡撫營)'을 오늘의 서울시청에 해당하는 한성부에 설치하였다. 당시 양호도순무영은 최고 책임자인 도순무사 신정희를 포함하여 526명이 소속되었다. 제2차 동학농민군의 봉기 당시 양호도순무영은 서울에 병영을 둔 경군(京軍) 전체를 동원해서 도순무영을 설치하고, 통위영, 장위영, 경리청 소속 병사 등 총 2501명으로 구성된 군대를 출진시켜서 동학농민군을 진압하도록 했다. 그러나 당시 양호도순무사 신정희와 도순무영 선봉장 이규태가 이노우에 가오루 주한일본공사 및 일본군 진압군인 후비보병 제19대대 장교들과 협력하지 않아 양호도순무영은 1894년 12월 27일 주한일본공사의 압력으로 폐지되었다. 이상의 내용에 대해서는 신영우, 2014: 183-222을 참조하기 바람.

일본측의 협박에 직면한 조선 정부는 일본군의 철수 철회를 요청하였으며, 일본의 내정 개혁권고를 수락하겠다는 의사를 표명하였다.*

이러한 조선의 상황에 직면하여 박영효는 근대 국가의 주요 공권력인 군대와 경찰을 개혁하는 작업을 추진하였다. 이미 갑신정변 혁신정강에서 "4개의 영四營을 합하여 한 개의 영一營으로 하고 영중營中에서 장정을 뽑아 급히 근위대近衛隊를 설치할 것"(제11항)을 주창하였다. 「1888년 상소문」에서도 군사 개혁에 대해 다음과 같은 방안을 제시하였다. 즉 첫째, 군사학교를 설립하여, 종친宗親 및 전국 백성들 중에서 준수하고 젊고 의기가 왕성한 자들을 뽑아 군사학교에 보내서 장수와 병졸의 도道를 익히게 하며, 일부는 외국으로 유학시키는 것, 둘째, 모병募兵의 법을 개정하고, 병역을 치루는 데 있어 기한에 제한을 두는 것, 셋째, 수만의 군대를 양성하여, 충분히 나라안을 평온하게 진정시키는 것 등을 목표로 삼았다(이상 「1888년 상소문」, 제5조의 제1, 5, 8번째 항목). 박영효는 상비군 체제를 유지하기 위하여 국방예산의 확보, 국민개병제 및 근대식 군장교의 육성 등을 구상하였다.**

이러한 구상을 반영하여 홍범 14개조에서는 "장교를 교육하고 징병법을 채택하여 군제의 기초를 확립"(제12항)할 것임을 밝혔다. 이에 따라 조선의 군과 경찰 제도가 근대적 형태로 개편되었으며, 1895년 음력 4월 27일에는 칙령 제83호로서 「육군장교분한령」과 제84호로서 「군인현역제한연령조규」가 비준되어 반포되었다.*** 며칠 후인 음력 4월 29일

---

* 『주한일본공사관기록』5권, 91-92, 1894/12/28, 井上 馨 → 陸奧, (6) "朝鮮政況 보고에 관한 건."

** 이와 관련된 개혁방안의 예로서 「1888년 상소문」제5조, 304 하단-305 상단에서 제시된 10가지의 개혁방안중 1·2·4·5번째 항목을 들 수 있다.

*** 이날 반포된 「육군장교분한령」등의 구체적 내용은 『이조실록』392. 90-92에 실림.

에는 칙령 제85호 「경무청 관제」가 비준되어 반포되었다.*

박영효는 개혁이 성공하기 위해서는 군대와 경찰을 장악하는 것이 필요하다는 판단하에 군대와 경찰을 다음과 같이 장악해나갔다. 박영효는 1895년 당시 조희연趙羲淵 군부대신이 일본군대 위문사慰問使로 파견되어 부재중일 때에 신관제新官制가 반포되게 함으로써, 군부내 주요 직위가 모두 박영효파로 임명되었다.** 또한 박영효의 심복 이규완李圭完이 경무부사警務副使가 됨으로써 경찰의 실권을 장악하게 되었다.

위와 같이 제2차 갑오개혁시기에서는 독립국가의 기틀을 마련하기 위하여 행정, 군사, 경찰, 재정 등의 분야에 걸쳐서 조선 정부의 제도적 기반을 크게 개편하고 재정비하는 작업에 착수했다. 그 결과 짧은 시간 내 근대화의 시행을 뒤받침하는 많은 법규가 반포됨으로써, 근대국가를 지향한 제도적 기초가 마련되어 갔다.

제1, 2차 개혁시기 집권세력의 성향과 변동

이상 살펴본 바와 같이, 청일전쟁의 와중에서 전개된 갑오개혁은 개화파들을 중심으로 새로운 문명표준의 수용을 위한 개혁의 시험대였다. 당시 조선의 개혁지향적 정치세력들은 일본의 내정간섭 압력하에서도 홍범 14개조를 선포하고 근대국민국가로의 변모를 위해 대대적인 제도적 개편을 실시하였다. 그러나 개혁이 진전되면서 다음과 같이 주한일본공사관 등 외세와의 관계, 개혁의 구체적 방안과 정치권력의 장악, 그리고 상호 정치적 이해관계의 차이로 인해, 집권세력이 자주 바뀌는 등

---

* 이날 반포된 「경무청관제」의 구체적인 내용은 『이조실록』 392. 93-96에 실림.
** 『日本外交文書』 28권 1책. 424-425. 문서번호 282. 1895/05/22, 朝鮮國駐箚井上公使ヨリ陸奧外務大臣宛, "(機密 第56號) 趙軍部大臣ノ進退ニ依リ內閣分裂ノ傾向ヲ求シタル旨報告ノ件".

정치적 변동이 매우 컸다.*

대원군의 집권과 군국기무처의 창설

1894년 양력 7월 일본군의 조선왕궁 점령사건 후 일본은 대원군을 정치 일선에 복귀시켰으며, 기존 집권세력인 민영준, 민경식閔慶植 등 민씨 세력들을 축출하는데 커다란 영향력을 행사하였다. 주한일본공사관은 민씨閔氏 일족을 중심으로 기존 정권이 붕괴되고, 김가진金嘉鎭과 안경수安駉壽 등이 기용되도록 하는 등 새로운 정부구성에 관여하였다.** 이후 고종은 일본의 강요에 의해 정치 및 국정운영을 대원군에게 위임하였다. 이러한 상황에서 박영효는 1894년 대원군의 요청과 일본 정부의 주선을 통해 조선에 귀국하게 되었다.***

이후 1894년 6월 25일(음) 새로이 군국기무처의 처소가 정해졌으며, 영의정 김병시가 사직하고 그 자리에 판중추부판사 김홍집이 임명되었다. 군국기무처에는 김홍집을 총재관으로 하고 박정양, 민영달, 김윤식, 김종한, 조희연, 이윤용, 김가진, 안경수, 정경원, 박준양, 이원긍, 김학우, 권형진, 유길준, 김하영, 이응익, 서상집 등 18명이 임명되었다. 군국기무처는 주로 김홍집, 박정양, 김윤식 등 중견관료층과 유길준, 김가진 등 소장 관료층 등 두 개의 개혁관료층으로 구성되었다. 이들은 당시 주한일본공사관과 일정한 관련을 가지면서도 주체적인 개혁을 시도하였다.****

---

* 이하 제2차 갑오개혁 시기 박영효 등 각 정치세력의 변동에 관한 자세한 설명은 김현철, 2006: 175-206을 참조하기 바람.

** 『주한일본공사관기록』4권. 206과 247. 1894/07/25(285). "大院君의 동정 통고"; 『재한고심록』119.

*** 『주한일본공사관기록』4권, 250, (296) "東京의 주요 외교 사절들에 대한 大院君 및 淸·日間 交戰의 불가피성 보고."

**** 왕현종, 2009: 37-39.

이와 같이 제1차 김홍집 내각이 결성되어 군국기무처를 중심으로 개혁을 추진하는 과정에서, 주도권과 국정운영의 방향을 둘러싸고 점차 대원군파와 군국기무처를 중심으로 한 개혁세력간의 대립 양상이 전개되었다.*

대원군-동학농민군, 대원군(고종)-청 연계의 실패 및 대원군의 실각

　당시 주한일본공사관기록은 배후에서 대원군과 이준용이 비밀리에 사람을 보내서 동학농민군을 선동하였고 청군과 서로 호응케 해서 일본군을 공격하게 하였다고 보았다.** 그후 일본 정부는 일본군이 청군과의 평양전투에서 승리한 후 탈취한 전리품속에서, 1894년 7월 28일자 대원군 이름으로 청국측 장수에게 보내는 편지를 발견 및 압수하였다. 당시 대원군의 친서에는 청국이 조선의 내정에 간여할 것을 청원하는 내용이 담겨 있었다.*** 11월 10일 주한 일본공사관의 스기무라 서기관은 이 편지에 고종의 친필이 적혀 있음을 이유로 대원군의 하야 압력을 가하였다. 이러한 일본측의 압력에 굴복하여, 1894년 11월 18일 대원군은 정계은퇴 의사를 표명하였다.****

---

* 『주한일본공사관기록』4권. 293. 1894/09/18. 陸奧大臣에게 보내는 전보, "朝鮮政府內의 당파싸움 보고."

** 『주한일본공사관기록』5권. 84. 1894/11/10. 井上 馨 → 陸奧 外務大臣, (4) "大院君의 東學黨 선동에 관한 件."

*** 『주한일본공사관기록』5권. 80-81. 1894/10/10. 平壤 公使館에서 一等書記官 小村壽太郎이 한성의 大鳥奎介 공사에게 보내는 전보.

**** 『주한일본공사관기록』5권. 86-89. 1894/12/28. 井上 馨 → 陸奧, (6) "朝鮮政況 보고에 관한 건."

박영효와 대원군 및 궁정(고종, 민비〈명성황후〉)과의 관계 변화

이노우에 공사는 자신들의 개혁에 방해가 될 것으로 여겨지는 대원군파와 민씨 세력을 정계 은퇴시킨 후, 1894년 양력 11월 30일 조선 정부에 박영효와 당시 일본에 체류중인 서광범 등의 복직기용을 건의하였다.* 대원군과 명성황후 등의 정치적 참여가 사실상 제한된 상황에서, 박영효 등 갑신정변 주도 개화파의 입각은 일본의 현실적 압박하에서 제한된 형태로나마 개혁을 추구할 수 있는 기회였다.

박영효 등 갑신정변 주도파와 흥선대원군과의 관계는 정치이념에서는 차이가 났으나 서로간의 필요에 의해 유대 관계를 유지해왔다. 1884년 갑신정변 당시 발표된 14개조의 혁신정강의 첫 번째 조항에서 "대원군을 빠른 시일내로 모셔오며, 조공, 허례의 의식을 폐지할 것"**을 밝혔다. 대원군은 일본 망명중인 김옥균, 박영효에게 편지를 보내 일본의 힘을 빌려 귀국하여 정변을 일으킬 것을 권유할 정도였다. 이러한 대원군의 제의에 대해 박영효는 반대하였으나, 서로 편지를 주고 받을 정도로 관계를 맺고 있었다.***

박영효는 1894년 귀국한 직후 주한일본공사관측과 만나는 과정에서 민비(명성황후)와 대원군의 정치 참여를 배제시키며, 기존의 군국기무처대신에 새로 내각을 구성하여 개혁을 추진한다는 구상을 밝혔다.****

---

* 『주한일본공사관기록』 5권. 96-97. 1894/11/30, 井上 馨 → 金 總理大臣, (7) "甲申政變 改革派人物들을 赦免 귀국시켜 起用하라는 日本公使의 建議."
** 김옥균. 한국학연구소 편. 1979: 95, 一 大院君不日陪還事, 朝貢虛禮義行廢止.
*** 태학사편. 1982. 8권. 19, "朴泳孝侯의 上書-日本亡命中大院君へ", 辛卯(明治 24年 -1891年) 2월 19일자.
**** 『日本外交文書』 27권 1책. 662-663. 문서번호 446. 1894/09/08. 朝鮮國駐箚大鳥公使 ヨリ 陸奧外務大臣宛. "大闕內謠言ニ付米露兩公使談話並ニ朴泳孝仕官ニ關シ報告ノ件".

그렇지만, 일본에 망명한지 10년이 지나서 귀국한 박영효는 오랫 망명생활로 국내에 지지세력을 확보하기 어려웠다. 그리하여 박영효는 내무대신이 된 직후 고종과 민비(명성황후) 등 궁정세력을 가까이하였다.* 민비(명성황후)도 박영효가 귀국한 이후 운현궁雲峴宮에 출입한다는 소식을 전해듣고서, 대원군과 박영효가 연합할 것을 두려워하였다. 이에 민비(명성황후)는 박영효를 불러서 위로하였으며, 이후 궁중과 박영효의 관계는 가까워졌다.

박영효와 대원군과의 관계는 박영효가 입각후 고종, 민비(명성황후)의 지지를 얻고자 민비(명성황후)에 접근하면서 점차 소원해졌다. 1895년 3월 대원군의 손자인 이준용李埈鎔의 역모 혐의가 거론되자, 민비(명성황후)는 대원군과 관계가 멀어진 박영효에게 이준용을 제거해줄 것을 시사하였다. 이에 박영효는 자기 측근인 경무관警務官 이규완李圭完에게 이준용을 체포하도록 지시하였다. 그 후 체포된 이준용에게 도적모반죄가 적용되어 10년 유배형을 살게 하였다. 이 일로 대원군은 박영효를 불구대천의 원수로 간주하게 되었으며, 박영효는 한때 자신의 귀국을 요청한 대원군과 정치적으로 적대관계가 되었다.

박영효와 다른 정부 관료들과의 대립과 갈등

고종과 민비(명성황후)는 갑오개혁으로 사실상 군주의 권한이 제한되고 제대로 행사되지 못하는 현실에 불만을 갖게 되었다. 그리하여 고종은 김홍집 등을 싫어하고 박영효, 서광범 등이 귀국한 후 이들을 신뢰하였던 것으로 보인다.

---

*『주한일본공사관기록』 3권. 323, 1894/12/21. 安廣內務大臣秘書官ヨリ朝鮮國駐箚井上公使宛(196), "朝鮮內政改革에 관한 件".

이러한 고종의 인식을 짐작하게 하는 것으로서, 1895년 양력 5월 27일 고종의 측근인 궁내관리宮內官吏 홍계훈洪啓薰이 주한 일본공사관을 방문하여 다음과 같이 언급한 점을 들 수 있다. 즉 1894년 제1차 갑오개혁 이래 정무는 모두 내각에서 논의 결정하며 상주문上奏文을 갖추어 고종의 재가를 주청하는데 지나지 않아서 사실상 군주권이 행사되지 못하고 있는 상황이었다. 박영효와 서광범은 외국 사례에 능통하며 군주권을 중히 여겨야 한다고 고종에게 상주하고 국가통치의 대원을 모두 대군주(고종 지칭)의 수중에 복귀시키자는 태도를 취하였다. 그리하여 고종은 박영효와 서광범 두 대신만을 신뢰하고, 나머지 네명의 대신(김홍집, 김윤식, 어윤중 등)을 소원히 대하는 경향이 있다고 언급하였다.*

이와 같이 고종과 제2차 갑오개혁 구성원간의 불화로 인한 갈등은 1895년 군부대신 조희연의 진퇴문제로 크게 확대되었다. 결국 김홍집 등이 사의를 표명하고 박영효 등이 중심이 되어 내각을 구성하자 고종이 이를 승인하는 방향으로 나아갔다.

박영효와 다른 내각 구성원간의 관계는 원만하지도 우호적이지도 않았다. 1894년 박영효의 귀국소식이 전해지자, 그를 경거망동한 인물로 바라본 유학자들을 중심으로 박영효 등 갑신정변 주도 개화파를 처벌하라는 여론이 대두되었다. 박영효의 사면에 대하여 조정내 보수파 대신들이 반대함으로써, 그의 정치적 복귀를 둘러싼 갈등이 노정되었다. 고종의 사면 지시 다음날인 1894년 8월 5일(음) 중추원 영사 심순택沈舜澤, 총리대신 김홍집金弘集, 중추원 판사 김병시金炳始, 조병세趙秉世 및 정범조鄭範朝 등 조정 대신들이 박영효를 반역자로서 취급하여 엄벌에 처할

---

* 홍계훈의 이러한 의견은 『駐韓日本公使館記錄』7권. 29-30. 1895/05/30. 井上 → 陸奧, (17) "機密 第57號, 朝鮮內閣의 破裂(機密 第56號의 계속): 內閣分裂에 관하여 朴泳孝에게 忠告", 別紙 乙號에 실려 있음.

것을 주장하였다.* 그후 내무대신에 임명된 박영효로서는 자신의 사면 또는 등용을 반대하였던 김홍집, 심순택 등 기존 정부 대신들에 우호적 태도를 취하기 힘들었다.

박영효는 갑신정변 주도파의 개혁 의사에 호의적인 김윤식조차 지나당支那黨(친청파를 지칭)에 속하는 것으로 간주하였다.** 그 결과 박영효와 김윤식 등 다른 개화파 관료들과의 협력도 사실상 기대하기 어려웠다.

개화파내 경쟁과 대립: 갑신정변 주도파와 군국기무처 참가파의 대립과 갈등

1894년 말 박영효의 입각 당시 조선의 정치세력의 추이를 보면, 정부내에는 대원군파와 민씨일파가 일시적으로 실각하였다. 그렇지만 김홍집·김윤식·유길준 등 과거 군국기무처를 중심으로 개혁을 추진했던 세력이 같이 정부에 참여하면서 박영효파의 입지를 견제 및 압박하였다. 입각 이후 박영효 등 갑신정변 주도파가 고종의 신임을 얻고 부각하여 박영효를 중심으로 개혁정부를 구성하려고 하자, 점차 수세에 처한 김홍집 등으로부터 견제와 비난의 대상이 되었다.***

박영효와 김홍집, 유길준 등의 다른 개화파들이 경쟁 내지 대립하면

---

* 『고종실록』 고종 31년 8월 5일조. 『이조실록』 391. 215-216.

** 伊藤博文 編, 1970: 269-270. "朴泳孝邸ニ於テ洪英植·金玉均·徐光範 等卜島村久談話筆記要畧"(1884年〈甲申年〉 11月 4日자).

*** 당시 상황에 대하여 김가진 농상공부 대신은 주한일본공사관측에 다음과 같이 전하였다. 신구 양파는 정책상에 있어서 서로 다른 주의를 갖고 있었으며, 이것은 인재등용과도 관련되었다. 김홍집으로 대표되는 구파는 노소남북(老少南北) 사색(四色)에 구애되어서 문벌출신이 아니면 채용하지 않는데 반하여, 박영효 등의 신파는 홍범 14개조의 誓文의 취지를 존중하여 문벌 여하에 관계없이 인재를 등용하였다. 『駐韓日本公使館記錄』 7권. 29. 1895/05/30. 井上 → 陸奧, (17) "機密 第57號, 朝鮮內閣의 破裂(機密 第56號의 계속): 內閣分裂에 관하여 朴泳孝에게 忠告", 別紙 甲號.

서, 이후 신파新派로 일컬어지는 박영효파와 구파舊派로 일컬어지는 김홍집파간의 갈등·대립이 계속되었다. 그 후 박영효는 기존의 개화파들과 협력 및 통합을 추구하지 않았으며, 서광범徐光範을 비롯하여 1884년 갑신정변 참가자 등을 중심으로 지지세력을 규합하여 단독 정부를 구성하려고 시도하였다.* 자신을 지지하는 정치세력을 규합하여 단독 정부를 구성하려는 박영효파의 행동이 김홍집파의 의혹을 사게되고, 결국에는 두 그룹간 충돌의 원인이 되었다.

박영효는 처음에는 조희연趙羲淵 군무대신만을 견제할 의도를 지니고 있었으나, 점차 자신을 추종하는 세력들이 늘어남에 따라 자파의 정치적 입지를 강화하고 권력투쟁에서 살아남기 위해서 불가피하게 김홍집 등의 사직을 희망하게 되었다.** 박영효가 자기 세력을 중심으로 독자적 내각 구성을 시도한 시기는 1895년 2월 제2차 김홍집 내각의 총사직 이후였다. 그후 박영효는 비교적 중립적이라는 평판을 받는 박정양朴定陽을 총리대신으로 임명하는 내각을 구성하였다. 그 구성원에 있어서도 김홍집金弘集만 사직시키고 김윤식金允植, 어윤중魚允中, 유길준兪吉濬 등은 계속 참여시키는 방식으로 타협하였다.***

---

* 黃玹·李章熙 역, 1972: 177;『日本外交文書』28권 1책. 426-427. 문서번호 282. 1895/05/22. 朝鮮國駐箚井上公使ヨリ陸奧外務大臣宛(機密 第56號), "趙軍部大臣ノ進退ニ依リ內閣分裂ノ傾向ヲ求シタル旨報告ノ件".

**『日本外交文書』28권 1책. 438-439. 문서번호 296. 1895/05/30. 朝鮮國駐箚井上公使ヨリ陸奧外務大臣宛, "(機密 第57號) 內閣分裂ニ關シ朴泳孝ニ忠告ノ件".

***『大韓季年史』에 의하면, 박영효가 김홍집, 유길준 등과 권력투쟁을 전개하여 승리함으로써 김홍집이 파직되고 박정양이 그 후임으로 총리대신이 되었다. 鄭喬 저·국사편찬위원회 편, 1974: 107.

개화파와 주한일본공사관과의 관계

1894-95년 조선의 국내정치 상황을 보면, 청일 전쟁에서 승리한 일본이 조선에 대하여 다른 국가들에 비하여 실질적으로 우월한 지위와 영향력을 지니게 되었다. 이를 기반으로 일본은 조선에 대해 내정개혁을 강요하며 자신들이 조정하기 쉽다고 여긴 정치세력들을 지원하면서 조선에 대한 진출을 확대해나갔다.

이에 대해 박영효는 입각이후 표면상으로는 주한일본공사관과 친하게 지내려는 모습을 보여주었지만, 실제로는 국왕인 고종을 추대하여 김홍집 등을 제압하려고 시도하였다. 이에 김홍집 등이 이노우에 공사의 힘을 빌어 박영효와 그 추종세력을 견제하는 양상을 띠면서, 제2차 개혁시기 주요 정부 대신들간 대립 내지 갈등양상이 노정되었다.[*] 특히 박영효는 김홍집이 일본측의 요구를 수용하는 태도에 불만을 갖게 되었으며, 각 부서의 일본인 고문관이 조선의 내정과 외교에 간섭함으로써 조선의 자립을 위태롭게 할 것을 우려하였다.[**]

고종과의 대립 및 박영효의 실각

1895년 양력 5월 하순경 동학농민군의 위협과 대원군의 집권 우려가 크게 감소하였으며, 삼국간섭 등 러시아의 간섭으로 일본의 국제적 영향력이 감소되었다. 이러한 국내외 정세 변화를 계기로, 고종은 측근들을 러시아, 미국 등 한성漢城주재 각국 공사관에 파견하여 외국에 협력을 요청하였다. 이러한 동향을 파악한 박영효는 왕실과 외국 공사관과의 연계를 차단시키기 위하여 구호위병을 폐지하고 신식 훈련병으로

---

[*] 『주한일본공사관기록』 7권. 26. 1895/05/22. 井上 → 陸奧, (16) "機密 第56號, 趙軍部大臣 進退問題로 內閣이 붕괴될 지경에 이른 건."

[**] 『재한고심록』. 200.

교체시키며, 궁중과 각국 공사관 사이를 왕래하는 2-3인의 궁내부 관리들을 전임 또는 폐출시키고자 계획했다.*

그러나 이러한 박영효의 계획은 고종과 주한일본공사관측의 강력한 반대에 직면하여 실행에 옮겨지지 못했다.** 박영효가 호위병 교체 계획을 철회하였음에도 불구하고, 박영효는 1895년 양력 7월 신응희申應熙, 이규완李圭完, 우범선禹範善 등과 공모하여 훈련대訓練隊를 거느리고 왕궁을 점령한 후 고종을 폐위하려고 계획했다는 역모혐의를 받아서 실각되었다. 이러한 배경에는 조선 정부내 박영효에 반대적인 세력과 그의 행동에 불만을 품은 일본인들의 음모가 작용한 것으로 보인다.*** 그리고 주한일본공사와 러시아공사 모두 박영효 주도하의 개혁을 원치 않았던 점에서 공통의 이해관계를 보여주었다.****

이노우에 공사는 박영효가 진보적인 청년 관료 그룹을 이끌고 있다고 보고, 박영효를 대신하여 김홍집 총리대신과 그 추종세력의 집권이 유지되도록 노력하는 방향으로 태도를 바꾸었다. 박영효에 대한 일부 일본인의 모함은 그에게 적대적인 심상훈沈相薰, 홍계훈洪啓薰 등이 고

---

* 『日本外交文書』 28권 1책. 467. 문서번호 336. 1895/07/12. 朝鮮國駐箚杉村臨時代理公使ヨリ西園寺外務大臣臨時代理宛, "(機密發 第71號)朴事件關係日記報告ノ件".

** 위의 책. 474-475. 문서번호 339. 1895/07/13. 朝鮮國駐箚杉村臨時代理公使ヨリ西園寺外務大臣臨時代理宛, "(機密發 第72號)宮中內閣衝突ニ關スル取調報告ノ件".

*** 당시 이노우에 가오루(井上馨) 공사가 한성의 남문으로부터 동문에 이르는 남쪽 지역에 일본 상민 조차(租借)지역을 만들기를 희망하였다. 그러나 박영효가 이를 강력하게 반대해 이노우에 가오루 공사의 요청을 받아들이지 않았다. 그러던 중 사사키 도메조(佐佐木留藏)라는 일본인이 박영효가 불궤음모(不軌陰謀)를 꾸미고 있다고 모함한 내용이 고종에게까지 알려졌다. 鄭喬 저·국사편찬위원회 편, 1974: 108-109.

**** No. 115. John M. B. Sill to Secretary of State, May 25. 1895, Palmer, Spencer J., ed. 1963. *Korean-American Relations*, Volume II, 260-261.

종에게 박영효의 위험성을 부각시킴으로써 그를 실각시킬 수 있는 구실이 되었다. 여기에 그동안 박영효와 경쟁 내지 대립 관계에 있던 유길준, 김홍집 등이 사실상 간여 내지 방관한 것으로 보인다.*

호위병 교체시도가 역모혐의로 받아들여져 박영효가 실각하여 출국하게 된 이후에도 고종과 다른 내각 구성간의 갈등 양상이 계속되었다. 이렇게 궁중과 내각이 대립하게 된 배경으로서 다음과 같이 고종의 왕권회복 시도와 당시 정치세력간의 갈등과 대립에서 비롯된 것으로 볼 수 있다. 1894년 7월이후 대원군이 정권을 장악한 이후, 관제를 정하여 왕실사무와 국가정무를 구별하며, 국내의 모든 정무는 내각에서 담당하여 국왕의 재가를 거쳐 시행하는 것으로 바뀌었다. 이러한 변화에 대하여 고종과 민비(명성황후)는 정권을 내각에 빼앗겨서 왕실이 고립되었다고 느끼게 되었다. 그 후 박영효, 서광범徐光範, 김가진金嘉鎭, 이완용李完用 등이 군주권 수복설을 주장하게 되자 고종은 이에 고무되어 군권회복을 기도하였다. 이런 상황에서 박영효 등이 고종과 상의없이 단독으로 왕궁의 호위병을 교체하려고 시도한 것이 고종에게는 군주의 권한을 크게 위협한 것으로 간주되었다. 그리고 고종은 자신의 측근이 훈련한 군대가 아니면 신뢰하지 않았다. 박정양朴定陽이 신임 총리대신에 임명된 직후 호위병의 교체를 제의하자 고종은 이에 대해서도 의구심을

---

* 주한일본사관측 기록에 의하면, 유길준이 박영효의 음모에 관한 위의 밀서를 김홍집에게 보냈으며, 심상훈으로 하여금 사사키 도메조(佐佐木留藏)의 필담서를 고종에게 제출케 하였다. 고종이 이 사실을 전해듣고 김홍집을 불러 들여 그 사후처리를 담당케 한 것으로 추정된다. 鄭喬 저·국사편찬위원회 편, 1974: 109;『日本外交文書』28권 1책. 464. 문서번호 332. 1895/07/11. 朝鮮國駐箚杉村臨時代理公使ヨリ西園寺外務大臣臨時代理宛. "朴事件關係情報報告ノ件";『日本外交文書』460-461. 문서번호 325. 1895/07/10. 朝鮮國駐箚杉村臨時代理公使ヨリ西園寺外務大臣臨時代理宛(電報), "朴泳孝事件ニ關スル情報報告ノ件."

갖게 되었다.*

갑오개혁의 평가: 한계와 교훈 및 시사점

갑오개혁의 한계와 역사적 교훈

　이상 살펴보았듯이 청일전쟁의 전쟁터가 되는 혼란 속에서 조선은 갑오개혁을 통해 근대국민국가를 지향하는 대대적인 제도 개편을 실시하였다. 그러나 19세기 한국이 근대문명국가로 나가기 위한 거의 마지막 기회였던 갑오개혁 등 일련의 개혁운동이 좌절되는 과정에서 다음과 같은 한계를 보여주었다.

　첫째, 국제정치적 환경과 외세와의 관계이다. 당시 약소국 한국(조선)에 대해 청, 일, 러 등 외세가 간섭하고 청일 양국군이 전쟁을 벌이는 상황에서 조선이 취할 수 있는 선택의 여지가 매우 제한되었다. 또한 개혁 추진 세력 등 정부 관료들이 친청파, 친일파 및 친러파 등으로 분열되거나 외세에 의해 이용당하였다. 특히 일본의 내정간섭에 대응하는 과정에서 고종과 왕실을 비롯, 정부관료들이 단결된 모습을 보여주지 못했다.

　조선 정부는 동학농민봉기를 자체적으로 진압할 군대 병력과 치안을 유지할 경찰력이 부족하였다. 서울 등을 자체 방어할 능력이 못되어 일본군의 철수 위협에 어쩔 수 없이 조선 정부가 굴복하여 내정간섭을 거부할 수 없었던 현실이었다. 군주 고종도 경복궁 점령사건이후 사실

---

*『日本外交文書』28권 1책. 472-475. 문서번호 339. 1895/07/13. 朝鮮國駐箚杉村臨時代理公使ヨリ西園寺外務大臣臨時代理宛. "宮中內閣衝突ニ關スル取調報告ノ件."

상 궁궐에 인질로 잡혀 있는 가운데, 자신과 왕실의 안위를 걱정하여 러시아, 미국 등 주한 외국공관에 도움을 요청할 정도였다. 고종은 청일전쟁당시 씰 주한 미국 공사에게 유사시 자신과 왕족 및 고관들에게 피신처를 제공해줄 것을 긴급히 요청하였다. 이러한 고종의 도움 요청을 씰 공사가 수락함으로써* 고종과 조선 정부는 미국이 적극 도와줄 것이라는 잘못된 기대감을 갖게 되었다.

둘째, 국민통합의 실패와 정치적 리더쉽의 한계를 들 수 있다. 앞 절에서 살펴본 바와 같이 갑오개혁 시기동안 군주인 고종과 내각의 구성원인 개화파간의 갈등과 대립양상이 전개되면서, 그나마 조선의 제한된 정치적 역량마저 제대로 발휘될 수 있는 여지가 크게 제약되었다. 갑오개혁 당시 군주인 고종은 자기 주위에서 '군권 감소' 내지 '공화제'라는 단어가 거론되는 것을 매우 불쾌하게 여겼다. 이러한 점을 추측하게 하는 예로서 갑오개혁 당시 김홍집 등이 군권 견제를 시도하자 이에 대해 고종은 신경질적인 반응을 보였다. 1895년 양력 5월 17일 어전회의에서 고종은 어느 나라나 국가 통치의 대권이 군주에게 있으며 정부 대신들이 군주인 자신의 명령을 받들어 따르지 않는다면 이것은 한 나라에 군주가 없는 것과 같다는 의견을 내비쳤다. 이럴 경우 고종 자신은 군림하기를 원치 않는다고 하면서 김홍집 등 정부 대신들을 비난하였다.**

또한 당시 고종과 개화파간에 개혁의 우선순위와 방법 등의 차이로

---

* No. 16. John M. B. Sill to Secretary of State, June 29. 1894. Palmer, Spencer J., ed. 1963. *Korean-American Relations*, Volume II, 335-336; Telegram, Sill to Gresham, July 8, 1894. Palmer, Spencer J., ed. 1963. *Korean-American Relations*, Volume II, 338.

** 『駐韓日本公使館記錄』 7권. 24-25. 1895/05/22. 井上 → 陸奧. (16) "機密 第56號. 趙軍部大臣 進退問題로 內閣이 붕괴될 지경에 이른 건".

합의를 보지 못하였다. 박영효는 내무대신으로 등용된 후에 자신의 정치적 입지를 강화하고 고종의 협조를 얻기 위하여 고종에게 우호적으로 접근하였다. 그러나 이후 박영효와 고종간의 이해관계가 상치되고 대립되자, 군주에 비하여 현실적으로 정치적 힘이 약한 개화파가 밀려 실각될 수밖에 없었다. 현실정치에서 박영효 등 개화파가 개명시키려고 했던 군주(고종)로부터 오히려 자신이 배척당하는 역설적인 결과를 초래하였다.

갑오개혁에도 불구하고, 고종은 군권의 제한을 통한 입헌군주체제로의 개혁을 거부하고 자신의 취향에 맞는 인사들을 중용하였다. 또한 정부 내각의 핵심인물인 김홍집과 박영효 간에, 그리고 궁정 대 정부대신 간 대립이 지속되었다. 한때 정치적 연합을 모색해온 대원군과 개화파 간, 민비(명성황후)와 개화파 간 관계가 적대적 관계가 됨으로써, 이후 집권층 내에서 정치적 리더쉽의 결집이나 통합은 사실상 불가능하였다. 이후 김윤식·어윤중·유길준 등 개화파들이 죽거나 실각하고 반일적인 민비(명성황후)마저 일본에 의해 시해당함으로써 조선의 개혁을 이끌 정치세력이 크게 약화되었다.*

특히 제2차 갑오개혁을 주도해간 박영효가 반대파에 의해 역모혐의로 실각당하고 다시 외국으로 쫓겨나가는 상황에 처하였다. 이러한 박영효의 정치적 실패에 대해 박은식은 『한국통사』에서 다음과 같이 비판하면서 안타까워했다.

"박영효는 실패를 스스로 불러들인 것이다. 박영효는 외국인에게 이용

---

* 통일부 통일교육원, 2005: 40-64. "Ⅱ장 3절, 19세기 정치개혁의 방향과 권력장악을 둘러싼 분열과 대립."

당해 정권을 획득한 것으로서, 본래 특별한 자립기반이 없었으므로 마땅히 인심을 수습하고 사람들의 기대를 포용하여 화합에 노력했어야 하거늘, 국가의 목표가 변경되고 인심이 혼란스러운 때에 사람들에게 베푼 것도 없이 단지 반대파의 배척에만 힘써서 자신의 처지를 고립시켰으니 누구를 원망하겠는가."*

셋째, 지도층과 일반 지식인 및 대중, 민중 간의 괴리로서, 밑으로부터의 개혁 요구의 수용 여부를 둘러싼 갈등과 충돌을 들 수 있다. 갑오개혁을 주도한 개화파의 정치이념은 국내정치적으로 주자학에 기반한 위정척사론자들의 이념뿐만 아니라, 동학농민군의 이념과도 갈등관계를 보여주었다. 갑오개혁 자체와 당시 참여한 개화파에 대해 당시 조선 내에서 비판을 가한 것은 재야 사림인 위정척사론자들이었다. 위정척사론자들은 군주의 수신과 모범에 의해, 왕실 종친과 조정을 거쳐 전국적으로 위에서 아래로 파급하도록 하는 군주의 의지에 의한 개화가 자주적 개화이자 개혁이라고 보았다. 이러한 입장을 갖는 위정척사론자에게 갑오개혁은 본말이 전도된 것으로서, 일본의 위협에 의한 비자주적 개화인 것으로 비추어졌다.**

당시 유학자들은 박영효가 일본군을 부추겨 왕궁을 점령하도록 배후에서 조정한 인물로 인식하였으며, 그가 등용되어 개혁을 추진하는 것을 크게 반대하였다.*** 갑오개혁 당시 박영효의 정치적 복귀에 일본의 강

---

* 박은식 저·김승일 옮김, 2000: 186-197.

** 이재석, 1995: 150-156.

*** 그 예로서 1894년 일본에서 귀국한 박영효에 대해 8월 10일(음) 기주 이희화가 상소를 올려서 박영효를 법에 따라 처벌하여 민심을 수습할 것을 권고하였다. 『고종실록』 고종 31년 8월 10일조. 『이조실록』 391. 219-220.

력한 후원이 있었다는 사실은 당시 조선 내에서 반일감정을 지닌 유학자들에게 박영효와 그 추종자들에 대한 적대감을 확대시키는 요인으로 작용하였다.

갑오개혁시기 개화파가 개혁정책을 추진하는 과정에서 농민층을 비롯하여 대중의 적극적 지지를 받지 못하였다. 갑오개혁 당시 박영효 등 개화파 관료들은 동학농민군의 활동에 대해 부정적이어서, 농민들이 반란을 일으킬 경우 기존 정부자체가 붕괴되며 외세의 개입을 초래할 위험성이 큰 것으로 파악하였다.* 당시 박영효가 동학교도의 지지를 받지 못하였음은 전봉준이 교수형에 처해졌을 때, 박영효, 서광범을 역적으로 몰면서 크게 꾸짖었다는 점으로 짐작할 수 있다.**

이와 같이 1894년 청일전쟁 및 갑오개혁시기 일본 등 외세에 저항하는 동학농민군이 개화파와 정권에 위협적인 존재로 인식됨에 따라, '반일'을 위해 동학농민군과 조선 정부 관료를 포함한 연대와 통합은 사실상 기대하기 힘들었다. 이러한 정치적 취약성으로 인하여 사실상 개화파의 활동은 민民과 정당이라는 새로운 개혁주도세력의 결집에 실패하고, 소수의 개명적 지식인 계층과 일부 그 추종자들로 시도될 수밖에 없었다.

1895년 청일전쟁의 종전이후 한반도와 조선 정부에 대한 청의 간섭과 영향력이 크게 감소하고, 그 대신 일본의 간섭과 영향력이 크게 증대되는 위기에 처하였다. 조선은 명분상 자주독립국가이나 실제로는 청국을 대신하여 일본의 침탈에 직면하였다. 고종 스스로도 갑오개혁시기 자주 개혁을 시도하였으나 약 1년이 지나도록 별로 성과가 없었음을 책

---

* 박영효는『讀賣新聞』과 인터뷰에서 동학농민군의 봉기에 대한 반대입장과 일본군의 계속 주둔을 희망하는 의견을 피력하였다.『讀賣新聞』, 명치 27년(1894) 7월 9일, "朴泳孝氏の朝鮮談".

** 黃玹 저·李章熙 역, 1972: 183.

망하면서 다음과 같이 관료들의 참여 및 지지를 지시할 정도였다.

"그럭저럭 1년이 되었건만 여전히 성과라곤 없이 구습이 그대로 있고 새 명령은 늘 저지당하며, 아래·위의 뜻과 지향이 통하지 않고 중앙과 지방에서 와언(訛言)과 원망이 거듭 생기며 백성들의 쪼들림과 나라의 위급함은 도리어 전보다 더 심하다. (생략) 너희 각부의 여러 신하들은 숨김없이 속마음을 터놓고 진심으로 도와 조례를 명백히 세워 기강을 추켜세우며, 백성들에게 편리하고 나라에 이로운 일체 외부 규정이나 새로운 제도를 부지런히 강구 시행할 것이다."*

2014년 한국의 현실과 갑오개혁의 시사점

『동아일보』 2014년 7월 28일자 기사에서 2014년이 1894년 7월 27일 시작된 갑오개혁甲午改革으로부터 120년이 되는 해로서, 당시 개혁의 실패는 식민지 전락과 민족 분단을 가져왔으며, 지금 우리는 선진국 문턱을 넘어설 것인가, 아니면 주저앉을 것인가의 기로에 서 있다고 하면서, 사회전반에 걸친 개혁의 필요성과 방향을 제시하는 내용을 실었다. 동 신문기사에 따르면, 일반 국민과 전문가를 대상으로 국가대혁신에 대한 설문조사 결과, 지도층의 경쟁력은 100점 만점에 30~40점에 불과하여 갑오개혁 당시인 구한말 국정의 혼란을 떠올리게 하기에 충분하다고 보았다. 일반 국민과 전문가 모두가 '가장 개혁이 필요한 대상'으로 정치인과 공무원을 꼽았다.** 위의 신문에 실린 기고문에서도 2014년 한국

---

* 『고종실록』, 고종 32년 5월 20일조.
** 이에 관련된 자세한 기사 내용은 『동아일보』 2014/07/28. A1-2면의 "국민 88%, '국가대개혁 필요하다'. 국가대혁신 마지막 '골든타임'. 세월호 참사로 총체적 모순 드러나… 이번에도 못하면 영영 못할 위기감… 선진국 진입이냐 좌절이냐 기로에"를 참조하기 바람.

사회에서 개혁이 필요함을 지적하면서 갑오개혁의 교훈을 다음과 같이 되새겨보았다.

"지금 개혁이 요구되는 이유는 크게 두 가지로서, 아직도 근대화가 미진하며, 심각한 관료제의 경직성 때문이다. (중략) 지금 우리나라는 갑오개혁 때의 실패가 되풀이되지 않도록 외세를 배척할 만한 역량도 갖추고 있다. 그럼에도 불구하고 우리가 반드시 되새겨야 할 것이 있다. 19세기 말 갑오개혁이 국민적 합의를 획득하지 못하고 소수 개화파 엘리트들에 의해 주도되는 바람에 실패하고 말았다는 뼈아픈 역사적 경험이 바로 그것이다.*"

지금으로부터 20년전인 1994년 갑오개혁·청일전쟁 100년을 맞는 시점에서, 어느 연구자는 갑오개혁을 평가하면서 현재 한국의 개혁에 다음과 같은 시사점을 주고 있다고 보았다. 첫째, 개혁의 주체가 될 수 있는 조직의 구성이 필요하다. 둘째, 개혁이념을 확고히 세우는 일이 중요하다. 셋째, 개혁의 제도화가 요구된다. 넷째, 민족문제의 국제화를 피하는 일이 중요하다. 그리고 다섯째, 세계질서를 객관화시켜 보려는 노력이 필요하다. 특히 갑오개혁 당시 아직 개혁입법이 완료되지 않은 상태에서 구제도를 폐지하여 혼란을 가져온 경우가 여러 차례 있었다. 그중 대표적 사례로서 과거제를 폐지한 대신 관리 임용시험의 정착을 이루지 못한 점과 지방의 군사력을 폐지하였으나 그에 상응하는 주둔군을 확보하지 못한 점을 지적하였다. 갑오개혁 100년이 되는 시점인 1994년에서 볼 때, 100년 전에 제기되었던 '자주적 근대민족국가 수립'

---

* 『동아일보』 2014/07/28. A4면, 특별기고, 정용덕 서울대 명예교수, "120년전(갑오개혁) 개혁실패를 되풀이 말자".

이라는 한국의 역사적 과제는 아직도 진행중이라고 보았다.[*]

이로부터 10년후 갑오개혁 110년이 되는 21세기 초에 역사학계의 연구자는 갑오개혁의 교훈을 다음과 같이 지적하였다. 1894년 갑오개혁은 아래로부터의 변혁욕구를 전면적으로 수용하지 못했으며, 주체적인 개혁과 독립된 근대 국민국가 체제를 수립하지 못했다는 한계를 보여주었다. 무엇보다도 갑오개혁은 근대국가의 제도화에 머물렀을 뿐, 헌법을 비롯한 민법, 형법 등 근대 법전을 제정하는 데까지 나아가지 못했다. 법제화 과정에서 국민적 여론을 수용하지 못했다는 측면은 근대국민국가의 수립에 결정적 장애로 작용하였다.[**]

비슷한 시기인 2005년에 정치학자들이 갑오개혁 등 19세기 한국의 국내역량이 통일되지 못하고 분열되었던 시행착오와 좌절된 개혁의 경험을 되돌이켜 보면서 역사적 교훈을 찾아보았으며, 그중 다음과 같은 시사점을 얻을 수 있었다. 첫째, 국내의 주요 정치세력이 새로운 시대적 과제에 적응할 필요성을 절감하고 개혁의 모델상을 한국의 현실에 맞게 변용하며 개혁의 기본 방향과 목표에 대해 합의를 구할 필요가 있다. 둘째, 정치가, 정당, 사회세력을 중심으로 개혁의 주도세력을 결집하는 한편, 대중을 계몽하고 이들의 참여를 적극 유도할 필요가 있으며, 국론 통합과 지도자의 강한 리더쉽의 행사가 요청된다. 그리고 셋째, 한국이 국력 배양에 전념할 수 있게끔 국제적으로 우호적이며 평화로운 환경이 조성되어야 한다. 결국 대외적으로 평화로운 국제환경의 조성, 개혁세력의 통합 시도, 그리고 대중의 적극적 참여가 동시에 이루어질 때 개

---

[*] 이와 관련, 갑오개혁에서 배울 교훈의 자세한 내용은 주진오, 1994: 51-56를 참조하기 바람.

[**] 왕현종, 2003a: 87-88.

혁이 성공할 가능성이 커진다는 시사점을 얻을 수 있다.*

맺음말

이상 본문에서 살펴본 바와 같이, 제1, 2차 갑오개혁시기의 성과중 국내정치적으로 주요한 의미를 지니는 것으로서 다음과 같이 근대국가를 지향하여 제도적 개편이 추진되었다. 첫째, 정치이념적으로 '권력분립과 입헌군주제'로 나가는 시도로서, 정치, 행정, 사법 분야의 새로운 제도가 도입되었다. 이러한 제도적 변화는 '왕권 축소, 내각 권한 강화'라는 측면에서 일본의 내정 간섭하에서도 개화파가 시도할 수 있는 개혁의 최대치를 보여준 것이었다. 둘째, 청일전쟁의 전쟁터가 되고 일본에 의해 사실상 무장해제된 상황에서 정치권력을 뒷받침하는 물리력으로서 '군사, 경찰기구의 제도적 개편'을 통해 중앙집권제를 확립하고 군사력을 강화하려는 노력이 시도되었다.

한편, 갑오개혁시기에는 국내외 개화파가 정부 주요 관료로 참여하는 소위 '드림팀'으로 구성됨으로써 그동안 개화파가 지닌 개혁구상을 실현할 수 있는 좋은 기회로서 기대되었다. 그러나 갑오개혁시기 집권 관료들이 자주 교체되었으며, 박영효 등 갑신정변 주도 개화파와 김홍집 등 군국기무처 참여 개화파간의 경쟁, 대립 및 갈등의 양상이 전개되었다. 이러한 개화파간의 정치적 관계의 변화에는 주한일본공사관, 흥선대원군, 민비(명성황후) 등의 영향력이 크게 작용하였다. 갑오개혁이

---

* 이상의 내용은 통일부 통일교육원, 2005: 61-64. "19세기 정치세력 분열의 역사적 교훈"를 참조함.

권력분립과 입헌군주제를 지향하여 각종 제도들을 만들었으나, 현실정치에서는 고종과 내각 구성원간에 군권 대 신권의 갈등과 대립 양상을 중재할 정치 세력 및 제도적 장치가 미처 마련되지 못하였다.

갑오개혁시기 내각의 정치적 운명을 결정짓는데 커다란 요소로 작용한 것은 밖으로는 주한일본공사관, 주한러시아공사관 등 외세와의 관계, 그리고 동학농민봉기 등 밑으로부터의 개혁 요구의 수용 여부를 둘러싼 갈등과 충돌이었다. 그렇지만, 갑오개혁 내각의 내부적 변동과정을 볼 때, 다음과 같은 역사적 가정을 해볼 수 있다. 만약 대원군과 측근세력이 이준용을 추대하지 않았더라면? 조선 정부 대신들이 일본에 동학농민군의 진압을 요청하지 않았더라면? 박영효가 좀더 포용적이고, 궁정내 수비대 교체를 서두르지 않았더라면? 민비(명성황후)가 박영효를 몰아내지 않거나, 시해당하지 않았더라면? 갑오개혁 주도 관료들이 물러나지 않고 1896년 독립협회의 새로운 세대들을 정부 관료로 임명하여 같이 개혁에 참여할 기회가 주어졌더라면? 당시 개혁정부에 참가한 개화파들의 운명이나 개혁의 방향도 크게 달라질 수 있었을 것이라는 아쉬움이 남는다.

1894-95년의 갑오개혁은 조선이 국권 상실로 가지 않는 마지막 '골든 타임'의 시기이자 기회였다. 이 시기에는 외세의 간섭 하에서도 점진적 개혁의 가능성을 실현에 옮기며, 그 과정에서 시행착오 및 비용을 최소화하기 위한 정치적 지혜와 결단이 요구되어졌다. 그러나 현실 정치에서는 개혁정부에 참여한 개화파, 고종, 대원군, 민비(명성황후) 모두 자신들의 존재 자체가 위협받고 그나마의 개혁 역량도 사라지는 비극적 결과를 맞게 되었다.

이상으로 갑오개혁의 경험을 돌이켜보면, 19세기말 조선이 최우선적으로 추구해야하는 정책목표중의 하나는 대내외적 위기상황 하에서 체제유지와 국가적 차원의 생존이다. 청일전쟁의 전쟁터가 되어 일본 등 주변 열강의 간섭을 받는 조선이 자주독립하기 위해서 갖추어져야 할 전제조건으로서 다음 측면을 열거할 수 있다. 첫째, 국내적 측면에서 외세의 침략과 간섭을 배제할 수 있는 국력의 배양, 둘째, 조선의 국가이익과 주요 정책목표에 대한 국민적, 적어도 정부와 지도층의 합의 및 최고정책결정자의 리더쉽 등이 요구되어졌다. 이러한 측면은 120년이 지난 21세기 현재에도 유효하다고 하겠다.*

갑오개혁 120년을 맞는 현 시점에서 우리가 직면한 국가적, 사회적 위기를 어떻게 접근하여 해결할 것인가는 학술적 및 정책적 측면에서 지혜를 모아 풀어나가야 할 과제이다. 2014년에 돌이켜 보는 갑오개혁의 역사적 교훈은 현재 및 앞으로의 한국의 정치, 외교, 사회 등 각 분야에서 개혁을 추구하는데 커다란 시사점을 줄 수 있을 것이다. 후손들이 개혁을 성공적으로 이끌어가는 지혜와 정치적 역량을 보여 준다면, 120년전 갑오개혁을 주도한 개화파들의 경험과 교훈이 결코 헛되지 않을 것이다.

---

* 약 10년 전인 2004년에 갑오개혁 등 구한말의 역사를 교훈으로 삼아 21세기 한국이 다음과 같은 방향으로 나가는 것이 시급함을 강조한 점은 참조할 만하다. 첫째, 21세기 변화에 맞게 국내역량을 결집하며, 21세기 통합의 목표를 달성하기 위해서 국내역량 결집의 과정도 21세기다워야 한다. 둘째, 21세기의 한국의 정치적 과제는 정부, 지방 자치기구, 정치인 및 일반 시민들이 모두 개혁의 주체가 되어야 한다. 이에 관해서는 김현철, 2004: 51-61를 참조하기 바람.

참고문헌

국사편찬위원회 편. 1970. 『高宗純宗實錄 (高宗實錄)』 上·中·下. 서울: 탐구당.
북한 사회과학원 민족고전 연구소 역. 1993. 『이조실록-고종실록』. 서울: 여강출판사.
金玉均. 「甲申日錄」. 한국학문헌연구소 편. 1979. 『金玉均全集』. 서울: 아세아문화사.
"朴泳孝侯の上書-日本亡命中大院君へ". 辛卯(明治 24年-1891年) 2월 19일자. 太學社 編. 1982. 『한국근세사논설집: 구한말편』. 8권. 서울: 태학사.
「朝鮮國內政ニ關スル朴泳孝建白書」. 日本 外務省 編. 1963. 『日本外交文書(明治年間)』 第21卷. 明治 21年 1月-12月間. 문서번호 106. 東京: 日本國際連合協會.
黃玹 저·李章熙 역. 1972. 『梅泉野錄』. 서울: 대양서적.
鄭喬 저·국사편찬위원회 편. 1974. 『大韓季年史』 上. 서울: 탐구당.
朴殷植 저·김승일 옮김. 2000. 『한국통사(韓國痛史)』. 서울: 범우사.
『동아일보』. 2014년 7월 28일자.

강상규. 2013. 『조선 정치사의 발견』. 서울: 창비.
강효숙. 2014. "청일전쟁시기 동학농민군의 활동과 일본군." 한국정치외교사학회·한림대 아시아문화연구소 주최 2014년 춘계학술회의 발표논문집. 『청일전쟁을 통해본 구한말 동북아 국제정세의 변동과 한국 외교의 재조명』. 춘천. 2014년 6월 27일. 3-20.
구선희. 1997. "淸日戰爭 直前 朝鮮 '屬邦'問題와 朝·淸關係." 한국사학회. 『史學硏究』 54호.
김상배. 1996. "제9장 갑오개혁." 김용구·하영선 공편. 1996. 『한국외교사연구-기본사료·문헌해제』. 서울: 나남출판.
김성배. 2014. "청일전쟁·갑오개혁 시기 조선 정부의 외교-김윤식의 대외인식과 활동을 중심으로." 한국정치외교사학회·한림대 아시아문화연구소 주최 2014년 춘계학술회의 발표논문집. 『청일전쟁을 통해본 구한말 동북아 국제정세의 변동과 한국 외교의 재조명』. 춘천. 2014년 6월 27일.

김용욱. 1995. "갑오개혁의 정치사적 조명." 한국정치외교사학회 편. 『한국 근대정치사의 쟁점: 청일전쟁·갑오개혁·김옥균 암살』. 서울: 집문당.

김현철. 1999a. "朴泳孝의 '近代國家' 구상에 관한 연구-개화기 문명개화론자에 나타난 傳統과 近代를 중심으로." 서울대학교 외교학과 박사학위논문.

_____. 1999b. "개화기 朴泳孝의 자주외교론." 한국국제정치학회. 『국제정치논총』 제39집 2호.

_____. 2004. "제3장 신독립협회: 국내역량의 결집." 하영선 편. 『21세기 한반도 백년대계: 부강국가를 넘어서 지식국가로』. 서울: 풀빛.

_____. 2005. "청일전쟁과 1890년대 조선의 자주독립외교의 전개와 제약." 하영선·김영호·김명섭 공편. 『한국외교사와 국제정치학』. 서울: 성신여대 출판부.

_____. 2006. "중일전쟁기 조선의 외교정책과 한일관계." 강성학 편저. 『용과 사무라이의 결투-중(청)일전쟁의 국제정치와 군사전략』. 서울: 리북.

_____. 2012. "근대한국의 '자주'와 '독립' 개념의 전개: '속방자주'에서 '자주독립'으로." 하영선·손열 엮음.『근대한국의 사회과학 개념 형성사 2』. 서울: 창비.

_____. 2014. "갑오개혁의 정치사적 의의와 현재적 시사점: 제2차 김홍집·박영효 내각의 성과와 한계 및 과제를 중심으로". 한국사회과학협의회 주최 국제학술대회 『갑오년의 동아시아와 미래한국: 1894와 2014』. 서울. 2014.10.24.

나카츠카 아키라 저·박맹수 역. 2002. 『1894년. 경복궁을 점령하라』. 서울: 도서출판 푸른역사.

문희수. 1995. "조선의 위기(1894-1895)." 한국정치외교사학회 편. 『한국 근대정치사의 쟁점: 청일전쟁·갑오개혁·김옥균 암살』. 서울: 집문당.

신영우. 2014. "양호도순무영과 『갑오군정실기』." 동북아역사재단·한국사연구회 개최 동학과 청일전쟁 120주년 기념학술회의 자료집. 『청일전쟁·동학농민혁명과 21세기 동아시아 미래 전망』. 서울. 2014년 11월 21일.

왕현종. 2003a. "사실. 이렇게 본다: 갑오개혁의 쟁점과 역사적 교훈."『내일을 여는 역사』제11호.

_____. 2003b.『한국 근대국가의 형성과 갑오개혁』. 서울: 역사비평사.

_____. 2009. "조선 갑오개혁 정권의 대일 정략과 종속의 심화". 왕현종 외 4인 지음.『청일전쟁기 한·중·일 삼국의 상호 전략』. 서울: 동북아역사재단.

유영익. 1992. "甲午·乙未年間(1894-1895) 朴泳孝의 改革活動."國史編纂委員會.『國史館論叢』제36집.

_____. 1996.『갑오경장연구』. 서울: 일조각.

_____. 1998.『동학농민봉기와 갑오경장』. 서울: 일조각.

_____. 2002. "김홍집-개혁을 서둘다가 임금과 백성에게 배척당한 친일정치가-."『한국사 시민강좌』제31집.

은정태. 1998. "고종친정 이후 정치체제 개혁과 정치세력의 동향." 서울대학교 국사학과 석사학위논문.

_____. 2009. "청일전쟁 전후 조선의 대청정책과 조청관계의 변화." 왕현종 외 4인 지음.『청일전쟁기 한·중·일 삼국의 상호 전략』. 서울: 동북아역사재단.

이광린. 1973.『개화당연구』. 서울: 일조각.

_____. 1984.『한국사강좌: 근대편』. 서울: 일조각.

이재석. 1995. "갑오개혁을 통해본 개혁과 보수의 이념갈등." 한국정치외교사학회 편.『한국 근대정치사의 쟁점: 청일전쟁·갑오개혁·김옥균 암살』. 서울: 집문당.

이태진. 2000. "1894년 6월 청군 출병(淸軍出兵) 과정의 진상-자진 請兵說 비판." 이태진.『고종시대의 재조명』. 서울: 태학사.

주진오. 1994. "갑오개혁의 새로운 이해." 역사비평사.『역사비평』가을호(통권 28호).

정용화. 2004.『문명의 정치사상: 유길준과 근대 한국』. 서울: 문학과 지성사.

진위방 저·권혁수 역. 1999. 『청·일 갑오전쟁과 조선』. 서울: 백산자료원.
최진식. 1993. "어윤중의 부강론 연구." 국사편찬위원회. 『국사관논총』제41집.
통일부 통일교육원. 연구책임자: 김수암. 공동연구자: 홍관희·김현철. 2004. 『역사 상의 분열을 넘어 통합으로-21세기에서 본 구한말의 교훈』. 통일부 정책연구과제 결과보고서. 서울: 통일부 통일교육원.
하영선 편. 2004. 『21세기 한반도 백년대계: 부강국가를 넘어서 지식국가로』. 서울: 풀빛.
한국정치외교사학회 편. 1995. 『한국 근대정치사의 쟁점: 청일전쟁·갑오개혁·김옥균 암살』. 서울: 집문당.
허우이제 저·장지용 역. 2003. 『중국의 마지막 황제 원세개』. 서울: 도서출판 지호.

日本 外務省 編. 1963. 『日本外交文書(明治年間)』. 東京: 日本國際連合協會.
國史編纂委員會 編譯. 1988. 『駐韓日本公使館記錄』3~7권. 서울: 시사문화사.
伊藤博文 編. 『秘書類纂-朝鮮交涉資料』上卷. 昭和 11年 8月. 東京: 原書房. 昭和 45年(1970).
陸奧宗光 저. 김승일 역. 1993. 『건건록(蹇蹇錄)』. 서울. 범우사.
杉村濬. 1932. 『明治 二十七八年 在韓苦心錄』. 東京: 勇喜社. 韓國學文獻硏究所 編. 1984. 『政治篇 7』. 서울: 아세아문화사에 수록. 한상일 역. 1993. 『서울에 남겨둔 꿈』. 서울: 건국대학교 출판부.
『讀賣新聞』. 명치 27년(1894) 7월 9일자.

姜在彦. 1980. 『朝鮮の開化思想』. 東京: 岩派書店.
森山茂德. 1987. 『近代日韓關係史硏究: 朝鮮植民地と國際關係』. 東京: 東京大學出版會.

Palmer, Spencer J., ed. 1963. *Korean-American Relations: Documents Pertaining to the Far Eastern Diplomacy of the United States*, Volume II, *The Period of Growing Influence 1887-1895*. Los Angeles: Univ. of California Press.

Lew, Young I. 1977. "The Reform Efforts and Ideas of Pak Yong-hyo, 1894-1895." The Center for Korean Studies. *Korean Studies* 1. Honolulu: Univ. Press of Hawaii.

3

근대적 재정국가의 수립과 재정능력, 1894-1910[*]
-갑오개혁과 대안적 경로-

김재호(金載昊)

머리말

 이 글의 목적은 갑오개혁 120주년에 즈음하여 갑오개혁의 핵심인 재정개혁을 갑오개혁 이후에 진행되는 대안적 경로alternative path와 비교함으로써 근대국가 성립과정을 '근대적 재정국가modern fiscal state'의 관점에서 재조명해보고자 하는 것이다. 갑오개혁, 대한제국의 황실재정 확충, 그리고 러일전쟁 이후의 '재정정리'는 모두 '재정능력fiscal capacity'의 증대를 목표로 하고 있었지만 목표에 도달하기 위한 경로가 크게 달랐다. 이들을 서로 비교한다면 한국 근대사에서 근대적 재정국가 성립이 갖는 특성을 보다 분명하게 파악할 수 있을 것이다. 나아가 식민지

---

[*] 이 글의 초고는 2014년 10월 24일 서울대학교 아시아연구소가 개최한 한국사회과학협의회 주최 학술대회 '갑오년의 동아시아와 미래한국: 1894와 2014'에서 발표되었으며, 수정 후 『경제사학』 57호에 게재되었다.

기와 해방 이후까지를 시야에 넣은 장기적 조망 속에서 근대적 재정국가의 성립이 갖는 역사적 의의를 생각해보는 기회로 삼고자 한다.

지금까지 갑오 재정개혁에 관한 연구는 근대성, 자주성, 내재성을 중심으로 이루어져 왔다고 할 수 있다.* 다음과 같은 질문이 주된 문제의식이었다. 갑오개혁에 의해서 근대적 재정제도가 수립되었는가? 근대적 재정제도의 수립에 갑오개혁이 한 역할을 무엇인가? 일본의 지원을 받은 정권에 의해서 이루어진 개혁이 자주적인 성격을 가질 수 있는가? 갑오개혁은 일본의 제국주의적 목적을 위해서 이루어졌으며 결과적으로 식민지화에 기여한 것이 아닌가? 갑오개혁은 조선후기 재정제도 변화의 연장선에서 이루어진 것인가 아니면 일본을 모방하여 외래적인 제도를 무리하게 도입하려고 한 것인가?

이러한 다기한 질문에 대한 답은 의외로 큰 차이가 없다. 갑오개혁은 근대적 재정제도를 도입한 개혁이었으며, 일본의 압력으로 시작된 타율적인 개혁이었지만 자율적인 성격도 함께 가지고 있었다. 기본적으로 외래적인 제도를 이식하는 성격이 강하여 반발이 컸고 정착되기 어려웠으며 자주성이 약하였다. 자주성이 약하였기 때문에 일본의 지원이 약화되자 정권이 붕괴하는 동시에 개혁도 중단되고 말았다. 그러나 모든 제도가 일본으로부터 이식된 것은 아니며, 조세 금납화와 같이 내재적인 발전을 계승한 측면도 가지고 있었다. 일본의 경제적 침략을 경계하지 않고 일본화폐의 통용을 허용하였듯이 결과적으로 일본의 식민지화 정책에 이용당하였다.

---

* 갑오개혁에 관해서는 류영익(1990), 왕현종(2003)이 가장 포괄적인 연구이다. 갑오 재정개혁과 직접 관련된 연구로는 김옥근(1977), 오두환(1984a; 1984b; 1994), 이윤상(1986; 1996a; 2002), 왕현종(1992), 유정현(1992), 이헌창(1995), 김재호(1997; 2001), 손병규(2005), 정희찬(2011).

요컨대 갑오개혁은 근대적 재정제도를 수립하려고 하였지만 정권이 자주적이지 못하였고 도입한 제도가 내재적인 기반이 없었기 때문에 실패하였다는 것인데, 이것은 정답이기도 하지만 다소 공허한 답이기도 하다. 암묵적으로 개혁이 '자주적'이며 '내재적'이었다면 성공할 수 있었다는 증명할 수 없는 가능성을 전제하고 있기 때문이다. 갑오개혁의 실패 원인과 역사적 의의를 이해하기 위해서는 단기에 그친 갑오개혁 자체만 고찰할 것이 아니라 장기적인 전망 속에서 그 이후의 대안적 경로와 비교할 필요가 있다고 생각된다. 대한제국의 황실재정 확충이나 보호국기의 '재정정리'는 전혀 대조적인 방식이었지만 갑오개혁이라는 역사적인 경험(실험)에 대한 반응(해석)인 동시에 갑오개혁에 잠복하고 있었던 서로 양립하기 어려운 경향성이 현실로 드러난 것이었다고 생각되기 때문이다. 또한 갑오개혁을 이상적인 모델과 비교하는 것이 아니라 역사적으로 실현된 대안과 비교하는 것이 좀 더 객관적인 평가를 가능하게 할 것이라고 생각된다. 비교의 기준은 근대적 재정국가의 성립 요건인 '재정능력'의 증대를 위한 '투자'와 성과이다. 국가의 '재정능력'에 주목하는 것은 근대국가의 수립, 그리고 그 핵심에 해당하는 근대적 재정제도의 수립에 재정능력의 증대가 결정적인 요건이 되기 때문이다.

서구에서는 17세기부터 재정능력이 현저히 강화된 '재정국가'가 등장하였다. 주된 원인은 국제교역과 전쟁이었다. 국제교역을 통해서 새로운 수입이 생긴 것과 함께 전쟁에 의한 지출 증가의 압박이 국가의 성격을 근본적으로 변화시켰던 것이다(Yun-Casalilla, 2012). 조선왕조는 왕조 초기부터 중앙집권적 재정제도와 전국적 조세제도를 구비하여 재정국가의 요건을 갖추고 있었음에도 제국주의 열강과 대면하게 되는 개항 전후 시기까지 재정능력은 낮은 상태에 머물고 있었다. 조선왕조는 '전통적' 재정국가를 개혁하여 '근대적' 재정국가를 수립해야 하는 과제를 안고 있었던 것이다. 전통적 재정국가의 재정능력과 국가역량으로는 산업혁명 이후 가속적으로 격차가 벌어지는 '대분기'(great divergence, Pomeranz, 2000)의 세계에서 선발국을 따라잡는 것은 고사하고 제국주의 세계에서 식민지로 전락하는 것도 피하기 어려웠다.

조선왕조는 500년을 지속한 강한 내구성을 가지고 있는 국가였지만,[*] 개항의 충격에 대응하기에는 국가역량이 부족한 '약한 국가weak state'였다.^{**} 국가역량state capacity-국방과 치안을 비롯한 공공재를 공급하고 시장경제에 필요한 제도를 지원하며 산업화와 경제성장에 필요한 정책을 시행하기 위하여 필요한 국가의 역량-을 강화하기 위해서 시급한 것은 '재정능력'의 증대였다. 국가역량의 강화를 위해서는 물적 인적 '투자'가 필요하지만 재정능력이 없이는 이루어지기 어렵기 때문이다(Basley and Persson, 2011).^{***}

조선왕조가 재정능력이 미약하고 그로 인해서 국가역량이 약해진 것은 여러 가지 원인이 있겠지만, 국제교역이 발달되지 않고 중국 중심의 국제질서(조공질서) 하에서 계속된 장기간의 평화로 인해 재정제도를

---

* '조선왕조 장기지속의 경제적 기원'에 관해서는 김재호(2011)를 참조.
** 개항 전후 조선왕조는 국가기능의 범위도 협소하였지만 그것을 효율적으로 집행하는 제도적 능력도 약하였다는 점에서 약한 국가였다. Fukuyama(2004)에 의하면 국가기능의 범위와는 별도로 국가가 가진 제도적 능력에는 "정책을 확정하고 시행하며 법률을 제정하는 능력, 최소한의 관료제로 효율성 높게 국정을 관리하는 능력, 독직이나 부정부패, 수뢰 등을 감시하는 능력, 제도 내에서 높은 수준의 투명성과 책임감을 유지하는 능력, 그리고 가장 중요한 능력으로 법을 '집행'하는 능력 등이 포함된다."(안진환 역 2005: 24).
*** Besley and Persson(2011)은 국가역량을 조세를 징수할 수 있는 능력인 '재정능력(fiscal capacity)'과 시장경제를 위한 제도적 기반을 제공하는 능력인 '법적능력(legal capacity)'으로 구분하였다. 국가역량을 이렇게 두 가지 능력으로 구분하는 것은 편리하지만, 이 글에서는 '재정능력'의 의미를 확장하여 조세를 수취할 수 있는 능력과 함께 근대적 재정국가가 가지고 있는 재정적 자율성까지 포함한 의미로 사용하고자 한다.

개편할 필요가 없었던 것, 18세기 초 이후 전국적인 양전이 시행되지 않고 조세상납이 '총액제'에 의해 이루어짐으로써 과세대상에 대한 파악이 포기된 것, 그리고 '19세기의 위기'로 인해 경제가 전반적으로 어려워진 것이 주된 원인이었다고 생각된다.* 개항 전부터 재정 곤란으로 시전상인이나 공인에 대한 국가의 채무가 누적되었으며 개항 이후 외교사절의 파견과 근대화 사업 등으로 지출이 급증하자 재정은 더욱 악화되었다. 차관을 도입하기도 하였지만 관세 수입을 담보로 잡히고 해관 운영권도 빼앗겼기 때문에 재정운영은 더욱 곤란해졌다(김순덕 1986).

　재정능력이 단순히 조세를 징수하는 능력만을 의미하는 것은 아니다. 근대적 재정국가의 성립에 요구되는 재정능력은 재정지출의 증가에 대응할 수 있도록 조세 기반을 확대하는 것과 함께 재정운영을 자율적이며 탄력적으로 시행할 수 있는 능력까지 포함한다. He(2013: 4-5)에 의하면 근대적 재정국가가 전통적 재정국가와 다른 점은 (1) 조세 징수를 중앙으로 집중함으로써 재정운영의 효율성을 현저히 높였으며, (2) 중앙으로 집중된 재정수입을 자본으로 삼아 시장으로부터 장기 금융자원long-term financial resources을 차입하는leverage 능력을 가지고 있다는 점이다. 예를 들면 영국은 근대적 재정국가의 성립 과정에서 중앙집권적인 재정제도가 갖추어지는 한편 조세저항이 적은 소비세가 도입되고 잉글랜드은행으로부터의 차입과 장기 저리의 국채 발행이 가능하게 됨으로써 재정적 자율성autonomy을 확보하였던 것이다.**

---

* '19세기의 위기'는 이영훈 편(2004)을 참조. 18세기부터 경제가 하강 추세였다는 주장도 있다(차명수 2014). 강하였다고 생각되는 조선왕조 초기의 국가역량이 언제부터 약화되었는지는 아직 말하기 어려우며, 그 원인에 대해서도 통치 이데올로기의 변화까지 포함하여 추가적인 연구가 있어야 할 것이다.

** He(2013)는 영국(1642-1752), 일본(1868-1895), 중국(1851-1911)의 근대적 재정국가의 성립과정을 비교하였다. 이에 따르면 영국과 일본은 성공하였지만 중국은 실패하였다.

재정적 자율성이 의미하는 바는 중앙정부의 재정수입이 지배층elite 의 저항을 극복함과 동시에 수입항목과 지출항목이 연결된 분산적이며 경직적인 재정운영에서 탈피함으로써 국가재정을 재정수요의 변화에 대응하여 탄력적으로 운영할 수 있는 유연성을 갖게 됨을 의미하는 것이다. He(2013)는 영국, 일본, 중국을 대상으로 하고 있기 때문에 근대적 재정국가가 국내 금융시장을 활용하는 것을 염두에 두고 있지만 반드시 금융시장을 국내로 엄격히 제한할 필요는 없을 것이다. 20세기 후반의 한국과 같은 후발국에 있어서 외국자본의 도입 가능성은 '후발성의 이익'(Gerschenkron 1962)의 핵심이었기 때문에 국제 금융시장으로부터의 차입 능력도 재정능력으로서 인정할 필요가 있다고 생각된다. 재정수입이 빈약한 국가가 무분별하게 외자를 도입하는 것은 논외로 해야겠지만, 변제능력이 없는 정부에게 차관을 제공할 외국 금융기관도 없을 것이기 때문이다.

사회 구성원 모두에게 자원에 대한 접근이 개방되는 동시에 사회 질서가 유지되는 사회, 같은 말이지만 포용적인 동시에 대내외적 평화가 유지되는 사회가 그렇지 못한 사회보다 경제성장에 유리할 것이 틀림없다.* 19세기의 제국주의 시대에 후발국은 이러한 조건이 '아래로부터' 자생적으로 갖추어져 시장경제의 발전과 공업화가 이루어지도록 기다

---

* NWW(2009)에 의하면, 근대적 경제성장을 위해서는 사회구성원 모두에게 자원에 대한 접근이 허용된 '개방사회'로 이행하는 것이 결정적으로 중요하다. 엘리트로 이루어진 지배연합이 정치적, 경제적, 군사적, 문화적 자원에 대한 접근을 독점하고 있는 '자연국가'(natural state)는 폭력을 종식시킴으로써 사회적 질서를 수립하였다는 점에서는 경제성장에 유리한 조건을 갖추고 있지만, 엘리트의 자원 독점에 따른 렌트 수취로 인한 낭비가 일어난다는 점에서 경제성장에 불리하다. 개방사회로의 이행이 경제성장에 유리하다는 주장은 포용적인 제도를 갖춘 사회가 착취적인 제도의 사회보다 경제성장에 유리하다는 주장과도 상통하는 것이다(Acemoglu and Robinson 2012).

릴 시간이 없었기 때문에 '위로부터' 시장경제를 위한 제도를 수립하고 공업화를 촉진하기 위한 국가의 역할이 매우 중요하였다. 이로 인해 국가역량을 뒷받침하는 재정능력의 증대가 필요하지만, 문제는 재정능력이 약한 국가는 재정능력 증대를 위한 '투자'에 필요한 자원을 동원할 능력이 부족하기 때문에 재정능력이 약해지는 '재정능력 함정fiscal-capacity trap'에서 벗어나기가 어렵다는 점이다(Besley and Persson 2011).

'재정능력'에 주목한다고 하여 근대국가가 '조세국가'인 것을 부정하는 것은 아니다. 근대국가는 무엇보다 '조세국가tax state'이기 때문에 전근대 재정제도의 가산제적patrimonial 성격을 극복하고 납세자의 과세동의권이 성립함으로써 근대적 재정제도가 성립하였다. 이러한 관점에서 특히 대한제국의 성립 이후 군주권을 배경으로 팽창하였던 황실재정의 해체가 근대적 재정제도 수립의 관건이 되는 것은 논리적인 귀결이다(김재호 1997; 2000a; 2000c). 이러한 제도적 변화 위에서 해방 이후 제헌헌법과 의회제도에 의해 과세동의권이 수립됨으로써 최종적으로 근대적 재정제도가 성립하였던 것이다(김재호 2014).

그러나 근대국가는 조세국가일 뿐만 아니라 '재정국가'이다. 관점을 바꾸면 다른 점이 보일 것이다. 서구 역사에서는 근대국가 수립과정에서 분권적인 봉건제가 중앙집권 국가로 변화하는 과정에서 전국적인 조세제도가 수립되지만 중국이나 한국에서는 서구보다 매우 이른 시기에 중앙집권적인 국가가 성립하여 전국적으로 조세를 징수하고 있었기 때문에 조세제도의 성립 자체만으로는 근대적 재정제도의 성립과정을 식별하기가 어렵다. 이러한 난점을 피하기 위하여 과세동의권을 기준으로 전근대적 조세와 근대적 조세를 구분하게 되지만 과세동의권의 성립이 반드시 재정능력의 증대로 이어진다는 보장이 없다는 점, 그리고 근대적 재정제도의 성립이 오로지 의회제도의 수립이라는 정치제도의 변화에 의존하게 된다는 점으로 인하여 장기적으로 진행되는 재정제도 변화를 충분히 포착하기 어렵다는 문제가 있다.

과세동의권은 국민의 재산권을 보호함으로써 시장경제의 발전을 뒷받침하는 중요한 제도인 것은 분명하지만, 근대국가가 '조세국가'라는 점에만 주목하면 전근대국가와 대비되는 근대국가의 강력한 재정능력을 파악하기 어렵다. 특히 한국과 같은 후발국의 경제성장 과정에서 국가의 역할을 상기해볼 때 조세국가의 성립만으로는 재정제도의 변화를 포괄하기에 부족한 점이 있는 것이다.* 오해를 피하기 위하여 첨언한다면, 근대국가에 요청되는 '재정능력'을 산업정책과 관련된 재정투융자 능력만으로 한정할 필요는 없다. 국민들의 재산과 생명을 보호하기 위하여 국방과 치안과 같은 공공재를 공급할 수 있는 능력이 근대국가의 재정능력의 기본이다. 이러한 재정능력이 없으면 의회제도가 수립되어 근대적 의미의 조세제도가 수립되었다고 하더라도 그 제도를 효과적으로 '집행en-

---

* 한국에 있어서 조세국가와 재정국가의 어느 측면이 근대국가 성립에서 중요한 의미를 갖는 것인가에 관해서는 토론을 할 수도 있을 것이다. 2004년에 교수신문에서 벌어졌던 고종시대에 관한 논쟁도 이러한 관점에서 돌아볼 필요가 있다고 생각된다(교수신문 편 [2005]). 그러나 한영우 외(2006: 53)과 같이 대한제국의 재정구조가 가산제적 성격을 가지고 있어 근대국가의 수립을 위해서 극복되어야 한다고 보는 입장을 "형식합리주의"에 사로잡혀 있다고 비판하고, 대한제국이 전제 군주제를 수립하여 '宮府一體'의 재정구조를 만들어 냄으로써 대한제국의 재정구조가 근대화 사업을 신속히 효율적으로 추진하는 순기능을 갖고 있었기 때문에 근대적이라고 주장하는 것은 지나치다고 생각된다. 한 가지만 지적하면 고종황제부터가 '궁부일체'를 부정하고 있었다. 1900년에 정부에서 내장원을 폐지하고 부세를 모두 탁지부에 전유하도록 하라고 요청하자 근세에는 황실과 국가가 확연히 구분되어 있기 때문에 정부에서 황실사무를 간섭할 수 없다고 반박하였던 것이다("上曰 近世則皇室與國家有確有區分矣 府部各主自由權利 無相侵越"[『高宗實錄』 광무 4년 4월 20일]).

force'할 수 없을 것이다. 제도를 집행하는 데 비용이 소요되기 때문이다.

이하에서는 갑오개혁에 의한 재정제도의 개혁을 개관한 후에 그 대안적 경로로서 대한제국의 황실재정 확충과 러일전쟁 이후의 '재정정리'를 갑오개혁을 의식하면서 재조명해보고자 한다. 시간순서에 따라서 순차적으로 진행되었지만 선후관계의 구명보다는 비교에 중점을 두었다. 체계적인 비교라고는 할 수 없지만 재정능력의 증대를 위한 경로상의 차이점을 선명하게 드러내고자 하였다. '대안'이라고 한 것은 반드시 바람직한 선택이라는 의미는 아니며 역사적으로 일어난 다른 경로라는 뜻에 불과하다. 갑오개혁이 아니었다면 어떤 가능성이 있었는가를 상상해보자는 의미도 있다. II장에서 갑오개혁을 기존 연구를 바탕으로 정리한 다음에 대한제국의 황실재정 확충(III), 보호국기의 '재정정리'(IV)를 '재정능력'의 증대를 중심으로 살펴본 후에 마지막으로 V장에서 논의를 종합함으로써 글을 맺고자 한다.

갑오개혁의 '재정집중'

김옥균 등의 급진 개화파가 일으킨 갑신정변(1884)은 '3일 천하'로 끝나고 말았지만, 10년 후의 갑오개혁(1894.7-1896.2)은 약 19개월 동안 지속되었다. 갑오개혁은 조선왕조를 뒷받침해온 '경기규칙', 즉 제도 institution를 근본적으로 변화시킨 방대한 개혁이었다. 무엇보다 국가의 재정능력을 강화하고 시장경제의 발달을 위한 제도를 수립함으로써 국가역량을 증대시키기 위한 시도였다. NWW(2009)의 어법에 따른다면, 갑오개혁은 지배연합에 속한 엘리트가 정치적, 경제적, 문화적, 군사적 자원을 독점하였던 '자연국가natural state'를, 전체 사회 구성원에게 자원에 대한 접근을 허용하는 '개방사회'로 바꾸고자 하였다고 요약할 수 있다. 조선왕조의 지배 엘리트인 양반의 자격에 결정적인 의미를 가지고 있었던 과거제와 노비제를 폐지하였으며, 시전과 공인을 폐지하고 각종 회사의 특권도 회수하였다. 또한 '무명잡세'를 폐지함으로써 법에 의한 과세를 실현하고자 하였다. 렌트추구 사회rent-seeking society를 자유경쟁 사회로 변화시킴으로써 시장경제의 발달과 경제성장을 기대하였던 것이다.

자원에 대한 접근을 개방하는 동시에 사회 질서를 유지하기 위해서는 기업과 시장경제와 같은 조직과 제도의 발전도 중요하지만, 공공재를 공급하고 경쟁적인 제도를 수립하고 유지하는 국가의 역할이 필수적이다. 더욱이 앞에서 언급하였듯이 '대분기'의 세계에서 '캐치업'을 위해서, 그리고 '후발성의 이익'을 실현하기 위해서 국가가 적극적인 역할을 담당할 필요가 있다. 공업화에 뒤늦은 후발국은 선발국의 자본, 지식, 제도를 받아들임으로써 빠른 속도로 공업화할 수 있는 가능성을 가지게 되는데, 선발국과 격차가 큰 사회일수록 이러한 '캐치업'에 국가가 중요한 역할을 수행하였던 것이다.

이러한 점에서 국가의 역할을 뒷받침하는 재정능력은 조선왕조의 개혁과 경제성장에 필수적이었지만, 갑오개혁 당시 조선왕조의 재정능력은 앞에서 언급한 바와 같이 허약한 상태였다. 국가재정의 규모를 정확히 파악하기는 어렵지만, 『부역실총』(1794)으로부터 공식적인 재정수입을 집계하면 쌀로 환산하여 중앙재정 100만 석을 포함한 230만 석 정도였다(김재호 2013). 이헌창(2010: 442)에 의하면 18세기 후반 국가 총수입은 비공식 수입 150만석을 포함하여 400만석 정도로 국민총생산의 5% 정도였다. Kimura(1989: 295)가 추정한 1911년의 식민지 조선의 조세부담률(조세수입/GDP)은 약 3% 정도였다. 갑오개혁 직전에는 더 낮은 수준이었을 것이다.

이와 같이 재정 규모가 작았을 뿐 아니라 재정수지가 악화되고 있었다. 〈그림1〉에서 보듯이 1810년대부터 중앙관서의 연말재고가 지속적으로 감소하였다. 또한 중앙관서와 왕실에서 물품을 상납하는 貢人에게 貢價를 지급하지 못하고 시전 상인에게 물건 값을 지불하지 못하는 경우가 많아 국가의 채무가 누적되었다(한우근, 1992; Miller, 2010).*

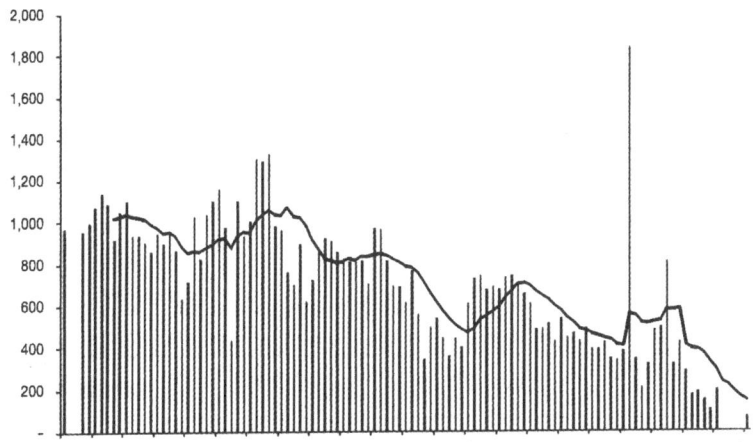

그림 1 _ 중앙관서의 연말재고액의 추이 (1807년 가격, 단위: 쌀 환산 1,000석)
자료: 김재호.(2010[2008]), 220면. 원자료는 『日省錄』.
주: 곡선은 9개년 이동평균선.

앞에서 언급한 바와 같이 개항 전부터 '19세기 위기'라고 할 정도로 경제가 전반적으로 악화되는 추세였으며, 국가재정은 본래 수입은 경직적이지만 지출은 증가하는 경향이 있었는데 개항을 전후하여 경복궁 중건과 군사비 지출, 그리고 통리기무아문 등의 신설아문과 개화사

---

* 갑오개혁으로 공인과 시전을 폐지한 후에 1895-1901년 간 이들에게 지급된 것이 265만 냥이었는데, 갑오개혁 직전 3개년간 평균 수입액 9,927,245냥의 26.7%에 달하였다 (김재호, 1997: 32).

업으로 지출이 크게 증가하였기 때문에 운영이 더욱 어렵게 되었다.* 특히 조세 미납액이 컸다는 점이 주목된다. 갑오개혁 직전 3개년(1891-1893)간 미납액의 규모가 수입액의 33.7%나 되었다.** 새로운 조세를 도입해도 수지를 맞추기가 어려운 상황에 징수해야할 조세마저 제대로 징수하지 못하고 있었던 것이다.***

이러한 상황을 타개하기 위해서 갑오개혁 정부가 택한 전략은 '재정집중'이었다. 단일한 재정기관에 모든 국가재정을 집중함으로써 경비를 절감하고 중간유출을 막는 것이었다. 앞에서 살펴보았던 '중앙집권적 조세징수체제의 수립'이라는 근대적 재정국가 성립의 첫 번째 조건에 부합하는 전략이라고 할 수 있다. 중앙 재정기관으로 호조가 있었지만 실제 수입은 전세뿐이었고 대동미는 선혜청에서, 군포는 병조에서 관할하고 있었다. 관청마다 저마다 크고 작은 재원을 보유하는 분산적인 재정운영을 철폐하는 대신 탁지아문(1895년 4월에 탁지부로 개칭)으로 하여금 재정운영을 총괄토록 하였다. 국가재정과 구분이 명확하지 않았던 왕실재정은 宮內府를 설치하여 정부 재정과 분리하였다. 왕실재정의 분리도 정부재정에 대한 왕실의 개입을 차단하고 왕실의 재정지출을 절감함으로써 정부의 재정적 자율성을 강화한다는 측면에서 '재정집중'의 일환으로 이해할 수 있다.

---

* 개항기의 재정 위기에 관해서는 서영희(1991)를 참조. 재정위기의 근본적 원인으로 세입의 감소, 재정의 화폐화, 개항으로 인한 지출수요의 폭증, 신설 군영의 설치와 비용을 들고 있다.
** 각종 세목을 합한 '收入'은 9,927,245냥으로 환산되며 '미납'은 3,344,420냥이었다(김재호, 1997: 47). 원자료는 『結戶貨法稅則』.
*** 전세・대동의 조운과정에서의 사고로 인한 체납과 누적, 포흠 그리고 방납과 대전납으로 인한 것이었다. 조세미납이 생기는 원인에 대해서는 서영희(1991), 135-148면.

이와 함께 현물로 받던 조세를 모두 돈으로 받도록 하였다(조세 금납화). '재정집중'을 위해서는 재정의 화폐화가 필수적이기 때문이다. 조선후기에 동전이 발행되었지만 재정운영에서 동전의 사용은 제한적이었다. 18세기 중반 이후에도 30-40% 정도였으며 갑오개혁 직전에도 50% 정도에 그쳤다(김재호, 2010). 지방재정에서는 동전 사용의 비중이 중앙재정보다 더 높았고 '都結制'의 관행이 확산되어 여러 세목을 통 털어 1결에 몇 냥이라는 식으로 '結價'를 부과하는 관행이 확산되었지만, 중앙재정의 기본 방침은 본래 정해진 물종[本色]으로 납부하도록 하였기 때문이다(고동환, 1991; 김재호, 2010: 241-242). 동전 외에 쌀, 포목을 비롯한 다양한 현물을 수취하는 것은 물종 별로 계정을 구분해야 하므로 통합된 회계 자체를 불가능하게 만들었다. 또한 현물재정은 운반이나 보관에 많은 비용이 소요되기 때문에 수입항목과 지출항목을 연결시켜 운영하는 '이표earmarking' 방식에 의하여 분산적으로 운영될 수밖에 없었다(Webber and Wildavsky, 1986).

은본위제도에 기초한 새로운 화폐의 발행이 시도되었는데(「신식화폐발행장정」, 1894.07.11) 본위화로 5냥 은화(5냥=1元)를 발행하고 보조화로서 1냥 은화, 황동화(1푼), 적동화(5푼), 백동화(2전 5푼)를 발행할 계획이었다. 각종 지출이나 봉급은 은화로 정하여 은화의 통용에 힘쓰고, 구화(동전)로 대용할 수 있는 것은 구화와의 교환비율을 정하여 은화를 대신하도록 하였다. 신식화폐가 충분히 주조되기 전에는 동질, 동량, 동가인 외국화폐를 혼용할 수 있게 허용하여 개항장을 중심으로 통용되던 일본은화를 사실상의 법화로 인정하였다. 은본위제 실시와 관련하여 탁지아문에 은행국을 설치하여 "국내 공사 화폐의 태환사무를 관장"하도록 할 계획이었다.* 화폐발행을 관장할 중앙은행을 설립하

---

* 탁지아문에서 탁지부로 개칭되면서 은행국은 폐지되고 司計局에서 담당.

지 않고 정부가 중앙은행의 역할을 수행하려고 하였던 점이 주목된다. 당시 미숙한 금융시장의 조건 때문에 불가피한 측면이 있지만 후술하듯이 대한제국에서는 황실이 중심이 되어 중앙은행 설립을 시도하였던 것, 그리고 러일전쟁이후 재정고문에 의한 '재정정리' 과정에서 외국은행인 제일은행이 중앙은행으로 승격되었던 것과 대비되기 때문이다.

또한 여러가지 명목의 조세도 정비하여 토지에 대해서는 지세(결세), 호戶에 대해서는 호세(호포전)로 통합하고 '無名雜稅'라고 칭하는 법에 없는 비공식적인 조세는 모두 폐지하였다. 지세는 1결에 30냥을 기준 세율로 정하였다. 중앙 상납(田稅, 大同, 三手, 砲糧, 結作) 합계에 서울의 백미 시세를 적용하여 돈으로 환산한 것으로서 중앙 상납액을 다소 상회하는 수준에서 정해진 것이었다. 1결에 30냥이 넘었던 지방민의 부담을 가볍게 하면서 중앙에 상납하는 조세는 국가재정에서 지급해야 하는 지방경비를 감안하여 약간 증액한 것이었다.

이와 같이 새로운 조세를 도입하거나 세율을 거의 높이지 않았던 것은 조세 저항에 대한 우려도 있었겠지만 '재정집중'을 통해 국고 수입이 증가할 것으로 전망하고 있었기 때문이다. 당시 지방재정은 대부분 지방의 관행에 맡겨져 그 규모가 얼마인지도 잘 알 수 없는 실정이었다. 대략 국가재정의 1/2 정도로 추정되었는데, 국가재정에 완전히 통합한 후에 모든 지방경비를 예산에 편성하여 지급하려고 하였다. 이와 함께 지방 재정지출을 감축하기 위하여 행정 단위를 줄이고 이서층을 정리하는 한편 탁지부 직속의 징세기관을 설치하여 중간유출을 방지하고자 하였다.

처음에는 향회를 설치하여 이서층을 조세의 부과와 징수 과정에서 완전히 배제하여 결전도 군수가 作夫하고 향원이 수송하도록 하였지만, 이서층을 조세행정에서 완전히 배제하는 것은 무리였다. 조세의 부과는

邑吏員이 담당하는 한편 징수는 탁지부 산하에 신설되는 관세사와 징세서가 담당하는 것으로 방침을 바꾸었다.* 관세사장 9인, 징세서장 220인과 그 산하의 관세주사 45인, 징세주사 880인에 이르는 대대적인 징세기구 개편을 계획하였던 것이다.

한편 시장경제를 발전시키기 위한 개혁도 다방면으로 추진하였다. 우선 시전과 공인제도를 폐지하여 정부에서 필요한 재화를 시장에서 구입하도록 하였다. 무질서한 상업부문에 대한 과세를 정리하여 국법에 근거한 세금만 남기고 '무명잡세'는 폐지하였으며, 개항 후 회사들에 부여된 독점권도 모두 환수하였다.

본래 조선시대 내내 상업에 대한 조세는 국가의 관심밖에 있었다. 균역법(1750년)이 시행된 다음에 줄어든 수입을 보충하기 위해 魚鹽船稅를 균역청에서 거두게 되었지만, 어장, 소금가마, 선박과 같은 생산 설비에 대해 부과한다는 성격이 강하여 판매와 소비에 대한 조세는 정비되지 못하였다. 이러한 제도적 공백을 이용하여 중앙과 지방의 관청이나 왕실과 토호들에 의해 '무명잡세'가 발생하여 상업 활동을 침해하여 시장경제 발달을 저해하고 있었다. 포구나 상업의 중심지에는 객주들의 영업권이 성립하여 재산으로서 매매되고 있었을 뿐만 아니라 객주들에게 영업을 허가하고 세금을 거두어 바치는 都客主와 같은 자들도 출현하였다. 수상교통의 요충지에는 통과하는 선박이나 물품에 대해서 百一稅와 같은 명목으로 세금을 걷는 자들도 있었다(須川英德, 1994). 보부상도 단체를 이루고 惠商公局(1883)과 商理局(1885)의 관할에 들어가 행상을 독점할 권리를 인정받았다. 갑오개혁은 이러한 '무명잡세'와 특

---

* 「結戶錢捧納章程」(1894/09/01), 「各邑賦稅所章程」(1895/04/05), 「管稅司及徵稅署官制」(1895/03/26).

권을 전면 폐지함으로써 자유로운 영업과 경쟁을 통해 시장경제가 발전하기를 기대하였던 것이다.

주지하듯이 국가재정을 집중하고 시장경제를 발전시키려고 하였던 갑오개혁의 시도가 모두 실현되지는 못하였다. 중앙재정은 통합할 수 있었지만 지방재정은 국가재정에 흡수·통합하지 못하였다. 새로운 징세기관의 설치도 실행에 옮기지 못하였으며 탁지부 소속의 세무시찰관이 군 세무과의 세무주사를 감독하도록 하는 정도에 그쳤다. 다만 탁지부 직속의 징세기관을 설치한다는 방침을 포기한 것은 아니었으며 1896년도부터 '징세사무 傳習生'을 양성하여 1898년도부터는 다시 관세사와 징세서를 설치할 계획이었다.* 관세사와 징세서의 설치를 중단한 것은 재정부족도 문제였지만 기존 이서층을 대신하여 징세사무를 담당할 인원이 부족했기 때문이었음을 알 수 있다.

지방제도를 크게 개편하여 지방경비를 줄일 계획이었지만, 1895년 5월에 8도를 폐지하고 23부제로 행정구역을 개편하는 정도에 그쳤으며, 337군을 154군으로 정리한다는 계획은 실행에 옮기지 못하였다. 오래된 전통을 가지고 있는 지방제도를 개편하는 것에 반발이 심하였기 때문이다. 지방관과 이서층을 조세행정에서 배제하는 계획도 실현되기 어

---

* "본 연도(1898)에 있어서는 일층 세무의 확장을 도모하여 視察官을 폐지하고 이를 대신하여 建陽원년도(1896)부터 양성한 徵稅事務傳習生으로 지방에 관세사 및 징세서를 설치하고 전년도 즉 건양2년도 하반기부터 이를 실시할 계획이다. 과연 이렇게 될 때에는 과세와 징수를 분리하여 군수는 단지 부과의 사무를 행하는 데 그치고 징수는 징세서에서 장리하게 될 뿐만 아니라 그 위에 관세사라는 것이 있어서 부과이건 징수이건 세무상 百事를 엄밀히 감독할 것이기 때문에 종래 군수가 부과 징수의 실권을 장악한 결과로서 혹 人情이라고 칭하거나 혹 잡비라고 칭하여 기타 종종의 명의 하에 부당한 收斂을 해왔던 專恣의 숙폐를 芟除(삼제)하여 징세상 크게 면목을 고치게 될 것이 틀림없다."(「起國債議」, 『日本外交文書』 29권, 615면. 김재호(1997: 85-86)에서 재인용).

려웠다. 징세관련 정보는 이서층이 가지고 있었는데 징세장부는 다른 사람은 해독하기 곤란하였기 때문이다. 또한 다양한 조세가 결호전으로 통합되었지만 납세자 개인에게 부과하는 방식이 아니라 과거의 총액제적인 방식을 탈피하지 못하였다. 결가(지세율)의 책정이 군 단위로 이루어지고 있었으며 결부제에 근거하였기 때문에 지세가 토지생산성이나 수익성에 기초하여 부과되지는 못하였다(왕현종 1992). 이러한 난관을 돌파하기 위해서는 토지와 인구를 정확히 조사하고 새로운 과세기준을 마련해야 하였지만 빈약한 재정으로는 착수하기도 어려운 일이었다. 이러한 점에서 갑오개혁은 취약한 재정능력으로 인하여 재정능력 강화를 위한 '투자'가 곤란하여 재정능력을 증대하기 어려운 '재정능력 함정'에 빠져 있었다고 할 수 있다.

최초로 편성된 예산인 1895년도 예산은, 4월 이후에 대해서 편성되었음에도 갑오직전의 중앙기관 지출액에 비하여 상당히 증가한 규모였다. 무엇보다 총예산에 지방재정도 포함되어야 했기 때문이었다. 1896년도 예산도 전년도 예산에 비하여 55.8%가 증가하였다.* 이러한 세출예산에 대하여 조세수입은 크게 미치지 못하여 〈표1〉에서 보듯이 1895년도 세입예산의 67.1%를 일본으로부터 도입하는 300만 원의 차관이 차지하였다. 조세수입은 본래 156만여 원을 예정하고 있었으나 실제 수입은 예산에 크게 미치지 못한 84만여 원에 불과하였다. 1896년과 1897년에도 250만원씩 총 500백만 원의 차관을 추가로 도입하여 1898

---

* 1895년도 세출예산액 4,054,203元은 갑오개혁 직전 3개년 京中各司 평균 지출액 1337만여 냥(267만여 원)의 151.5%에 해당한다. 1896년도 예산은 6,316,831원이었다. 1895년도 예산은 『開國五百四年豫算說明書』(藏書閣2-4811), 1896년도 예산은 『官報』 1896/01/20.

년부터 "獨力自力의 域"에 도달할 것을 기대하고 있었다.* 앞에서 언급한 '재정능력 함정'을 일본으로부터의 차관 도입을 통해 탈출하려고 하였던 것이다. 개혁의 중단으로 실현되지는 못하였지만 재정능력의 부족을 외국의 차관으로 보충하려고 하였다는 점은 특별히 주목할 가치가 있다. 후술하듯이 러일전쟁이후 '재정정리' 과정에서 일본으로부터 대규모의 차관이 도입되는 것과 공통점이 있기 때문이다.

표1_갑오개혁 기간 세입예산 (단위: 元)

항목		1895	1896
조세	지세	1,009,908	1,477,681
	호포세		221,338
	잡세		9,132
	인삼세	150,000	150,000
	砂金稅		10,000
	港稅	330,678	429,882
	기왕년도 소속수입		130,000
	〈소계〉	1,557,587	2,428,033
잡수입			5,000
鑄造貨			1,282,450
전년도歲計잉여			1,093,927
차입금		3,000,000	
〈합계〉		4,468,587	4,809,410

자료: (김재호, 1997: 56). 원자료는 1895년도 『奏本·議案』 1, 194; 1896년도 『官報』 1896/01/20.

갑오개혁을 좌절시킨 요인으로 일본에 대한 의존, 협소한 지지기반, 왕실과의 대립이 지적되지만, 화폐제도와 금융시장의 발전이 지체되었

---

*「起國債議」, 『日本外交文書』 29: 617-618.

던 것도 그에 못지않은 실패 요인이었다. 앞에서 살펴보았듯이 국가가 이용할 수 있는 금융시장의 발전은 근대적 재정국가 성립에 필수적인 조건이었다.

우리나라에 근대적 은행이 최초로 설립된 것은 1878년에 일본의 제일은행이 부산에 지점을 개설한 것이었다. 1880년대 말부터 조선왕조도 차관을 도입하여 은행 설립을 시도하였고 1891년에는 은본위제도 도입을 위한 '신식화폐조례'도 공포되었지만 실현되지는 못하였다. 갑오개혁에서도 앞에서 언급하였듯이 은본위제에 의한 신식 화폐를 발행하고 탁지아문에 은행국을 신설하여 태환사무를 담당하는 중앙은행의 역할을 수행하도록 하였다. 또한 탁지아문에 출납국을 두고 '금고규칙'을 공포하여 지방에 출납국 지소를 설치하거나 은행·회사로 하여금 금고(국고) 사무를 대행할 수 있도록 하였다.

이와 같이 은행을 설립하여 조세수납과 운송을 대행시킬 계획이었지만 실행에 옮겨지지는 못하였다. 신식 화폐의 발행도 저조하여 본위화폐는 거의 발행되지 않았으며 보조화도 백동화가 소규모 발행된 것에 불과하였다. 차관을 도입할 목적으로 작성된 「起國債議」에 의하면, 1896년부터 1898년까지 매년 128만여 원의 신식 화폐를 발행하여 매년 50만 원의 주조이익을 얻을 계획이었다. 〈표1〉의 1896년도 세입예산에도 주조수입이 계상되었지만, 1896년 6월까지 50-60만 원 정도의 보조화폐가 발행되는 데 그쳤다(오두환 1991). 취약한 재정으로 인해 正貨준비를 할 수 없었기 때문에 은화와 태환권을 발행할 수 없었고 본위화의 발행이 이루어지지 않은 상태에서 인플레이션 우려가 있는 보조화폐를 대량으로 발행할 수는 없었다.

이러한 화폐 금융제도의 미비로 인하여 조세상납에 고액 화폐나 은행제도를 이용할 수 없었기 때문에 갑오개혁이 의도한 '재정집중'이 제대로 실현되기 어려웠다. 개혁정부도 쌀과 동전의 원활한 순환을 위해 京江(한강) 상인으로 하여금 米商會社를 설립하도록 하여 지방의 조세금으로 쌀을 구입하여 서울로 운반하도록 했지만 소규모에 그쳤다. 오히려 지방관리가 조세금을 상인에게 맡겨 영리활동에 활용하는 '外劃'의 관행이 확산되었다. 외획은 본래 탁지부가 지방관으로 하여금 제3자에게 조세를 지급하라는 명령을 의미하지만, 지방관이 조세금을 상인에게 맡겨 상납하는 '差人上納'도 외획이라고 하였다. 재정운영 과정에서 조세금을 제3자인 상인에게 지급한다는 점은 동일하기 때문이다. 러일전쟁 이후 '재정정리'에 의해서 중단되기까지 활발하게 전개되었던 외획은 당시의 화폐금융제도에 적응한 합리적인 측면을 가지고 있었지만 재정자금이 상업적으로 유용됨으로써 조세의 미납과 연체를 유발하고 지방재정을 지방관과 이서층의 이권으로 만듦으로써 중앙집권적인 조세징수체제의 수립을 곤란하게 만들었다.

대한제국의 황실재정 확충

'아관파천'(1896.2)으로 갑오개혁 정부를 붕괴시키고 수립된 대한제국은 재정능력 증대의 방법도 갑오개혁과 크게 달랐다. 갑오개혁이 시도하였던 '재정집중', 특히 중앙집권적인 조세징수체제의 수립을 통한 지방재정의 통합은 포기되었다. 반면에 지방관이 상납하는 결호전은 지방관에 맡겨두는 대신 그 이외의 국가재원은 모두 황실재정으로 집중함으로써 황실의 재정능력을 증대시키고자 하였다. 갑오개혁이 왕실재정을 제한함으로써 재정능력을 강화하려고 하였다면 대한제국은 황실재정의 확충을 재정능력 증대와 동일시하였던 것이다. 과연 대한제국의 황실재정 확충은 갑오개혁의 '재정집중'의 대안이 될 수 있었는가?

우선 대한제국은 지방제도를 복구하였다. 23부제에서 13도제로 바꾸어 道를 복원하였으며, 세무시찰관과 세무주사를 폐지함으로써 지방관과 이서층이 조세행정 일체를 담당하는 전통적인 제도로 되돌렸다. 이와 함께 "無限한 君權"(「大韓國國制」 1899)으로 표명된 군주권의 강화를 반영하여 국왕 직속기관이 증가하였으며, 궁내부가 조직을 확대하여 국정을 주도하는 기관으로 변화되었다. 국왕직속 기관으로서 元首府가 신설되어 국왕이 직접 군사를 지휘하는 체제를 갖추는 동시에 화폐를 발행하는 전환국도 사실상 국왕직속 기관이 되었다.

궁내부는 갑오개혁 당시 정부와 왕실을 구분할 목적으로 설치되었지만, 대한제국 수립 이후에는 정부에 속해야 할 기관을 이속하거나 신설하여 조직이 급속히 팽창하였다.* 특히 왕실재산을 관리할 목적으로 설치된 內藏院은 「대한국국제」가 반포된 1899년부터 급속히 조직과 재정을 확대하기 시작하였다. 내장원은 관제상으로는 궁내부 산하기관이었지만 궁내부대신의 지휘를 벗어나 사실상 국왕직속 기관이 되었다.

대한제국은 지방관이 관할하던 결호전은 탁지부에서 관장하도록 하는 한편 그 밖의 일체의 수입원은 내장원에 집중함으로써 황실재정을

---

* 첫째로 전제왕권의 강화와 관련하여, 갑오개혁에 의해서 지위가 격하되었던 기관들의 명칭이 복원되고(弘文館, 敦寧院, 太醫院), 禮式院, 內大臣, 警衛院 등이 신설되었다. 궁내부에 경찰기관인 경위원이 설치된 것이 이채를 띄고 있는데 서울과 개항장 등의 치안을 담당하여 거동이 수상한 자를 검속할 수 있도록 하였다. 둘째로 근대화 사업과 관련이 깊은 부서로서 通信司, 鐵道院, 西北鐵道局, 礦學局, 平式院, 綏民院, 博文院 등이 설치되었다. 정부 각부의 업무 분장규정대로라면 대개 농상공부에 소속되거나 공기업으로 설립해야 할 기관들이 궁내부에 소속되었던 것이다. 셋째로 內藏院이나 水輪院과 같은 재정기구가 조직을 확대하였다.

확충하였다.* 일시에 이루어진 것은 아니지만 역토와 둔토 등 각종 '公土'를 비롯하여 금광 등의 광산과 홍삼 전매는 물론, 갑오개혁에 의해서 폐지되었던 '무명잡세'와 객주 상회사를 비롯한 특권회사도 내장원에 집중되었다. 갑오개혁 정부는 상업 관련 조세 대부분을 '무명잡세'로 간주해 폐지했으며 국유지는 민간에 불하할 계획이었지만, 대한제국은 국가에 연고가 있어 수입을 얻을 수 있다면 명목을 불문하고 황실 재산으로 만들거나 과세하려고 하였다.

표2_황실재정 수입 (1905)

	항목	금액(元)	비율(%)
내장원	역둔세	620,000	12.6
	인삼세	2,000,000	40.7
	광세	40,000	0.8
	사금수입	600,000	12.2
	〈소계〉	3,260,000	66.3
국고	황실비	1,454,000	29.6
	임시중건비	200,000	4.1
	〈소계〉	1,654,000	33.7
총계		4,914,000	100.0

자료: (김재호, 1997: 118). 원자료는 『韓國財政整理報告』 제1회, 1905/12, 4:1-5.

황실재정에는 이러한 자체 수입 외에도 '황실비'와 '궁내부비'로 편성되어 국고에서 지급하는 황실경비가 있었다. 자체 수입과 황실경비를 합한 황실 수입은 정부 총세입의 절반은 족히 될 정도로 규모가 컸다. 〈표2〉에서 보듯이 1905년의 개략적인 조사에 따르면 황실의 1년 수입은 국고에서 지급하는 165만여 원元과 내장원 수입 326만 원을 합한

---

* 대한제국기의 황실재정의 연구현황과 문제점에 관해서는 조영준(2011)에 충실히 정리되어 있다. 대표적인 연구로는 서영희(1990), 이윤상(1986; 1996a; 1996b; 1996c; 1997), 김윤희(1995), 김재호(1995; 1997; 2000a; 2000b; 2002), 박성준(2005; 2007; 2013), 양상현(1998; 2006), 이영훈(2011)이 있다.

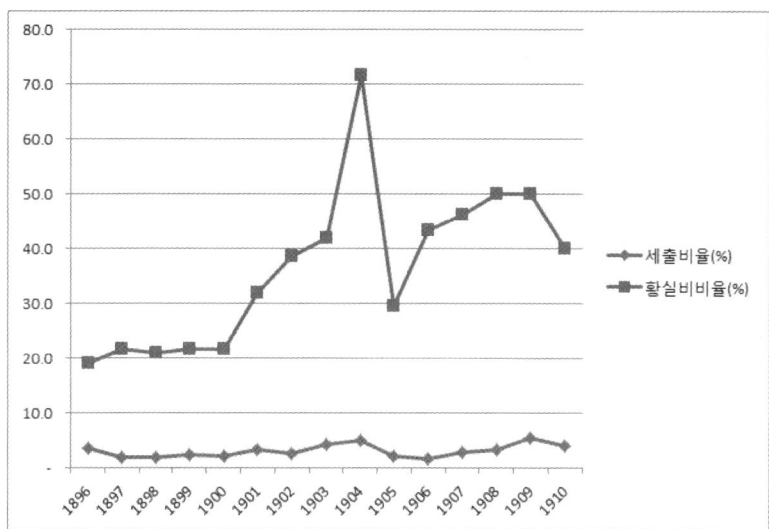

그림2_한국과 일본의 세출액 및 황실비의 비교 (한국/일본) (단위:%)
자료: 김재호(2000a), 67면에서 작성.
주: 황실비는 정부에서 지급하는 황실경비.

491만여 원이었다. 이는 탁지부가 관할하는 국고 실수입의 69.6%(1903년), 43.9%(1904년)에 달하는 규모였는데 내장원 수입이 국고에서 지급하는 수입보다 더 많아 전체 황실 수입의 66.3%를 차지했다.*

황실 수입이 국가 재정에 비해 얼마나 큰 규모였는지는 같은 시기 일본과 비교하면 잘 알 수 있다. 1896-1904년 사이에 한국의 경우 총

---

* 이영훈(2011)은 이외에도 오랜 연원을 갖는 內需司와 1司7宮의 궁방재정이 있었고, 황제의 내탕으로 추측되는 '別庫' 재정이 있었으며 1司7宮에 속하는 明禮宮의 재정규모가 내장원보다 컸다고 주장하였다. 궁방재정과 내탕에 해당하는 황실재정이 있었던 것은 사실이지만, 1사7궁에 속하는 명례궁의 재정규모가 내장원을 능가하였다고 하는 주장은 쉽게 수긍하기 어렵다. 내장원의 『회계책』의 기재 상황이 1903년까지는 수입이 매우 적었다가 1904년에 급격히 증가하기 때문에 내장원 수입 전체를 망라하고 있다고 믿기 어려우며, 명례궁의 수입도 자체 수입이라기보다는 내장원의 수입과 전환국의 주조화폐가 지출되는 과정에서 명례궁으로 유입된 것으로 보는 것이 합리적이라고 생각된다. 內需司나 궁방의 자체 수입이 내장원을 능가할 정도로 컸다고 보기는 어렵다. 향후 황실재정에 대한 추가적인 연구가 요망된다(조영준, 2011).

세출에서 차지하는 황실경비의 비중이 최저 9.02%(1896년), 최고 15.5%(1897년)였지만 일본은 각각 1.02%(1900년), 1.78%(1896년)에 불과했다. 이에 따라서 〈그림2〉에서 보듯이 대한제국의 황실경비가 일본의 황실경비의 20-40% 수준이었고, 1904년에는 최대 71.8%에 달하였다. 이와는 대조적으로 정부 총세출은 대한제국이 일본에 비하여 1897년에 1.87%, 1901년에 3.40%, 1904년에 5.13%에 불과하였다. 결국 대한제국의 경우에 정부재정 규모에 비해 국고에서 지급하는 황실경비가 월등히 많았다는 의미이다. 여기에 황실자체 수입을 합한 황실 총수입은 〈표2〉의 추산(1905년)에 따르면, 일본의 황실 총수입의 53.8%(1904년), 46.3%(1905년)에 달하였다.*

이와 같이 대한제국의 황실재정이 정부재정 규모에 비하여 컸던 이유는 우선 갑오개혁 전부터 국가재정에서 왕실 관련 경비가 차지하는 비중이 높았는데** 대한제국 수립 후 '제국'으로 격식을 높이는 비용이 추가로 지출되었기 때문이다. 나아가 대한제국의 국왕과 궁내부의 기능

---

* 한국과 일본의 비교는 김재호(2000a: 63)에서 계산. 공식환율에 따라서 한화:일화=1:1로 비교하였다. 단 공식환율은 1904년까지는 한화:일화=1元:1圓이었지만, 1899년부터 1904년까지 '백동화 인플레'로 인하여 한화의 가치가 절반 정도 수준으로 하락하여 1905년에 화폐교환이 이루어질 때 구화 2원=신화 1원(圓)으로 교환이 이루어졌고 신 한화 1원=일화 1엔이 공식 환율이 되었다. 이에 따라서 1904년까지는 공식환율에 따라 비교하면 한국의 재정규모는 과대평가가 된다. 이러한 문제점이 있지만 정확한 환율의 추이를 알 수 없기 때문에 공식 환율을 따라서 비교하였다.

** 다소 과장이 있다고 생각되지만, 반계 유형원은 御供之規에 있어서 정규의 稅 중에 어공을 위해 획입해 놓은 것이 없을 뿐만 아니라 어공을 전담하는 기관도 없으며, 京中各司나 外方各官으로서 進上을 위하여 분주한 것이 무수하여 국가만사 중에 어공과 진상에 관계된 것이 대략 십중팔구라고 하였다(『磻溪隧錄』 권3 田制後錄 上 經費). 조영준(2010: 132)에 따르면 쌀로 환산하여 정부에서 지급하는 '供上' 10만석, 궁방재정 15만석, 기타 5만석 합계 30만석으로 공식적인 중앙재정 115만석의 약 26%을 점하였다. 19세기의 왕실재정의 규모와 운영에 관해서는 조영준(2008; 2010)을 참조.

이 일본과 크게 달랐다. 일본은 내각이 국정을 주도했지만, 대한제국은 '대한국국제'에 의해 전제군주제가 수립되어 국왕이 국정 전반을 주관했기 때문에 국왕 직속기관이 증가하고 궁내부 조직도 크게 팽창하였다. 1904년에 이르면 궁내부 산하 기관이 약 30개로 늘어났다.

여기서 주의할 점은 궁내부 경비가 모두 황실재정의 중추기관인 내장원의 수입으로 충당된 것이 아니라는 점이다. 궁내부에 소속된 기관 중에 철도원, 서북 철도원, 광학국, 경위원, 개항장 경무서, 예식원의 경비는 국가 총예산에 편성되어 국고로부터 지급받았다. 그렇다면 내장원 수입은 어디에 지출되었는가? 내장원의 『會計冊』(1896~1907)에 따르면(김재호, 1997: 123-125), 국왕이 자유롭게 사용한 것이 65.1%였고(內入), 그 중 6할은 사용처를 알 수가 없다(총액의 37.7%). 사용처를 알 수 있는 것은 물품 구입(16.5%), 평양탄광, 경편철도, 광학국, 수안 금광, 역둔토, 홍삼전매 등의 궁내부 사업비(12.8%), 진상, 제사, 장례 등의 의례비(10.2%)로 지출되었다. 그밖에 하사·구휼금(1.4%), 학교 및 유학생 지원(0.9%)에도 쓰였다. 이와 같이 내장원 수입 대부분을 국왕이 자유롭게 사용했으며, 더욱이 전환국까지 국왕 직속기관으로 만듦으로써 주조수입까지 얻을 수 있었다. 백동화 발행은 「대한국국제」가 발포된 1899년 이후에 급증하였다(오두환, 1991).

이와 같이 대한제국은 황실재정은 확충되었지만 그로 인해 탁지부가 관장하는 정부재정이 침해를 당하였다. 〈표3〉에 보듯이 탁지부의 국고 실수입은 1897년 487만여 원에서, 1903년에 706만여 원, 1904년에 1,120만여 원으로 증가하여 정부의 재정능력이 증대한 것으로 보이지만, 1899년 이후 백동화가 다량 주조되어 백동화 가치가 1899년부터 1904년까지 절반 수준으로 하락하였기 때문에 세입 증가를 그대로 실질세입의 증가로 볼 수 없다는 점에 주의할 필요가 있다. 1901년과

1903년에 지세의 세율을 각각 2/3, 3/5 인상한 것도 인플레로 인한 실질 수입의 감소를 만회하기 위한 조치였다.

표3_세입세출예산 및 실수입, 1896-1904 (단위:元, %)

	세출예산	세입예산	실수입	비율
1896	6,316,831	4,809,410	2,428,084	50.5
1897	4,190,427	4,191,192	4,869,931	116.2
1898	4,525,530	4,527,476	3,520,766	77.8
1899	6,471,132	6,473,222	4,256,094	65.7
1900	6,161,871	6,162,796	5,908,554	95.9
1901	9,078,682	9,079,456	6,571,684	72.4
1902	7,585,877	7,586,530	5,868,559	77.4
1903	10,765,491	10,766,115	7,056,334	65.5
1904	14,214,298	14,214,573	11,202,591	78.8
합계	69,310,139	67,810,770	51,682,597	76.2

자료: (김재호, 1997: 108). 원자료는 「建陽元年度歲入歲出總豫算」, 「官報」, 1896/01/26; 「建陽二年度總豫算請議書」(1897/01/20), 「奏本」(奎17703) 제4책; 「歲入歲出總豫算表」(奎15295); 「光武七年度總豫算請議書」, 「奏本」 제65책; 「光武八年度歲入歲出總豫算表」, 「奏本」 제72책; 「各稅實入一覽表」(奎17893).

더욱이 백동화는 전환국에서 정식으로 발행되는 외에도 황실의 특허 또는 내외국인에 의한 불법적인 주조도 많았기 때문에 시간이 갈수록 품질이 조악해졌다(도면회 1989; 1991; 오두환 1991). 이로 인하여 백동화는 법정 비가로는 20할이어야 하지만, 서울에서 1899년 1월 18.83할이었는데, 계속 하락하여 1904년에는 46.7%인 8.79할에 불과하게 되었다. 동전(엽전)도 부산에서 1896년 1월에 21.5할이었는데 1903년에는 65.6%인 14.1할로 하락하였다.* 이러한 백동화 인플레이션의 영향은

---

* 오두환(1991) 217-218면의 그림1과 표7을 참조. 교환비율 몇 할이라고 하는 것은 백동화 40매=1관문 10냥=2元에 대한 일본화폐의 교환비율을 말한다. 백동화 1매=2전 5푼. 백동화 40매는 10냥. 본래 엔화 2원=엽전 10냥 (1관문)을 20할이라고 한다(오두환 1991:96). 개항초기에 일본은화 1엔의 가치에 해당하는 일본동전 10관문(1,000개)과 같은 중량의 엽전(500-660매)이 교환되었기 때문에 엽전 1관문(1,000개)에 대해 역산하면 일본화폐 2엔 내지 1엔 50전 정도가 되는데 이를 한전시세 20할, 15할로 호칭하였다 (도면회 1991: 220).

국가재정이 가장 직접적으로 받았다고 할 수 있는데 조세상납에는 가치가 낮은 백동화가 주로 사용되었기 때문이다. 백동화 발행 자체가 문제였다기보다는 본위제도가 수립되지 못한 채 보조화폐인 백동화만 발행되었다는 것, 그리고 화폐발행권이 황실에 귀속되어 제도적으로 통제할 방법이 전혀 없었다는 것이 근본적인 문제였다.

이 시기 정부재정은 〈표3〉에서 보듯이 조세 미납으로 인해 실수입이 예산액의 7할 정도밖에 되지 않았는데 황실로부터 강요되는 예산외 지출이 많아서 압박이 극심하였다. 1901년에는 황실경비의 예산외 지출이 황실경비 예산의 63.5%에 달했다(김재호, 1997: 115; 김윤희, 1995: 86). 예산외 지출은 주로 陵, 殿閣修築 비용, 명성황후 장례비 등과 같이 황실의 위상을 높이기 위한 지출이 많았다. 황실과 관련된 경비였지만 궁내부 수입이 아닌 국가 재정에서 충당된 것이다. 예산외 지출로 인하여 예산이 유명무실해지는 것도 문제였지만 황실관련 경비를 탁지부를 통하지 않고 궁내부 대신이 국왕에게 직접 청하여 집행하는 것이 더 큰 문제였다. 제도적으로 재정운영에 대한 국왕의 자의적 개입을 막을 방법이 없었기 때문이다.

수입은 예산만큼 들어오지 않고 군사비 지출이 큰 상황에서 이러한 방만한 황실경비 지출로 인해 결국 관리들의 봉급을 지급하기도 곤란한 지경에 이르자 탁지부는 1902년부터 내장원으로부터 차입한 다음에 지세를 지방관으로부터 직접 징수하도록 했다. 조세 금납화 이후에 확산된 '외획'이 내장원을 상대로 대규모로 행해졌던 것이다. 규모가 가장 컸던 1903년에는 탁지부는 내장원에 삼남지방의 지세 1/3에 해당하는 1000만 냥(200만원)을 외획하였다. 내장원은 지방관으로부터 수취한 조세금으로 쌀을 구입하여 서울에서 판매함으로써 이익을 취하였다(김재호, 2000b).

내장원경(이용익)이 탁지부 대신을 겸하는 상황에서 내장원이 '정부의 은행' 역할을 하는 중앙은행처럼 탁지부에 대출을 해주고, 징세기관이 되어 조세를 징수하는 대한제국 특유의 재정제도가 출현하였던 것인데 결과가 만족스럽지는 못했다. 국왕의 권력을 배경으로 한 내장원도 '외획'으로 지급받은 지세를 1902년에 7할 정도, 1903년도에는 겨우 1/4 정도밖에 징수하지 못하였다. 조세상납과정에서 형성된 지방관과 이서층의 기득권과 충돌했기 때문이었다. 지방관과 이서층에게 조세행정 일체를 맡기는 체제로 돌아간 상황에서 내장원이 檢稅官과 差人을 파견하여 조세를 징수하는 것은 조세를 놓고 지방관과 내장원이 경쟁하는 것이나 마찬가지였다. 대한제국의 강화된 군주권으로도 지방재정을 장악할 수 없었던 것이다.

내장원 수입은 본래 정부에 속한 재원이 이관된 것이 대부분이었기 때문에 그 수입증대를 모두 국가 재정능력의 증대라고 보기는 어렵다. 다만 갑오개혁 당시 정비되지 못한 상업관련 잡세를 내장원이 파악한 것에는 주목할 필요가 있다. 앞에서 언급하였듯이 유통부문에 대한 간접세의 도입이 근대적 재정국가의 성립에 중요하기 때문이다. 단기적으로는 황실재정에 약간의 도움이 되었겠지만 독점권의 부여를 통한 징세청부 단계를 벗어나지 못하였기 때문에 시장경제의 발달을 저해함으로써 장기적인 재정능력의 증대로 이어지기는 어려웠다고 생각된다(김재호, 2002).

만약 황실이 정부예산에서 지급하는 황실경비에 만족하고 탁지부가 관할하는 정부재정을 침해하지 않았다면 황실재정의 확충은 국가재정을 여유 있게 하는 역할을 할 수 있었을 것이다. 그러나 앞에서 살펴보았듯이 황실의 지출로 인하여 정부재정이 크게 압박을 받고 있었다. 황실에서는 조금이라도 공적인 성격을 띠고 있는 재정지출은 모두 탁지부에 청구하여 지출하였을 뿐 아니라 예산외의 임시비 지출이 매우 컸기 때문에 탁지부의 재정운영을 더욱 어렵게 하고 예산제도를 사실상 무의미하게 만들었다. 더욱이 '啓字'라고 하는 지불명령서를 자의로 작성하여 수시로 재정지출을 명령하고 있었다.

이상에서 살펴본 바와 같이 대한제국은 재정적 자율성을 황실재정의 자율성으로 실현하려고 하였다. 근대적 재정국가가 중앙은행과 금융시장을 통해 재정적 자율성을 확보하는 것과는 다른 방식이었다. 대한제국도 1901년 2월 「화폐조례」를 공포하고 프랑스로부터 차관을 도입하여 금본위제를 실시하고 지폐를 발행할 계획이었으나 일본의 방해로 차관도입에 실패하였다. 1903년 3월에는 「中央銀行條例」와 「兌換金券條例」를 제정하여 중앙은행으로 하여금 국고금을 취급하도록 하는 한편 금화와 태환되는 지폐를 발행하고자 하였지만 이 역시 금지금의 부족과 일본의 방해로 실현되지 못하였다(나애자, 1984; 오두환, 1991). 중앙은행이 설립되었다면 궁내부에서 御供院과 濟用司의 수입을 담보로 일본으로부터 1천만 원을 차입하여 '宮內銀行'을 설립하려고 한다는 당시의 풍설과 같이 황실지배하의 은행이 되었을 것이 틀림없다.*

중앙은행은 설립되지 못하였지만 1897년에 조선은행이 설립된 이후 민간은행의 설립에 황실이 출자하는 방식으로 은행 설립에 관여하였고 일부 재정자금을 민간은행에서 운용하도록 하고 조세상납을 대행시키기도 하였다. 특히 대한천일은행은 1899년 지세총액의 15.8%에 해당하는 58만여 원을 징수하였다. 오래 지속되지는 못하고 한 해에 그쳤으며 은행 지점이 아니라 "조세청부업자" 100여 명을 파견하여 조세를 수납하는 수준이었다(이승렬, 2007).

---

* "宮內銀行借款之說", 『皇城新聞』 1904/08/01.

이와 같이 중앙은행과 은행제도가 불비하였던 대한제국에서 '정부의 은행' 역할을 하였던 것이 황실재정에 속해 있었던 전환국과 내장원이었다. 이에 따라서 제도적으로 전혀 통제할 수 없는 황실재정에 의해서 정부재정이 지배됨으로써 국가재정 전체가 가산제적 성격을 갖게 되었다. 이는 갑오개혁이 왕실재정을 분리하였던 의도와는 정반대의 결과로서 대한제국이 '조세국가'로부터 멀어지고 있었음을 보여주는 것이다. '재정국가'의 관점에서는 황실재정의 확충이 정부재정을 침해하면서 진행됨으로써 국가의 재정능력의 증대로 귀결되지 못하였다는 것이 근본적인 문제였다.*

보호국기의 '재정정리'

러일전쟁이후 재정고문(目賀田種太郎)과 통감(伊藤博文)이 주도한 '재정정리'는 크게 세 가지 방향으로 진행되었다.** (1) 일본 제일은행을 대한제국의 중앙은행으로 승격시켜 국고를 관리하도록 하는 동시에 신화를 발행하여 구화(동전과 백동화)와 교환하였다. (2) 탁지부 직속의

---

* 가산제적 성격이 강화된 것이 문제가 없다는 뜻이 아니라 본고의 주제와 관련해서 국가의 재정능력의 증대로 이어지지 않은 것이 문제라는 의미이다.
** 1904년 2월 러일전쟁의 시작과 함께 대한제국은 일본의 지배하에 들어가게 되었으며 재정운영도 일본에 의해 장악되었다. 제1차 한일협약에 따라서 대한제국 재정운영 전반이 1904년 10월에 취임한 일본인 재정고문(目賀田種太郎)의 감독 하에 들어갔으며 1907년 후반부터는 제3차 한일협약(1907/07/24)에 의하여 탁지부 차관에 일본인(荒井賢太郎)이 임명되어 통감 지휘 하에 대한제국의 재정을 직접적으로 관장하게 되었다. 보호국기의 '재정정리'와 '화폐정리'에 관해서는 오두환(1991), 김재호(1992; 1997), 이윤상(1996c), 이영호(2001)를 참조.

징세기관을 설치하여 지방관과 이서층을 조세행정에서 배제하고 조세금의 상업적 이용을 금지하였다. (3) 역둔토를 비롯한 황실재정에 집중된 각종 재원을 정부재정으로 이관함으로써 황실의 자율적 재정 기반을 완전히 해체하였다.

대한제국도 '백동화 인플레'를 해결하고 일본화폐의 유통, 특히 금본위제로 전환한 후에 폐기 처분한 은화와 제일은행권의 유통을 방지하기 위해서는 중앙은행과 금본위제 및 태환권이 필수적임을 인식하고 있었다. 그러나 앞에서 살펴보았듯이 법령만 제정되었을 뿐 실현되지는 못하였다. 우선 이익을 침해당하는 일본의 방해가 심하였다. 일본은 중앙은행이 설립되어 제일은행이 관리하는 해관세를 관장하고 자국의 수출품에 대한 결제수단으로 대한제국의 지폐가 사용되는 일을 우려하였다. 더욱이 보조화폐인 백동화만 발행되어 가치가 하락하였는데 지폐까지 발행되면 화폐가치가 유지될 수 있을지도 의심스러웠다. 충분한 금화나 금지금의 준비도 없는 상태에서 중앙은행과 은행지점의 설치도 이루어지지 않은 채 법령만 서둘러 반포되었기 때문이다(오두환, 1991).

재정고문이 부임 직후에 전환국을 폐쇄하고 국고업무를 제일은행에 위탁한 것, 그리고 화폐교환을 단행하여 동전과 백동화를 신 화폐와 교환한 것은, 대한제국의 독자적인 중앙은행과 금본위제가 '재정정리'에 장애가 될 것을 우려했기 때문이었다고 추측된다. 제일은행은 개항 직후에 우리나라에 진출한 첫 번째 외국은행이었으며 해관세를 독점적으로 취급하고 일본화폐를 유통시키는 창구역할을 하였다. 1902년부터는 지폐(제일은행권)까지 유통시키고 있었다. 재정고문은 이미 우리나라에 발판을 굳히고 있었던 제일은행을 중앙은행으로 승격시키고 제일은행권을 법화로 만드는 동시에 국고를 담당하도록 하였던 것이다.

개항이후 일본화폐의 통용은 당오전, 평양전, 백동화와 같은 악화를 발행함으로써 지출증대에 대응하였던 조선왕조의 화폐정책에 기인하는 바가 컸다. 가치가 안정적이며 가치저장이나 운반에 편리한 화폐를 이용하는 것이 합리적이기 때문에 일본화폐의 사용이 확대되었고, 재정운영을 통해서 백동화 유통지역을 넓히고자 하였지만 백동화 유통지역과 동전 유통지역으로 나뉘는 현상이 일어났던 것이다. 이러한 화폐제도의 난맥상을 개혁하지 않고서는 재정능력의 증대를 기하기는 어려웠다.

1905년도의 조세 징수실적이 좋지 않았던 것은 지방 금고(국고)의 관리에 제일은행 지점만으로는 부족하여 지방관과 이서층이 여전히 조세행정을 담당함으로써 조세가 직접 금고로 납부되지 않았기 때문이다. 50리를 기준으로 가까운 곳은 '人民直納' 지역으로, 먼 곳은 '收入官吏 납부' 지역으로 나누어 제일은행 지점에 조세를 납부하도록 하였지만 지방관이 전과 마찬가지로 상인에게 맡기는 경우가 많았다(외획). 1906년도부터는 통감부 산하 우체국에 支金庫의 역할을 위탁하여 전국에 173개소의 지금고를 설치하여 국고망을 갖추는 한편, 세무감(관찰사 겸임) 13인, 세무관 36인, 세무주사 168인에게 조세행정을 맡김으로써 지방관과 이서층을 조세행정에서 배제하였다. 앞에서 살펴보았던 갑오개혁의 관세사·징세서 설치 계획에 비하여 규모가 줄었지만 탁지부 직속의 징세기관을 설치하려고 하였던 점은 같았다. 面을 말단 징세기관으로 만들어 郡을 배제한 것이 새로운 점이었다. 군수와 이서층의 반발이 심하였지만 면으로 군을 대체한다는 방침은 고수되었으며 지방위원회를 만들어 협조를 구하거나 일부 이서층을 세무관리로 채용하였다.

이렇게 국고망을 갖추고 지방관과 이서층을 배제한 결과 재정능력은 크게 증가하였다. 〈그림3〉에서 보듯이 1905년에 조세수입이 308만여 원(圓)에 불과하였지만 1906년에는 647만여 원으로 급증하였다. 1907

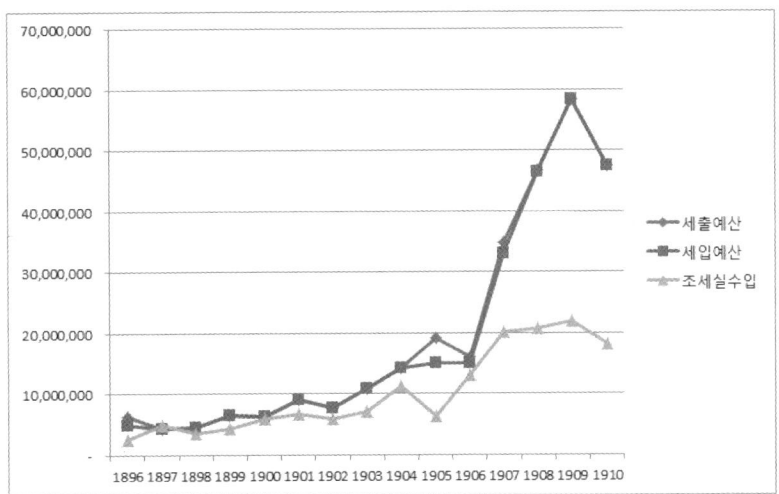

그림3_세출세입예산 및 조세실수입, 1896-1910 (단위:元)
자료: (김재호, 1997: 108, 351). 1896-1904년은 〈표3〉과 같음. 원자료는 1905-1909, 『韓國財政施設綱要』, 13-18; 1910, 『舊韓國財務狀況』, 67-68; 조세실수입은 1905-1909, 『韓國財政施設綱要』, 79-80, 99; 1910, 『朝鮮總督府統計年報』(1910년도), 669.
주: 1905-1910년은 '화폐정리' 때의 교환비율 1圓=2元을 적용하여 환산함.

년에는 다시 1,006만여 원으로 증가하였다. 이후 조세수입이 계속해서 빠르게 증가하지 않은 것은 토지조사와 같은 근본적인 조치가 없이 징세과정에 대한 정비만으로는 한계가 있었기 때문이다. 토지조사사업을 실시해야 한다는 재정고문의 주장에 대하여 통감은 거액의 재정 부담을 초래하는 사업을 병합 전에 실시하는 것은 시기상조라는 이유로 반대하였지만, '재정정리' 과정을 통하여 토지소유자를 비롯한 토지와 관련된 제반 정보가 축적됨으로써 토지조사사업을 위한 준비가 이루어지고 있었다(조석곤, 2003: 239-288).

재정능력의 증대를 위해서 토지조사가 필요하다는 점은 대한제국도 인식하고 있었고 이를 위해 量田까지 실시하였지만 소기의 성과를 거두지는 못하였다.* 1898년에 量地衙門을 설치하여 양전을 실시하였으

---

* 대한제국의 '光武量田'에 대해서는 김홍식 외(1997), 한국역사연구회(1995)를 참조.

며, 1901년에는 地契衙門을 설립하여 토지 매매문서(文記, 明文)을 대신할 官契(地契)를 발급하고 양지아문을 병합하여 1901년의 흉년으로 중단된 양전을 계속하였지만, 1904년 1월에 지계아문이 혁파됨으로써 전체 군의 2/3에 해당하는 218군에서 실시된 채로 중단되었다(왕현종, 1995: 112). 재정곤란이나 지역민의 반발 그리고 급변하는 국제정세 등이 중단된 이유로 지적되지만, 지방관과 이서층이 조세행정의 일체를 담당하는 조세징수체제를 그대로 둔 채로 결부제에 의거한 전통 방식에 의해 양전이 이루어졌기 때문에 재정능력의 증대를 기대하기는 어려웠다고 생각된다. '투자'에 비하여 재정능력 증대의 성과가 기대되지 않았기 때문에 중단되었다고 보는 것이 합리적일 것이다.

화폐교환이 실시되어 1905년 7월부터 신구 화폐의 교환이 이루어진 것도 조세금을 전과 같이 상업적으로 이용할 수 없게 만듦으로써 장기적으로는 조세수입의 증가에 기여하였을 것으로 추측된다. 재정고문은 조세금의 상업적 이용은 철저히 금지하였으며 자신의 통제하에 은행을 설립하여 상업자금을 방출하고 새 화폐의 유통을 확대하고자 하였다.*

1906년도 이후에 조세 징수실적이 증대한 것은 이상에서 살펴본 바와 같이 국고망의 편성, 징세기구의 개편, 화폐교환과 같은 재정능력을 증대시키기 위한 대규모 '투자'가 단기간에 집중적으로 이루어졌기 때문이었다. 이에 필요한 재원은 조세수입만으로는 크게 부족하여 차관

---

* 당시 화폐교환을 일정금액 이하로 한정한다는 소문이 돌아 상인들이 동전이나 백동화를 보유하지 않고 토지나 물건으로 바꾸고자 하였다. 이로 인해 화폐교환 과정에서 많은 상인들이 파산하였는데 조세금을 상업자금으로 사용하는 길이 두절되고 구화 회수에 비하여 신화 발행이 크게 미치지 못하여 결제를 위해 화폐가 필요할 때 토지나 물건을 처분할 수 없었기 때문이었다. 자금 경색으로 인해 파산지경에 처한 상인들은 재정고문에게 자금을 공급해줄 것과 조세금을 상업자금으로 사용할 것을 요청하였지만 거부당하였다.

도입으로 충당되었다. 1910년 8월 현재 국채총액은 4,559만여 원圓으로 1905-1910년간의 조세수입과 거의 같은 규모였다(김재호, 1997: 351). 이러한 막대한 차관이 모두 재정능력의 증대를 위해서 투입되지는 않았지만, 갑오개혁이나 대한제국이 감당할 수 없었던 대규모 '투자'를 가능하게 하였던 것은 틀림없다.

재정고문과 통감이 장악한 정부의 재정능력은 크게 증가하였지만 이와는 대조적으로 황실재정은 급속히 약화되었다. 재정고문 취임 직후에 전환국이 폐쇄되고 내장원이 經理院으로 축소되었지만 재정고문이 황실재정 운영에 직접 관여할 수는 없었는데, 1907년의 제3차 한일협약 이후에는 경리원이 폐지되고 소관 잡세와 홍삼 전매사업이 모두 탁지부로 이관되었다. 1908년에는 황실소유 토지가 국유화됨으로써 황실의 자율적인 재정기반이 완전히 해체되었다. 이제 황실은 오로지 정부예산에서 편성하여 지급하는 황실비에만 의존하지 않을 수 없게 된 것이다(김재호, 1992; 1997; 이윤상, 1996c).

재정고문이 갑오개혁이나 대한제국과 달리 지방재정까지 국가재정을 완전히 장악할 수 있었던 것은 중앙은행과 발전된 화폐제도를 활용할 수 있었던 것이 결정적인 이유였다. 제일은행을 국고관리 은행으로 만드는 동시에 제일은행권을 법화로 만들어 금융적으로 대한제국을 완전히 지배함으로써 상인들을 재정운영 과정에서 완전히 배제하는 한편(외획 금지), 제일은행을 정점으로 전국적인 국고망을 편성하여 납세자와 직접 접촉하는 중앙집권적인 징세기구를 수립하는 데 성공하였던 것이다. 대한제국도 금본위제를 실시하고 중앙은행을 설립하여 일본화폐를 대체할 수 있는 태환권을 발행하고자 하였지만 실패하였다.

제일은행을 앞세운 일본의 방해가 있었지만 실패의 원인을 모두 외부의 요인만으로 돌릴 수는 없다. 근원으로 들어가면 개항 전 조선왕조의 재정운영에 있어서 정부와 상인 간의 관계, 특히 정부의 재정운영과 민간금융 간의 관계까지 관련된다고 생각된다. 조선왕조는 항상 민간에 대하여 대부자의 위치에 있었으며 재정적으로 곤란하여도 국채를 발행하는 방안을 강구하지 않았다. 또한 조세상납에서 '本色' 상납을 고집하여 민간에서 통용되는 '換'을 재정운영의 공식적인 수단으로 인정하지 않았다. '환'은 발행처와 지급처가 상이한 지불약속증권으로서 18세기 중엽에는 서울과 주요 상업 중심지간에 환거래에 활발히 이루어지고 있었다(이영훈, 2005: 33). 고액 화폐가 없었기 때문에 동전을 서울로 상납하거나 재정지출 목적으로 수송하는 것이 불편하였기 때문에 상인들 간에 환이 통용되었고 조세상납 과정에서도 사용되는 경우가 적지 않았다. 지방관이 동전으로 상납하지 않고 상인이 발행한 환을 이용하였지만 조선왕조는 환을 재정운영에 이용하는 것을 공식적으로는 인정하지 않았다. 본색대로 현송할 것을 명령하였던 것이다. 이러한 점은 청대 중국이 지방재정운영에는 민간에서 발행한 금융증권이 활발히 사용되었지만 중앙정부는 조세납부의 수단으로 인정하지 않았고 지폐 발행도 인플레를 우려하여 기피하였던 것과 유사한 점이 있다(He, 2013). 상상에 불과하지만 정부재정이 민간 금융과 밀접한 관계를 맺고 있었다면, 그리하여 정부재정을 관리하는 금융업자가 존재하였다면 개항 이후 중앙은행이나 화폐제도의 수립이 좀 더 용이했을 것이다.

맺음말

서두에서 살펴보았듯이 근대적 재정국가의 재정적 자율성을 확립하기 위해서는 (1) 조세기반을 확충하고 중앙집권적인 조세체제를 수립함으로써 재정운영의 효율성을 높이는 것, (2) 재정수입을 자본으로 삼아 장기 금융자원을 차입하는 능력을 갖추는 것이 필수적인 조건이었다. 이러한 점에 비추어 갑오개혁의 '재정집중'은 근대적 재정국가 수립에 부합하는 선택이었다. 조세 금납화를 실시하여 재정운영을 화폐화하고 분산된 재정기관을 일원화하는 동시에 지방재정을 국가재정에 통합한다는 의미에서 '재정집중'은 근대적 재정국가 성립에 필수적인 조건이었기 때문이다. 왕실재정의 분리도 정부재정에 대한 왕실의 개입을 차단하고 왕실재정을 제한함으로써 정부의 재정적 자율성을 강화한다는 점에서 '재정집중'의 일환이었다.

그러나 갑오개혁은 중앙재정의 집중에는 성공하였지만 지방재정의 통합은 징세기구 수립의 실패로 인하여 좌절되었다. 결과적으로 지방재정을 통합할 수 없었기 때문에 재정능력의 증대에 실패하였다고 할 수 있다. 오랜 시간을 두고 지방재정 위에 형성되어 있었던 이해관계와 충돌한 것이 근본적인 원인이었지만 동전을 중앙재정 기관으로 현송해야 하는 화폐금융제도의 불비도 주요한 원인이었다. 은행을 설립하여 국고를 관리하도록 하는 한편 은본위제를 도입하여 신 화폐를 발행하려고 하였지만 은행 설립은 이루어지 못하였고 보조화폐가 소량 발행되는 것에 그쳤다. 이러한 화폐금융제도의 미비로 인해 '외획'이 확산됨으로써 '재정집중'을 크게 제약하였다. '외획'은 상인이나 지방관을 '정부의 은행'으로 활용하는 측면이 있지만, 재정자금을 상업자본으로 유용하여 관리들이 이익을 취하는 관행은 재정집중을 저해하고 조세상납의 연체와 미납을 초래하여 재정능력을 약화시키는 결과를 초래하였다.

이와 같이 갑오개혁은 재정집중을 시도하였지만 성공하지 못하였고 이로 인한 세입의 부족은 차관도입으로 보충할 수밖에 없었다. 장차 재정능력의 증대를 위한 '투자'에 필요한 자금도 차관을 도입하여 조달할 계획이었다. 갑오개혁의 중단으로 실현되지는 못하였지만 이와 같이 외자 도입에 의한 재정능력의 증대는 러일전쟁 이후의 '재정정리'로 이어졌다.

갑오개혁과 반대 방향의 경로를 택하였던 대한제국은 황실의 재정능력의 증대에는 성공하였지만 국가의 재정능력의 증대에는 성공하지 못하였다. 갑오개혁이 주력하였던 '재정집중'은 포기되었으며 결호전을 제외한 모든 국가 재원을 황실재정으로 집중하고 전환국도 황제 직속 기관으로 만듦으로써 정부의 재정능력은 오히려 빈약하게 되었다. 정부 수입의 근간인 지세수입을 증가하는 계기가 될 수도 있었던 광무양전이 실패로 끝난 것은, 무엇보다 갑오개혁이 시도하였던 징세기구의 개혁이 없이 시행된 것이 주된 원인이었다고 생각된다.

더욱이 재정곤란으로 탁지부가 내장원으로부터 차입하고 지방 조세금을 내장원에 외획하는 상황까지 발생할 정도로 대한제국은 시간이 갈수록 황실재정이 국가재정을 지배하는 가산제적 성격이 강화되었다. 이는 갑오개혁에 의해서 왕실재정을 국가재정에서 분리하였던 의도와는 완전히 정반대의 결과로서 군주권을 제한하는 제도를 갖추지 않고서는 근대적인 재정제도를 수립하기 어려움을 보여주는 것이다.

갑오개혁에 비하여 발전된 측면이라면 황실이 은행의 설립에 관여하고 은행에 조세납부를 위탁하고 백동화 방출 창구로 이용함으로써 재정운영에 은행을 활용하였다는 점이다. 중앙은행 설립과 금본위제에 의한 화폐발행은 준비금 부족과 일본의 차관 도입 방해로 인해 실현되지 못하였다. 또한 전환국이 황제 직속기관이 되어 정부의 통제를 벗어나 백동화가 남발됨으로써 인플레가 발생하고 화폐통용지역이 분단됨으로써 경제적으로나 재정적으로 부정적인 결과를 초래하였다.

러일전쟁이후의 '재정정리'가 갑오개혁과 공통된 점은 '재정집중'을 위하여 중앙집권적인 조세징수체제를 수립하려고 한 점이었다. 차이점은 재정고문과 통감은 일본의 군사력에 기초하여 군주권을 철저히 통제할 수 있었기 때문에 황실재정을 해체하여 정부재정에서 지급하는 황실비에 의존할 수밖에 없도록 만들었다는 점이다. 이와 함께 '재정정리'는 갑오개혁과 달리 근대적 화폐금융제도를 활용할 수 있었다.

'화폐정리'를 통해서 제일은행을 중앙은행으로 승격시키고 금본위제도를 도입하여 화폐교환을 실시하는 한편, 국고를 관리하는 제일은행 아래 제일은행 지점, 우체관서, 기타 금융기관으로 전국적인 국고망을 편성함으로써 납세자가 직접 국고에 납세할 수 있는 제도적 기반을 갖추었다. '재정정리'가 갑오개혁과 달리 탁지부 직속의 조세징수체제를 수립할 수 있었던 것도 이와 같이 화폐금융제도를 활용할 수 있었기 때문이었다. 문제는 재정능력의 증대가 식민지 지배를 위한 제도정비 과정으로 진행됨으로써 대한제국의 재정능력이 아니라 재정고문과 통감부의 재정능력, 궁극적으로는 일본제국의 재정능력으로 귀결되었다는 점이다.

이상에서 살펴본 바와 같이 근대적 재정국가 수립을 위한 재정능력의 증대에 가장 큰 내부적인 어려움은 지방재정의 통합이었으며, 각 경로의 차이를 발생시킨 주요한 요인은 군주권의 통제, 화폐금융제도의 활용, 외자의 도입 여부였다. 이 세 가지 조건을 모두 충족시킨 것은 보호국기의 '재정정리'뿐이었다.

조선왕조는 갑오개혁의 '재정집중'이나 그 대안이라고 할 수 있는 대한제국의 황실재정의 확충을 통해서도 근대적 재정국가를 수립할 수 없었다. 갑오개혁은 '재정집중'과 '개방'이라는 청사진을 가지고 있었지만 조건의 미비로 성공하지 못하였으며 대한제국은 '재정집중'을 포기한 채로 국가재원의 이속과 백동화 발행으로 황실재정을 확충함으로써 정부재정을 침해하였기 때문이다. 상상에 불과하지만 대한제국이 갑오개혁이 시도하였던 재정개혁의 방향을 계승하여 국가 재정능력의 확충을 시도하였다면 어떻게 되었을까? 갑오개혁을 시도했던 개화파와 대한제국의 군주가 협력하였다고 하더라도 근대적 재정국가의 수립은 달성하기 쉬운 과제가 아니었다.*

중앙집권적 조세징수체제의 수립은 지방재정 위에 성립한 이해관계와 직접 충돌하였고 과세기반 확충과 조세 증징은 공정한 과세제도와 납세자의 협조가 없이는 불가능한 일이었다. 더욱이 조세저항을 피하기 위하여 간접세를 도입하기에는 상공업의 발달이 미약하였으며 재정운영에 활용할 금융시장과 화폐제도의 발달도 지체되어 있었다. 관세수입이 있었지만 관세관리권을 상실하여 재정운영에 사용할 수 없었던 것도 심각한 제약이었다. 결국 재정능력을 증대하기 위해서는 조세저항이 심한 지세를 증징하던가 아니면 외국의 차관에 의존하는 것 외에는 달리 방법을 찾기 어려웠다. 이점에 있어서는 갑오개혁이나 대한제국도 마찬가지였지만 실제로 차관이 이루어진 것은 갑오개혁과 러일전쟁이후 '재정정리'였다. 갑오개혁에서는 차관이 한차례 도입된 것에 불과하였지만 러일전쟁이후에는 대규모의 차관이 지속적으로 도입되었다. 보호국기의 재정능력의 증대는 이러한 외자도입에 의존한 '투자'가 없었다면 달성이 불가능한 일이었다.

이와 같이 외부의 자원에 크게 의존하는 재정능력의 증대는 근대적 재정국가의 수립에 있어서 어떠한 의미를 지니는 것인가? 차관 차체가 근대적 재정국가의 성립과 반드시 모순된다고 볼 필요는 없지만 중앙

---

* 실현되지 않았기 때문에 전혀 언급하지 않았지만 가상의 경로로서 갑오개혁의 중단 이후 독립협회가 중심이 되었던 입헌군주제로의 경로를 생각해볼 수 있다.

은행이 제일은행이라는 외국은행이며 재정수입으로는 변제하는 것이 사실상 불가능한 대규모 차관이 도입되고 있는 것은 문제가 아닐 수 없다. 이러한 이유에서 보호국기의 '재정정리'에 의하여 대한제국이 근대적 재정국가로 완전히 변모했다고는 말할 수 없다. 그러나 동시에 대규모 차관 도입을 통해 '투자'가 이루어진 결과 재정능력이 현저히 증가하였다는 점, 그리고 재정능력을 외자에 크게 의존하고 있다는 점에서 19세기 선발국과는 유형이 다른 근대적 재정국가가 성장하고 있었다는 점에 주목할 필요가 있다. 갑오개혁에서 시작하여 보호국기와 식민지기, 그리고 해방 이후로 이어지는 강한 경로의존성을 읽을 수 있기 때문이다.

참고문헌

고동환. 1991. "19세기 부세운영의 변화의 그 성격". 한국사연구회. 『1894년 농민전쟁연구』 1. 역사비평사.

교수신문 편. 2005. 『고종황제 역사청문회』. 푸른역사.

김순덕. 1986. "1897-1905년 關稅政策과 關稅의 운용". 『한국사론』 15.

김옥근. 1977. "開港前後期의 財政分析". 『경제학연구』 25.

김윤희. 1995. "대한제국기 황실재정운영과 그 성격-탁지부 예산외지출과 내장원 재정운영을 중심으로". 『한국사연구』 90.

김재호. 1992. "'保護國期'(1904-1910)의 皇室財政整理". 『경제사학』 16.

_____. 1995. "대한제국 내장원의 驛屯土 관리-경상북도를 중심으로". 『경제사학』 19.

_____. 1997. "甲午改革이후 近代的 財政制度의 形成過程에 관한 硏究". 서울대학교 경제학박사학위논문.

_____. 2000a. "近代的財政制度の成立過程にをける皇室財政: 韓國と日本との比較". 『朝鮮學報』 175.

_____. 2000b. "대한제국기 황실의 재정지배: 內藏院 '外劃'을 중심으로". 『경제사학』 28.

_____. 2000c. "皇室財政と'租稅國家'の成立: 韓國と日本との比較". 『社會經濟史學』 66(2).

_____. 2001. "근대적 재정제도의 성립과 징세기구의 변화. 1894-1945". 안병직 편 『韓國經濟成長史: 예비적 고찰』. 서울대학교출판부.

_____. 2002. "상회사의 특권과 지대추구. 1876-1904". 『경제사학』 32.

_____. 2010. "조선후기 중앙재정과 銅錢: 『賦役實摠』을 중심으로". 이헌창 편. 『조선후기 재정과 시장: 경제체제론의 접근』. 서울대학교출판문화원(『경제사학』 44. 2008).

_____. 2011. "조선왕조 장기지속의 경제적 기원". 『경제학연구』 59(4).

_____. 2013. "조선후기 군사재정의 수량적 기초: 규모, 구성, 원천: 『賦役實摠』의 분석을 중심으로". 『朝鮮時代史學報』 66.

_____. 2014. "대한민국 정부수립의 경제적 기초와 근대적 재정제도의 성립". 『대한민국 정부수립과 국가체제 구축』. 대한민국역사박물관.

김홍식 외. 1997. 『조선토지조사사업의 연구』. 민음사.

나애자. 1984. "이용익의 화폐개혁론과 일본제일은행권". 『한국사연구』 45.

都冕會. 1989. "갑오개혁 이후 화폐제도의 문란과 그 영향(1894-1905)". 『韓國史論』 21.

_____. 1991. "화폐유통구조의 변화와 일본금융기관의 침투". 한국사연구회. 『1894년 농민전쟁연구』 1. 역사비평사.

柳永益. 1990. 『甲午更張研究』. 일조각.

_____. 1998. 『東學農民蜂起와 甲午更張』. 일조각.

밀러(Miller, Owen). 2010. "시전-국가 간 거래와 19세기 후반 조선의 경제위기". 이헌창 편. 『조선후기 재정과 시장: 경제체제론의 접근』. 서울대학교출판문화원.

박성준. 2005. "1894-1910 海稅制度의 변화와 稅制 정비의 방향". 『韓國史研究』 128.

_____. 2007. "大韓帝國期 海稅 관할권을 둘러싼 갈등과 內藏院의 海稅 관할권 장악". 『韓國史學報』 26.

_____. 2013. "대한제국기 진휼정책과 내장원의 곡물 공급". 『역사학보』 218.

서영희. 1990. "1894-1904년의 政治體制의 變動과 宮內府". 『韓國史論』 23.

_____. 1991. "개항기 봉건적 국가재정의 위기와 민중수탈의 강화". 한국사연구회. 『1894년 농민전쟁연구』 1. 역사비평사.

손병규. 2005. "갑오시기 재정개혁의 의미: 조선왕조 재정시스템의 관점에서". 『韓國史學報』 21.

양상현. 1998. "대한제국기 내장원의 광산 관리와 광산 경영". 『역사와현실』 27.

_____. 2006. "대한제국의 군제 개편과 군사 예산 운영". 『역사와경계』 61.

오두환. 1984a. "甲午經濟改革의 구조와 성격". 『社會科學論文集』 3. 인하대학교.

_____. 1984b. "甲午改革期의 賦稅 '金納化'에 관한 硏究". 『경제사학』 7.

_____. 1991. 『韓國近代貨幣史』. 한국연구원.

_____. 1994. "甲午財政改革의 構造와 性格". 경제사학회 『갑오개혁의 사회경제사적 의의』.

왕현종. 1992. "한말(1894-1904) 지세제도의 개혁과 성격". 『한국사연구』 77.

_____. 1995. "대한제국기 量田·地契事業의 추진과정과 성격". 한국역사연구회 근대사분과 토지대장연구반. 『대한제국의 토지조사사업』. 민음사.

_____. 2003. 『한국 근대국가의 형성과 갑오개혁』. 역사비평사.

유정현. 1992. "1894-1904年 地方財政制度의 改革과 吏胥層 動向". 『震檀學報』 73.

이승렬. 2007. 『제국과 상인』. 역사비평사.

이영호. 2001. 『한국 근대 지세제도와 농민운동』. 서울대학교출판부.

이영훈 편. 2004. 『수량경제사로 다시 본 조선후기』. 서울대학교출판부.

이영훈. 2011. "大韓帝國期 皇室財政의 기초와 성격". 『경제사학』 51.

이영훈 외. 2004. 『한국의 은행 100년사』. 산하.

_____. 2005. 『한국의 유가증권 100년사』. 증권예탁결제원.

이윤상. 1986. "일제에 의한 식민지재정의 형성과정-1894년-1910년의 稅入構造와 징세기구를 중심으로". 『한국사론』 14.

_____. 1996a. "1894-1910년 재정 제도와 운영의 변화". 서울대학교 국사학과 박사학위논문.

_____. 1996b. "대한제국기 내장원의 황실재원 운영". 『한국문화』 17.

_____. 1996c. "통감부시기 황실재정의 운영". 『한국문화』 18.

_____. 1997. "대한제국기 황제 주도의 재정운영". 『역사와현실』 26.

_____. 2002. "갑오개혁기 근대적 조세제도 수립 시도와 지방사회의 대응". 『韓國文化』 29.

李憲昶. 1995. "甲午·乙未改革期의 産業政策". 『韓國史硏究』 90.

_____. 2010. "조선왕조의 경제통합체제와 그 변화에 관한 연구". 이헌창 편. 『조선후기 재정과 시장: 경제체제론의 접근』. 서울대학교출판문화원.

정희찬. 2011. "갑오개혁기(1894-96년) 상납 愆滯 문제와 公錢의 換送". 『韓國史論』 57.

조석곤. 2003. 『한국 근대 토지제도의 형성』. 해남.

조영준. 2008. "19세기 王室財政의 運營實態와 變化樣相". 서울대학교 경제학부 박사학위논문.

_____. 2010. "조선후기 왕실재정의 규모와 규모: 1860년대 1사4궁의 재정수입을 중심으로". 이헌창 편. 『조선후기 재정과 시장: 경제체제론의 접근』. 서울대학교출판문화원.

_____. 2011. "대한제국기 황실 재정 연구의 현황과 전망". 『경제사학』 51.

차명수. 2014. 『기아와 기적의 기원: 한국경제사. 1700-2010』. 해남.

한국역사연구회. 1991. 『1894년 농민전쟁연구』 1. 역사비평사.

한국역사연구회 근대사분과 토지대장연구반. 1995. 『대한제국의 토지조사사업』. 민음사.

한영우 외. 2006. 『대한제국은 근대국가인가』. 푸른역사.

韓㳓劤. 1971. 『東學亂 起因에 관한 硏究』. 서울대학교출판부.

_____. 1992. 『韓末開港期의 商業硏究』. 일조각.

須川英徳. 1994. 『李朝商業政策史硏究』. 東京大學出版會.

Acemoglu, Daron and Robinson, James. 2012. *Why Nations Fail: The Origins of Power. Prosperity and Poverty*. Random House.

Besley, Timothy and Persson, Torsten. 2011. *Pillars of Prosperity: The Political Economics of Development Clusters*. Princeton University Press.

Bonney, Richard (ed). 1995. *Economic Systems and State Finance*. Clarendon Press.

Fukuyama, Francis. 2004. *State-Building: Governance and World Order in the 21st Century*. Cornell University Press (안진환 역. 2005.『강한 국가의 조건』. 황금가지.

Gerschenkron, Alexander. 1962. *Economic Backwardness in Historical Perspective*. Belknap Press of Harvard University Press.

He, Wenkai. 2013. *Paths toward the Modern Fiscal State: England. Japan. and China*. Harvard University Press.

Kimura, Mitsuhiko. 1989. "Public Finance in Korea under Japanese Rule: Deficit in the Colonial Account and Colonial Taxation". *Exploration in Economic History* 26.

NWW (North. C. Douglass. John Joseph Wallis. and Barry R. Weingast). 2009. *Violence and social order*. Cambridge University Press.

Pomeranz, Kenneth. 2000. *The Great Divergence: China. Europe. and the Making of Modern World Economy*. Princeton University Press.

Webber, Carolyn and Wildavsky, Aaron. 1986. *A History of Taxation and Expenditure in the Western World*. Simon and Schuster.

Yun-Casalilla, Bartolomé et als. (eds.). 2012. *The Rise of Fiscal States*. Cambridge University Press.

4

중국갑오전쟁박물관에서
다시 보는 동학농민혁명과 청일전쟁

정근식(鄭根埴)

'갑오년', 그 특별한 의미를 찾아서

2014년은 갑오년이다. 한국인들에게 갑오년은 압도적으로 120년 전인 1894년으로 각인되어 있다. 이 해에 일어났던 농민혁명 때문이다. 이 대사건은 '갑오'농민혁명으로 불리기도 하고, 동학농민혁명으로 불리기도 한다. 오래 전에는 동학란으로 불렸고, 한때는 농민전쟁으로 불리기도 했다. 명칭의 혼란만큼이나 이 사건의 전체상 또한 분명하지 않았다. 우리는 아직도 그때 정부군과 일본군에 의해 처참하게 죽어갔던

---

* 2014년 10월 24일 한국사회과학협의회가 주최한 국제학술대회 『갑오년의 동아시아와 미래한국: 1894와 2014』에서 발표.
** 서울대학교 아시아연구소. 2014. 『아시아리뷰』 제4권 제1호 (2014) 게재.
*** 경제·인문사회연구회 인문정책연구총서 2014-03 [갑오년의 동아시아와 미래한국] 게재.

농민군들이 도대체 몇 명이었는지 정확히 알지 못하고,* 청과 일본의 전쟁의 와중에서 동원된 조선인들에 대해서도 잘 알지 못한다.

동학농민혁명은 한국사를 넘어서서 동아시아의 운명을 바꾸어놓은 청일전쟁의 촉발제이자 그것의 일부였다. 민족사적 대사건으로서의 동학혁명과 동아시아 지역사의 대사건으로서의 청일전쟁은 별개의 사건이 아닌 동심원을 그리는 하나의 사건이지만, 청일전쟁이라는 이름 때문에 마치 한국과 무관한 사건인 것처럼 오인되기도 한다. 그 전쟁이 벌어진 장소, 즉 전장은 한국의 중부지방으로부터 시작되어 남부지방과 북쪽의 평양을 거쳐 중국의 요동과 산동으로 확대되었으며, 일본의 시모노세키에서 전쟁을 매듭짓는 회담이 열렸다. 일본군과 조선 정부군에 의한 농민군 '토벌'은 전라도 지방 뿐 아니라 충청도와 강원도, 황해도로 번졌다.

19세기 후반기부터 이미 한국사는 동아시아 지역사나 세계사의 일부였다. 1894년 전라도의 한 농촌에서 발생한 조그만 사건이 꼬리에 꼬리를 물면서 중국과 일본을 포함한 동아시아 전체의 역사를 바꾸어 놓는 대사건으로 발전했다. 전쟁의 결과 청나라는 막대한 배상금과 함께 대만을 일본에 '할양'하는 치욕을 겪었는데, 조선의 운명은 이른바 3국간섭의 영향으로 잠시 유예되었을 뿐 주권상실의 위기에 놓이게 되었다.

한국에는 동학농민혁명을 보여주는 소규모 박물관들이 있지만, 이

---

* 동학농민군의 희생자는 5만명에서 30만까지 다양한 설이 있으나, 신영우는 동학농민군의 희생자규모를 후비보병 제19대대에 의한 전사자가 2,488명에 우금치 전투 희생자들(수천명)을 더한 수, 후비보병 제6연대 제2대대에 의한 전사가가 116명, 이외에 포로들 273명에 수백명등을 더한 수로 추산하나 정확한 규모는 알 수 없다고 밝히고 있다. 신영우, 동학농민군 피살자의 수와 일본군의 학살책임, 『동학농민혁명-청일전쟁 유적지 답사』, 동학농민혁명기념재단, 2009.

와 함께 청일전쟁의 전모를 보여주는 박물관은 아직 없다. 동학농민혁명을 생각하면서 전라도나 충청도 농촌만이 아니라 평양이나 압록강 어귀, 나아가 전략적 요충지였던 중국의 여순이나 위해, 나아가 일본의 시모노세키까지를 굽어볼 수 있는 사람들이 많지 않은 것은 이 때문이다.

한국의 공주나 전주, 김제, 정읍, 장성, 그리고 장흥 등지에 산재해있는 갑오농민혁명의 기억과 그 기념물들의 의미를 충분히 이해하려면, 이 사건이 발생했던 시공간적 맥락을 재구성해야 하고, 동시에 그에 관한 기억이 어떤 과정을 통해 형성되고 재편되었는가를 탐구해야 한다. 기념물들이 존재하고 있는 한국의 지방도시들 뿐 아니라 중국과 일본의 전쟁 유적들이 하나의 동질적인 의미망으로 포착될 때, 각각의 파편화된 기억의 장소들이 하나의 체계적인 의미망을 만들어내기 때문이다.

청일전쟁의 전모를 보여주는 박물관은 중국의 위해에 있다. 그것의 명칭은 중국갑오전쟁박물관이다. 중국정부는 1982년 일본의 교과서사건을 계기로 항일전쟁과 관련된 지방과 도시 곳곳에 박물관을 세우고 역사교육을 시작했는데, 그 대표적인 것이 위해의 갑오전쟁박물관, 여순의 '일아日俄감옥 구지舊址 박물관', 심양의 '9·18역사박물관', 북경 교외 노구교의 중국인민 항일전쟁기념관, 남경의 남경대학살 박물관, 하얼빈의 7.31기념관 등이다.

이 글은 2013년 8월, 서울대 아시아연구소에서 산동지역을 답사하면서 특별히 방문했던 위해의 중국 갑오전쟁박물관의 전시를 보고, 이에 기초하여 한국의 동학농민혁명과 청일전쟁에 대한 사회적 기억을 다시 생각해보기 위한 것이다. 이 박물관을 보면서, 한국인에게 매우 아픈 기억으로 남아 있는 1894년이 중국인들에게도 이에 못지않은 치욕의 해로 각인되어 있다는 사실을 새삼스럽게 깨달았는데, 바로 이 점이 이 글을 쓰게 만든 원동력이다.

여기에서는 위해의 갑오전쟁기념관의 형성과정과 전시에 나타나고 있는 특징들을 살펴보고, 이와 함께 동학농민혁명과 청일전쟁은 별개의 사건이 아니라 하나의 잘 결합되고 연속된 하나의 사건이라는 점을 잘 보여줄 수 있도록, 한국의 동학혁명기념관의 전시가 보완될 필요가 있다는 점을 제시할 것이다.

동학농민혁명 기념관의 시각과 한계

동학농민혁명 기념관의 연혁과 전시

1894년, 갑오년에 발생한 동학농민혁명은 한국근대사에 매우 중요한 사건이었지만, 이것이 정부군과 일본군에 의해 철저히 진압되고, 이후 조선이 일본에 의해 식민지로 전락함에 따라 농민군들의 명예회복은 물론이고, 그 실상에 관한 연구도 매우 부진했다. 이 사건은 국내적으로는 '난'으로, 국제적으로는 '청일전쟁', 일본인들은 '일청전쟁'으로 명명하였다. 동학난은 해방이후 '농민혁명'으로 재규정되었으나, '청일전쟁'은 그대로 유지되면서, 마치 조선과는 무관한 전쟁으로, 또 동학농민혁명과 청일전쟁이 별개의 독립된 사건인 것처럼 인식하는 흐름이 생겨났다.

---

* 러시아 외교관 볼피첼리는 놀랍게도 전쟁 종료 후 1년만에 청일전쟁에 관한 책을 써서 런던에서 출간했다. 그는 책의 제목을 청일전쟁(The China-Japan War)으로 명명했다(볼피첼리 저·유영분 역, 2009). 그는 이 책에서 동학농민군의 동향이나 일본군의 농민군 학살에 관해서는 거의 언급하지 않았다. 농민군 동향을 언급하는 경우도, 백산을 산악요새로 오인하는 등 오류가 많지만(84), 청의 육군과 해군에 대해서는 비교적 상세한 분석을 하고 있다. 볼피첼리는 청일전쟁을 과거와 현재의 전쟁이자 서양문명과 낡은 동양문명의 산발적인 잔존물간의 전쟁으로 파악했다(23).

한국에서 동학농민혁명에 대한 관심은 100주년을 앞둔 1990년대 초반에 혁명의 주된 근거지였던 전북을 중심으로 높아졌다. 이와 함께 이 혁명이나 전쟁에 관한 기억의 문제도 학문적 관심이 되었다. 동학농민혁명의 기억이나 기념에 관한 최초의 체계적인 연구는 박명규에 의해 이루어졌는데, 그것은 동학농민혁명 100주년을 준비하면서 이루어진 현지조사와 학문적 관심에 기초하여 당시까지의 이 사건에 대한 기념물들을 체계적으로 정리한 것이다.* 이때까지 동학농민혁명에 관한 학문적 작업의 중심은 100년 전에 일어난 사건에 관한 사실 규명이었고, 기념사업은 기념물 건립에 그치고 있지, 종합적인 서사를 포함하는 기념관은 존재하지 않았다.

문병학(2014)은 1894년 이후 동학농민혁명 기념사업을 크게 4시기로 구분하고 있다. 첫 번째 시기는 1895-1910년 기간으로 조선정부와 유학자들에 의해 철저히 동학농민혁명이 반란으로 치부된 채, 반농민군 측 입장에서 이루어진 기념사업이다. 두 번째 시기는 일제식민지시기부터 1960년까지의 기간으로 동학농민혁명이 민족적 거사가 아니라 일개 종교단체의 반란 또는 고부지방 수령의 학정에 따른 민란으로 의미가 축소된 시기이다. 이 시기는 정치적 격동으로 기념사업이 거의 이루어지지 못했고, 1954년 전봉준 장군 단비가 세워진 것이 유일한 기념사업이었다. 세 번째 시기는 1961년부터 1992년까지로, 박정희와 전두환 정권이 동학농민혁명의 상징성을 이용하여 정권의 취약한 정통성을 가리

---

* 박명규, 역사적 경험의 재해석과 상징화-동학농민전쟁의 기념물, 『사회와 역사』 51, 한국사회사학회, 1997. 그는 여기에서 1910년 이전의 유교적 충절론의 상징화, 일제하의 기념의 부재, 1961년이후 1979년까지의 혁명의 상징성의 정치적 이용, 1980년부터 1987년까지의 상징적 자원의 민주적 해석과 억압, 1987년이후 1996년까지의 민중의식, 지방의식의 확대와 역사의 대중화로 규정하였다.

기 위한 차원에서 정치적으로 활용하였다. 1963년 10월 3일, 대통령선거를 앞두고, 군사쿠데타로 집권한 국가재건회의 의장 박정희는 '갑오동학혁명기념탑'을 정읍 황토재에 세웠다. 그의 선조가 동학 접주였기 때문에 그는 동학에 관해 어느 정도 알고 있었다고 한다. 전두환 대통령은 1983년 '황토현전적지 정화사업'이라는 이름으로 최초의 기념관을 설치하였다. 이 기념관은 백산봉기를 본격적인 혁명의 출발로 삼고 있으며, 동학군의 중요 전투장면을 그림으로 만들어 전시하였다.

네 번째 시기는 1993년부터 현재까지의 기간으로 동학농민혁명 백주년을 전후하여 전국 각지에서 창립된 민간 시민사회단체들에 의해 동학농민혁명에 관한 연구가 진행되고, 그것이 지닌 민중적 변혁지향성이 부각된 시기이다. 김대중 대통령은 민간 기념사업단체와 협의를 하면서, 기존의 동학혁명기념탑 주변에 1999년 동학농민혁명 기념관을 착공하였다. 이 기념관은 2004년 개관하였고, 같은 해 제17대 국회에서 의원입법으로 동학농민혁명참여자등의명예회복에관한특별법이 제정 공포되었다.

2003년에 개관한 전주 역사박물관에도 소규모의 동학농민혁명관이 있지만, 주제 박물관은 아니기 때문에, 현재 한국에 있는 역사박물관 중에서 갑오년에 일어난 동학농민혁명을 전시하는 대표적인 기념관이 이 동학농민혁명 기념관이다. 이 기념관은 그것이 일어난 지 110년이 지난 시점에서의 1894년의 사건에 대한 체계적인 서사를 담고 있다.

그렇다면 이 기념관은 동학농민혁명과 청일전쟁을 어떻게 보여주고 있는가? 이 기념관의 전시실은 이층으로 구성되어 있는데, 아래층은 19세기 농민들의 일상생활을 보여주고 있으며, 위층은 동학혁명의 전개과정을 보여주고 있다. 동학농민혁명 기념관의 서사는 농민혁명의 배경과 조짐, 혁명의 시작과 끝, 농민항쟁 그 이후로 구분된다. 각각의 제목은 '동학농민혁명을 향하여', '고부에서 전주성까지', '무르익은 혁명의 희망', '폭풍우 몰아치는 조선산하', '일본군에 가로막힌 꿈', '끝나지 않는 함성', '희망', '농민군들이 꿈꾼 세상' 등으로 구성되어 있다. 서론에서는 동학의 창도와 공인운동, 동학의 경전, 농민혁명 주체세력의 형성이 언급되고, 농민혁명의 서사로, 사발통문과 고부농민봉기, 무장기포와 백산봉기, 황토재 전투와 황룡촌 전투, 전주성 점령과 완산 전투, 폐정개혁안과 전주화약, 집강소설치를 다룬다. 이어 청일전쟁과 갑오개혁, 삼남 각지의 척왜봉기라는 제목 하에 재봉기결정과 준비, 퇴각 그리고 해산, 농민군 지도자의 희생과 일본군의 토벌, 최후의 항쟁을 다루고 있다. 전시의 후반부에 전봉준 공초의 장면을 재현하고 있다.

'농민혁명 이후'라는 제목의 전시에서는 일본군 5사단이 평양을 점령하여 선화당을 사령부로 사용하고 있는 장면을 보여주는 사진과 청군 포로를 감시하고 있는 조선인 병사의 사진이 함께 있다. 마지막으로 농민혁명의 현재적 의미를 전시하고 있다. 이 의미는 첫째 '민중의 역사적 주체화', 둘째, 사회개혁 지향성, 셋째, 반침략 반외세를 통한 근대민족운동, 넷째 아래로부터의 개혁, 다섯째 근대민족민주통일운동의 시발점으로서의 자리매김 등이다.

이 기념관의 전시를 보면, 청일전쟁을 한 장의 판넬로 다루고 있으며, 평양의 사진을 두 점 보여주는 것 이외에 일본군의 압록강 도하 후 요동과 산동에서 전개된 청일전쟁의 모습을 보여주지 않고 있다. 동학농민혁명과 청일전쟁을 잇는 고리를 설명하거나 일본군에 의한 조선정부군의 지휘에 대한 설명도 취약하다. 이것은 청일전쟁이 한반도를 전장으로 하여 발생했고, 그 전쟁의 결과 한국의 운명이 완전히 바뀌는 대사건이었음에도 불구하고, 이를 '한국'의 외부로 간주하는 잘못된 인식의 결과이다. 동학농민혁명 기념관에는 19세기 동아시아에 서구 열강이 어떻게 들어왔는가를 설명하는 '제국주의관'이 있었는데, 2014년 초에 이를 어린이 전시관으로 바뀌었다.

이런 인식은 용산에 있는 전쟁기념관도 마찬가지이다. 수나 당과 고구려와의 전쟁은 전시하면서 청일전쟁과 러일전쟁은 전시가 없다. 한국사를 세계사적, 또는 동아시아적 맥락에서 보지 않는 맹점을 동학농민혁명기념관이나 전쟁기념관이 공유하고 있다고 할 수 있고, 아마도 이의 일차적 원인은 전쟁의 명칭에 있는 듯하다.

그림 1_청일전쟁 전개도, 출처: 두산백과, 2014

동심원으로서의 혁명과 전쟁

오늘날 한국에서 청일전쟁을 보여주는 대부분의 지도들은 동학농민군과 일본군과의 전투는 제외하고 있는데, 이는 동학농민혁명과 청일전쟁을 별개의 사건으로 인식하는 현상의 결과이자 동시에 이를 재생산하는 효과를 만들어내고 있다. 그 한가지 사례로, 2014년 두산백과에 나타난 청일전쟁의 지도는 다음과 같다.

이 청일전쟁의 흐름을 나타내는 지도는 1894년 7월 25일 풍도해전으로부터 시작하여 평양과 중국의 전투를 거쳐 1895년 4월 시모노세키 조약까지를 표시하고 있다. 동학농민군의 토벌에 앞장 선 일본군의 동향은 보여주지 않는다. 그러나 일본군과 동학농민군의 전투와 청나라와의 전투는 동시에 진행된 전쟁의 두 측면이라고 볼 수 없는가?

동학농민혁명과 청일전쟁을 잇는 고리는 국제사회에서의 조선의 지위를 둘러싼 논쟁과 조선의 청에 대한 원병요청, 그리고 동학농민군에 대한 진압작전에서의 일본의 지휘권 문제이다. 왜 조선정부가 청에 원병을 요청했으며, 일본군은 어떤 이유로 조선에 군대를 보내어 전쟁을 도발했는가? 일본군이 동학농민군을 토벌할 때 조선 정부군은 어떤 위치에 있었는가?

이 혁명과 전쟁이 얽힌 대사건은 동아시아 조공·책봉체제가 근대적인 조약체제로 이행하는 과정, 즉, 중국 중심의 질서가 서구의 침입을 매개로 하여 일본 중심의 질서로 이행하고, 국내적으로는 전통적인 왕조국가가 근대적인 민족국가로 이행하는 과정에 놓여있다. 1876년 강화도조약이나 1882년 임오군란은 이런 체제의 변동과 유관한 사건들이었다. 강화도조약 체결시 일본은 조선에 대한 청의 종주권을 부인했다. 임오군란은 청의 종주권 문제를 관념적인 것에서 현실적인 것으로 전환시켰다. 조선 정부는 구식 군대의 반란을 청의 원병에 기대어 진압했으며, 청은 조선에 진주하면서, 조선과의 전통적인 사대의 관계를 근대적인 '속국'관계로 해석했다. 일본은 이를 용납하지 않았지만, 흥미롭게도 조선의 보수적 지배층은 아래로부터의 도전이 발생할 때 청의 원병을 유력한 난국 해결의 방안으로 생각하는 일종의 아비투스를 형성했다.

동아시아에서 근대적 조약체제의 이행은 1840년 영국과 중국간의 제1차 아편전쟁에 의해 그 계기가 마련되었다. 중국근대사의 중요한 특징인 불평등조약체제는 1842년 남경조약으로부터 시작되었다.* 이어 1858년 천진조약(러시아, 미국, 영국, 프랑스)과 아이훈조약(러시아), 1860년 북경조약, 1881년 일리조약(러시아) 등이 모두 불평등조약이다. 불평등조약체제는 1850년대 서구와 일본의 관계에도 적용되었다. 그러나 일본은 이런 서구와의 불평등관계를 1894년에 청산하고, 오히려 중국에 대하여 불평등조약을 강요하는 전략으로 선회한다.

동아시아 내에서의 근대적 관계의 출발은 1871년 중국과 일본 사이에 체결된 일청수호조규이다. 이 조규는 양국의 대등한 관계를 상정했다. 그러나 일본은 청과 서구 여러 나라간의 불평등조약을 보면서, 조선을 매개로 하여 청에게 불평등조약을 강요하려는 움직임을 보이기 시작하였다. 최석완(2006)은 1871년부터 1894년까지 일본의 외교는 이 수호조규의 개정을 통해 대등하지 않은 관계로 만드는 것이었다고 보았다.

청의 전통적인 조공·책봉체제에 대한 도전은 프랑스와 베트남간의 1874년 '제2차 사이공 조약'이었다. 청은 이 조약의 무효를 선언하고, 프랑스와 전쟁을 벌였으나 패배했고, 1885년 6월 천진에서 강화조약을 체결하여 베트남에 대한 프랑스의 보호권을 인정했다. 또 하나의 도전은 류큐 문제였다. 17세기 초부터 중국 및 일본에 '양속'되었던 류큐에서

---

* 난징 조약의 후속으로 맺어진, 후먼조약(1843, 영국), 왕샤 조약(1844, 미국), 황푸 조약(1844, 미국) 등이 모두 불평등조약이다.

청일간 갈등이 발생한 것은 1874년 일본의 대만출병이었다. 표류한 류큐인을 대만인들이 살해한 사건을 계기로 청은 일본을 가상 적으로 삼기 시작했고, 1875년 일본은 이른바 마쓰다 10개 조항을 통해 류큐의 중국에 대한 책봉·조공을 금지시켰다. 1879년에는 류큐를 오키나와현으로 만들어 일본으로 편입시켰다. 1854년 류큐와 화친조약을 맺었던 미국은 이의 문제를 인식하고,* 그랜트 전 대통령이 청으로 가서 류큐를 3개 지역으로 분할하여 중부 오키나와의 독립을 유지할 것을 이홍장에게 제안하였다. 이후 미국은 일본과 협상하여 오키나와를 2개로 분할하는 안을 1880년에 마련하였으나 이홍장은 이에 대한 아무런 응답을 하지 않았다. 실질적으로 청은 류큐가 일본영토로 편입되는 것을 방치했다.

조선의 국제적 지위는 1876년 강화도 조약에서 문제가 되기 시작했다. 일본은 1875년 강화도를 침략하여 운양호 사건을 일으킨 후 이듬해 강화도조약을 맺었는데, 이것의 정식명칭은 조일수호조규이다. 이 조약의 제1조는 조선은 자주 국가로서 일본과 동등권을 보유한다는 것이었다. 여기서의 자주는 청에 대한 것으로, 청도 속방은 내치와 외교의 자주권을 갖는다는 해석하고, 이를 용인하였다(조병한, 2006: 288).**

한국 역사학계는 대체로 이른바 중화체제하에서의 조선의 지위에 대하여 조공·책봉관계에도 불구하고, 독립국이었음을 주장한다.*** 그러

---

* 류큐는 1854년 미국과 조약을 맺은 후, 1855년 프랑스, 1859년 네덜란드, 1860년 이탈리아와의 수호조약을 연이어 체결하였다.

** 조병한은 1874년 일본이 일으킨 대만출병사건은 미국이 고취한 것으로, 여기에서 일본은 중국 해군력의 취약함을 간파하고, 근대적 국제법질서를 보여주는 만국공법을 이용하여 류큐에 대한 일본의 기득권을 강화했으며, 이런 경험을 조선개항을 둘러싼 청일간 협상에서도 활용하여 조선의 '지주독립국'임을 규정하였다고 보았다(2006: 299).

*** 이 시기 조선과 청의 관계에 관한 연구의 흐름에 관한 자세한 설명은 은정태(2009) 참조.

나 1876년부터 청일전쟁이 종료되는 1895년까지 이 문제가 매우 중요한 국제적 쟁점이었음이 분명하다. 1882년 임오군란이 발생하자 조선 정부가 청에 원병을 청하여 진압하였는데, 일단 청의 군대가 진주하면서 조선의 명실상부한 독립국 지위는 흔들리기 시작했다. 이홍장은 조선에 파병한 군사 3,000명을 기반으로 하여 실질적인 속방화정책을 추진했는데, 조청상민수륙무역장정은 이를 단적으로 표현하고 있다.*

김옥균을 중심으로 하는 급진 개화파는 이런 상황을 역전시키기 위하여 기회를 엿보았다. 1884년 5월, 프랑스와의 전쟁 조짐에 따라 청의 군사 1,500명이 철수하자, 급진 개화파는 12월에 쿠데타를 감행하였다. 이 때의 혁신 정강에는 조공하는 허례의 폐지, 문벌 폐지와 인민 평등의 권을 제정, 관직의 능력주의가 포함되었다. 그러나 갑신정변은 실패하였다.

일본은 1885년 이노우에井上馨의 지휘로 2개 대대 병력을 서울에 주둔시켰다. 조선에 주둔하던 청군과의 충돌이 우려되자, 일본은 이토伊藤博文를 전권대사로 천진에 보내 직예총독直隷總督 이홍장李鴻章과 협상하여, 이해 4월 18일, 전문 3개조의 천진조약을 맺었다. 그 주요 내용은 ① 청·일 양국은 4개월 이내 조선에서 철병할 것 ②조선국왕에게 권해 조선의 자위군을 양성토록 하되, 훈련교관은 청·일 양당사국 외에 다른 나라에서 초빙토록 할 것 ③앞으로 조선에서 어떤 변란이나 중요사건이 발생하여 청·일 두 나라 또는 어느 한 나라가 파병할 필요가 있을 때는 먼저 문서로써 연락하고 사태가 가라앉으면 다시 철병할 것 등이다. 이 조약으로 일본은 조선에서 청국의 우월권을 없애는데 성공하였다.

---

* 이것의 전문에는 조선을 청의 속국이라고 명시했고, 외교 전반을 청에 문의하라고 주문하였다.

1885년부터 1894년 초까지 청일 양군 모두 조선에 진주하지 않았지만, 동학농민혁명은 다시 이들을 조선에 끌어들이는 계기가 되었다. 최근의 중국의 연구에 따르면, 조선 정부내에서 질서를 유지하기 위하여 청에 원병을 요청하려는 움직임은 1893년 4월, 동학교도들의 보은집회에서부터 있었지만, 구체적인 요청은 1894년 5월 나타나기 시작하였다고 보고 있으며, 심지어 일본이 여러 경로로 청의 출병을 종용했다고 밝히고 있다(다이둥양, 2009: 256-257, 270). 당시 병조판서로 국정을 책임지고 있던 민영준은 홍계훈을 초토사로 임명하여 동학농민군을 진압하려고 하였고, 원세개와의 협의 아래, 청의 원병이 필요하다고 주장하였다(왕현종, 2009: 21-26).* 조선 정부는 그것의 부작용을 염려하여 신중하게 대응했지만, 동학농민군이 1894년 5월 31일, 전주성을 함락하자 민영준의 주도로 6월 3일 청에 원병을 요청하였고, 청은 1,500명의 군사를 파견하였다. 청의 개입 명분은 '속방 보호'였다. 당시 이홍장의 조선출병에 관한 정세판단은 조선에 주둔하고 있던 원세개의 보고와 주일 사신 왕봉조의 보고에 근거하고 있었으며(다이둥양, 2009: 260-261), 청의 파병은 조선정부의 요청에 의한 것임을 강조하였다.

청은 6월 7일 일본의 외무대신에게 보낸 전문에서, 조선정부가 자신에게 보낸 통지문의 내용을 밝혔다. 이에 따르면, "기질상 사악하고 욕심많은 전라도 사람들이 동학교도 지도자아래 여러 도시와 마을을 공격해 점령했고, 북쪽으로 진격하여 전주를 차지했습니다. 반란을 진압하기 위해 파견된 정부군은 아직까지는 성공을 거두지 못하고 있습니다. 이번 반란이 계속 확산되어 장기간 지속된다면, 중국에 큰 걱정을

---

* 은정태도 원세개가 조선정부로 하여금 청에 원병을 청하도록 강요하였다고 보고 있다(은정태, 2009: 93-94).

끼칠 것입니다. 1882년과 1884년에 내부소요로 곤란에 처했을 때도 우리 정부를 대신하여 중국군이 반란을 모두 진압했습니다. 이 같은 전례에 따라 이번 소요를 신속하게 진압할 상당수 군대를 파견해 줄 것을 간절하게 요청하는 바입니다. 반란이 진압되자마자 군대의 철수를 요청할 것이며 더 이상 주둔해달라고 부탁하지도 않을 것입니다. 따라서 군대의 장기간 해외주둔에 따른 어려움은 겪지 않아도 됩니다"라고 되어있다. 청은 여기에 덧붙여 "조공국을 돕기 위해 군대를 파견하는 것은 그들을 보호하는 우리의 지속적인 관행에도 합치한다"고 밝히면서, "섭지초장군이 선발대를 이끌고 즉각 조선의 전라도와 인천으로 진격하여 조공국의 평화회복을 위해 가장 적절하다고 생각하는 방식으로 신속하게 반란을 진압"할 것이라고 알렸다.

　　이 전문에 대하여, 일본 외무대신 무츠 무네미츠가 중국 특명전권공사에게 답을 하였는데, 이 전문에 따르면, 천진조약에 따라, 중국이 조선에 출병하면서 보낸 통지문을 일본이 접수했다고 밝히면서, 조선이 청의 조공국이라고 주장하는데, 일본은 조선을 중국의 조공국으로 인정한 바가 없음을 분명히 선언한다고 밝히고 있다. 일본 대리공사 고무라는 중국에 대하여 "조선에서 일본군의 주둔을 필요로 하는 심각한 성격의 소요가 존재하기 때문에" 일본군을 파견한다고 알렸다.

　　청은 6월 9일, 총리아문 명의로 일본 대리공사 고무라에게 보낸 통지문에서, "조선의 청원에 따라 폭도를 진압하기 위한 원조 목적으로 군대를 파견하였으며, 이 조치는 우리나라가 이제까지 조공국을 수호하기 위해 시행해온 관례에도 부합하는 것"이라고 밝히고, "유일한 목적이 조선내 폭도진압이므로 그 목적이 달성되는 즉시 군대를 철수할 것"이라고 밝혔다. 또한 "귀국이 군대를 파견하는 유일한 목적은 분명 조선내 공사관과 영사관, 상인들을 보호하기 위한 것"이므로 "대규모 군대를 파견할 필요가 없으며", "더욱이 조선으로부터 아무런 요청도 없었기 때문에 귀국의 어떤 군대도 조선으로 들어오지 않아야 한다"고 밝혔다. 청은 "양국 병사들이 도중에 마주치는 경우 언어와 군사적 관례의 차이로 예기치 못한 사건이 발생할까 심히 우려"된다고 밝혔다. 전쟁을 예감하고 있었음을 알 수 있다.

고무라는 이에 대한 6월 12일의 통지문에서 다시 한번, 일본의 조선의 조공국 지위를 인정한 바 없고, 제물포조약에 따라 군대를 파견했다고 밝혔다. 또한 "일본군은 엄격한 규율아래에 있으므로 중국군과는 어떤 충돌도 야기하지 않을 것임"을 확신한다고 밝혔다. 다이둥양은 속방논쟁은 일본의 속임수였고, 실제로는 일본이 조선의 청에 대한 정식 출병요청 이 있기 하루 전에 이미 조선에 파병하기로 결정했으며, 파병규모도 청군보다 많았다고 본다(2009: 268-271). 이홍장은 조선이 일본에 파병요청을 하지 않았으므로 일본은 조선에 파병하지 않아야 하며, 파병하더라도 소규모여야 한다고 생각했다(다이둥양, 2009: 273). 그러나 최근 중국의 연구에 따르면, 일본군은 천진조약에 따른 통고 하루 전에 이미 출발하였고(戚其章, 2006: 20-34), 청은 이를 알지 못했다.

동학농민군이 6월 7일 전주화약을 맺고 전주성에서 철수하자 청일 양군은 더 이상 조선에서 주둔할 명분이 없어졌다. 그러나 일본군은 계속 증강되었고, 조선정부는 물론이고, 청도 일본에 철병할 것을 요청하였으나, 일본은 이를 받아들이지 않았다. 청은 일본군 철병을 위한 명분을 찾기 위하여 '조속한 난 평정'이 필요했고, 동학농민군 지도자를 체포하라고 지시하였다. 6월 17일 원세개와 오토리간의 동시철병회담이 진전되었으나, 오토리가 일본정부의 진의를 접수한 후, 철병문제를 회피하였다.

일본은 중국 특명전권공사에게 6월 17일 통지문을 보내 청일 양국이 폭도소요 진압에 공동으로 노력하고, 진압 후에는 조선의 국내통치 개혁을 위한 연구를 하자고 제안하였다. 이에 대하여 청은 6월 22일, 소요가 이미 진압되었으니 청일 양군모두 철수하고, 조선의 개혁은 스스로에게 맡기고 청은 내정간섭을 하지 않겠다고 밝혔다. 이에 대해 일본은 곧바로, 조선의 상황에 대한 "일본의 무관심한 태도는 조선에 대해 품고 있는 우정과 상호주의에 대한 부정일 뿐 아니라 비난받아 마땅한" 일이라고 말하고, '중국정부의 적대적인 관점'을 지적하면서 조선에서의 군대철수를 고려하지 않는다고 밝혔다. 6월 22일 일본 정부는 전쟁이 불가피하므로 개전구실을 만들되 개전 책임을 지지 않는 방향으로 정책을 수행할 것과, 또한 조선 내정개혁을 위해 조선정부를 압박할 것을 결정하였다(다이둥양, 2009: 320). 청의 이홍장은 위급한 사태를 모면하고자 서구 열강이 일본의 철병을 권고하는 정책을 추진하였으나 실패하였다.

결국 일본은 7월 14일 청에 보낸 통지문에서 "중국 제국정부는 여전히 일본군의 철수만을 고집"하므로, "이런 상황에서 도출할 수 있는 유일한 결론은 중국정부가 분규를 촉발하는 경향이 있"다고 지적하고, "그 같은 상황에서 발생할 수 있는 어떠한 사태에 대해서도" 일본은 책임이 없다고 강변하였다.

이 시기의 일본의 조선정책은 청을 중심으로 하는 동아시아 질서를 개편하여 일본중심적 질서로 개편하는 것이었고,* 이를 위하여 조선 중립화, 일본의 단독보호안, 청일 공동관리안 등을 검토하여, 단독보호

---

* 1890년에 이르면 일본은 이익선과 주권선의 개념을 확실하게 하면서 조선을 이익선 안에 포함시켜 단독보호정책을 추진하기 시작했다. 오비나타는 일본이 청으로부터 조선을 떼어내 자신의 이익을 관철시키는 전략을, 영국이 터키로부터 이집트를 분리시켜 이익을 관철해간 사례에서 배웠다고 밝히고 있다(2009: 174).

안을 채택해가고 있었다. 일본은 청에 대한 선전 포고 직전인 7월 16일, 영국과의 신통상항해조약을 체결하여 대등한 관계를 확보하고, 이를 청과의 관계 역전의 계기로 삼고자 했다.

오늘날의 청일전쟁 연구는 당시 일본은 이미 전쟁유도전략을 세우고 이를 실행하고 있었음을 밝히고 있다. 일본은 조선정부 개혁안을 전쟁개시를 위한 명분으로 삼고 있었다. 7월 23일 용산에 있던 일본군 1,000명은 조선군의 저항을 뚫고 경복궁을 강제로 점령하였으며,* 25일에는 조선이 일본군에게 청의 군대를 철수시키도록 요청하는 조치를 취하게 하였고, 27일 김홍집을 수반으로 하는 군국기무처를 발족시켰다. 일본은 7월 30일 조선정부를 압박하여 기존의 조청관계를 폐기하도록 하였다(왕현종, 2009: 45-50).

청은 7월 21일부터 해군 병사 8,000명을 태운 증기선 11척을 아산과 압록강으로 나누어 파견했다. 일본군은 7월 23일 사세보항에서 아키츠시마와 요시노, 나니와 등 3척의 군함을 조선으로 파견하여 25일 풍도에서 중국 전함 제원 및 광을을 공격하였다. 곧 이어 조강호와 영국상선 고승호가 나타나자 일본군함이 공격하여 조강호를 나포하고, 고승호는 침몰시켜 1,000명 이상의 선원이 희생되었다.

육상전투는 성환과 소사에서 7월 28일 시작되었다. 일본군은 오시마가 지휘했고, 청군은 섭지초가 지휘했다. 그러나 청군은 풍도해전 패전으로 원병이 불가능한 것을 알고 후퇴하였고, 청군 일부가 접전하였으나 대패하였다. 청군의 일부는 평양으로 후퇴했다. 성환전투 승리 후 일본군은 7월 31일 아산을 출발하여 8월 5일 서울에 도착하였고, 이후 청군을 좇아 북상하기 시작하였다.

---

* 조선정부군과 일본군이 충돌하였다는 점에서 이를 조일전쟁이라고 부르기도 한다.

8월 1일 일본은 청에 대하여 선전포고를 하였다. 그 선전포고에는 "조선은 독립국가"이며 , "일본은 조선에 대해 내정을 개혁하여 대내적으로 질서와 안정을 유지하고, 대외적으로 독립국가로서의 책임과 의무를 이행할 수 있어야 한다고 충고했다. 조선은 이미 그 같은 조치를 취하는데 동의한 상태였다. 하지만 중국은 일본의 의도를 훼방하고 좌절시키기 위해 은밀하면서도 교활하게 노력했다"고 밝혔다. 청도 일본에 대하여 선전포고를 하였는데, 이에 따르면, "조선은 과거 200여년간 우리의 조공국"이었지만, 내정에 간섭한 적이 없으며, "아산근처 해안에서 무방비상태인 수송선에 포격을 가해 손상을 입혔다"고 주장했다. "청은 항상 박애와 완전한 정도를 추구한 반면, 왜국은 국제법과 조약을 깨뜨렸으며 이는 우리의 인내심이 견딜 수 있는 한도를 넘어선 것"이라고 밝혔다.

조선에서의 일본군의 청에 대한 전쟁준비는 6월 5일 대본영의 설치, 조선 병참화로 시작되었다. 일본은 조선정부의 허락없이 7월 초에 군용전선 가설대를 부산과 인천에 파견하였고, 8월 16일 경부간 군용전선을 거의 완성하였다(강효숙, 2009: 434). 일본은 조선에 전쟁협조을 강요하여 8월 20일, 철도나 전신선의 이권을 제공하는 일조잠정합동조관日朝暫定合同條款을 체결하고, 8월 26일에는 청국을 대상으로 하는 일조공수동맹을 비밀리에 맺었다(오비나타 스미오, 2009: 59).

8월 29일 상주지역에서 농민군의 일본군에 대한 저항이 시작되고, 9월부터 조선인들의 전신주 파괴 및 군용전선 절단 등의 저항이 발생하였다. 일본군 이들을 강력히 탄압하여 일본군의 조선인 학살이 시작되었다. 일본군은 조선정부에 농민군 토벌을 요청하라는 압력을 넣었다.

9월 15일 청의 군사 약 13,000명이 지키는 평양을 일본군 혼성여단이 공격하여 점령하였다. 이 전투에서 일본군 162명 사망, 33명 해방불

명이었는데 비해, 청군은 약 2,000명이 전사하고, 600명이 포로가 되었다. 일본군은 조선병사를 자신들의 지휘아래 두었다. 9월 17일 황해해전이 해양도에서 벌어졌다. 청 해군은 4척이 침몰하여, 1/3의 전력을 상실한 반면, 이토 제독이 지휘하는 일본 해군은 두 척이 손상을 입었다.

한편 동학농민군은 전주화약이후 각 지역에서 집강소를 설치하고 개혁적인 활동을 하였으나 청일간의 평양전투이후, 재봉기할 것을 도모하기 시작했다. 9월 23일 남원대회가 그런 움직임의 출발이다. 이와는 달리 일본에 의해 성립된 갑오정권은 10월 11일, 일본의 승전을 축하하기 위해 의화군을 우두머리로 한 보빙사를 일본에 파견하였다.

10월 9일 전봉준의 2차봉기후, 오토리는 10월 12일 무쓰외상에게 조선정부가 '동학도 토벌'을 위한 일본군 급파를 요청했다고 전보를 쳤다(강효숙, 2009: 439). 그러나 실제로 조성정부가 일본군에게 요청을 한 것은 10월 18일이었다. 일본군 제19대대는 10월 28일 파견된 이후, 세 길로 나누어 남하하면서 농민군을 탄압하였다. 서울수비대 독립 후비보병 제18대대 1개 중대도 여기에 가담하였다. 강효숙은 서울 이남지역에서 농민군 탄압에 참가한 일본군이 15개 중대 3371명이었다고 보고 있다(2009: 447). 이외에 원산 수비대도 강원도 일대의 농민군을 탄압하는데 참여하였다.

청국 육군은 평양전투후 압록강으로 퇴각하였다. 일본군은 10월 25일 압록강변의 호산을 점령했다. 이후, 일본군은 11월 6일 金州를 점령하고, 11월 7일 다렌만(리젠트스워드) 포대를 점령했으며, 11월 21일 여순구(포트 아서)를 점령했다. 이 때 일본군에 의한 대규모 민간인 학살이 이루어졌다. 이후 일본군은 요동지역으로 북상하였다.

바로 이 무렵에 동학농민군은 남북접이 함께 논산에 모여 공주로 진격하기 시작했다. 경군은 서울에서 남하하였고, 일본군은 후비보병 제

19대대 병력을 동원하여 공주를 행했다. 이 때 일본군 대대장 미나미 소좌는 조선 정부가 부여한 경군 지휘권을 가지고 있었으며, 일본군 병력에 경군을 분산 동행시켰다. 교도중대나 통위영 부대를 거느린 선봉장 이규태도 일본군 중대장의 지시 하에 있었다(신영우, 2009: 107). 공

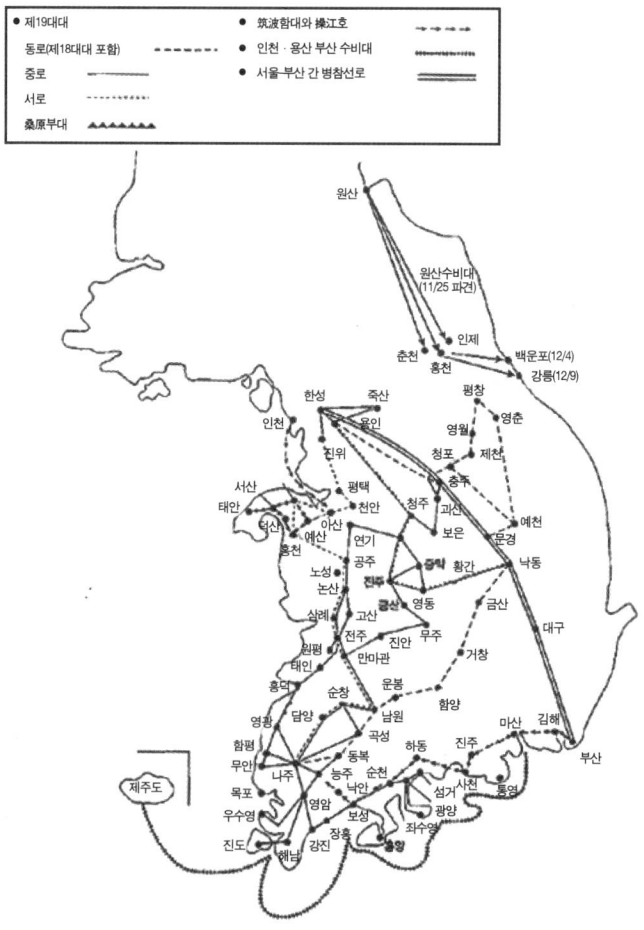

그림 2_일본군에 의한 동학농민군 진압의 경로
출처: (강효숙, 2009: 446)

주 우금치전투는 11월말부터 12월 중순까지 2차례 전개되었다. 그러나 농민군은 이들을 대적하지 못했다. 농민군은 공주에서 패퇴한 후 금구로 후퇴하여 구미란 전투를 치루었지만 대패하고 여기서부터 농민군은 흩어졌다.

우금치전투가 끝나갈 무렵, 일본군은 청의 요새 여순구를 함락했다. 여순구 전투에서 중국군은 1,000명이 사망한 반면, 일본군은 270명이 사망하였는데, 이중 전사는 18명 뿐이었다. 일본군 함대는 여순구 공격시 청의 북양함대를 지휘하는 정여창丁汝昌이 참여하도록 유도하였으나 그는 위해위에서 나오지 않았다. 그러나 여순구 함락 소식은 중국 뿐 아니라 국제적으로 큰 충격이었다.

1895년 1월초, 농민군은 마지막 격전인 장흥 전투를 치루었다. 사실 이것은 전투라기보다는 일본군의 일방적인 학살이었다. 이 때 요동의 일본군은 1월 18일 방향을 돌려 산동반도를 공격하기 시작하였다.

일본군은 요동반도에서 중국군과 전투하면서 주 공격방향을 위해로 결정하였다. 1895년 1월 18일 요시노, 아키츠시마, 나니와 등 함대가 등주로 전진하고, 원정대 주력은 1월 19일 다롄만을 출발하여, 20일부터 23일까지 각각 산동 해안에 도착하였다. 1월 26일 위해를 향해 행군했다. 위해에는 유공도가 있고, 이 일대에 포대와 요새 구축하고, 정여창 제독은 1월 26일부터 2월 11일까지 완강하게 저항했다.

2월 11일, 이홍장은 정여창에게 지원군 파견불가 전보를 보냈다. 2월 12일 정여창은 이토제독에게 항복의사를 보냈다. 이토제독은 중국사회의 결함을 지적하는 편지를 보냈다. 최종적으로 정여창은 며칠 후에 일본군이 북양해군을 접수할 것을 제의한 후 자살했다. 위해위전투는 1월 30일부터 2월 12일까지 2주간 진행되었다. 일본군은 위해를 점령한 후 내륙포대를 파괴하고 일부 수비대만 유공도에 남고, 주력부대는 다롄으로 출항하였다.

　앞에서 언급했듯이 동학농민혁명과 청일전쟁은 서로 다른 별개의 사건이 아니라 밀접하게 연결된 하나의 사건이다. 특히 일본군은 조선정부와 관군을 장악한 상황에서 한편으로는 청군과 전투를 하고, 다른 한편으로는 동학농민군을 토벌하면서 전쟁을 수행하였다. 일본은 조선을 청의 영향권으로부터 분리시키려 하였다. 그것이 조선을 자신의 배타적 영향권 아래에 두는 선결조건이었기 때문이다.

　마관조약으로 일본이 얻은 요동반도에 대한 권리가 3국간섭에 의해 취소된 후 2년후, 대한제국이 선포되고, 1899년 대한국 국제를 제정하였을 때, 그것의 제1조는 다름 아니라 "대한국은 세계만국의 공인되온 바 자주독립하온 제국帝國이니라"였다.

중국갑오전쟁박물관의 형성과 전시

유공도에서 보는 갑오전쟁

청나라는 1888년, 북양해군을 창설하고 그 본부를 위해에 두었다. 청나라는 유럽, 특히 독일의 군함과 대포를 사들여 북양해군의 주력 함대를 구성했는데, 그 군비의 규모는 당시 아시아의 1위, 세계의 4위에 해당하는 것이었다고 한다. 청 해군은 북양함대, 남양함대, 푸젠(복건)함대, 그리고 광동함대로 구성되었는데, 청일전쟁은 북양함대만 참가했다. 북양함대는 정원호와 진원호 등 7천톤급 군함 2척(선원은 각각 330명), 경원호등 2천톤급 군함 6척, 초용호등 1천톤급 군함 4척, 1천톤 미만의 군함 9척 등 위용을 자랑하고 있었으며, 청 해군의 주력이었다. 청은 여순과 위해위에 요새 항을 보유했다.

중국은 당시의 청일전쟁을 어떻게 기술하고 있으며, 북양함대를 어떻게 재현하고 있는가? 위해의 중국갑오전쟁박물관은 이에 대한 답을 제시하고 있는 현장이다. 이 박물관은 우리가 알고 있는 청일전쟁의 마지막 전투가 벌어졌던 위해의 유공도라는 작은 섬에 세워졌다.

중국정부가 유공도의 청일전쟁 유적을 처음으로 중요하게 생각하여 제도화를 시작한 것은 1977년으로 북양해군제독서北洋海軍提督署, 속칭水師衙門를 산동성의 중점문물보호단위로 지정하였다. 1988년 국무원이 이를 전국중점문물보호단위로 지정하였고, 1985년 3월 21일 제독서 문물관리소가 박물관 형태로 설립되었으며, 1992년 4월 25일, 제독서 문물관리소가 중국갑오전쟁박물관으로 개칭되었다. 1994년 7월, 중일갑오전쟁 100주년을 맞이하여 강택민이 박물관 명칭을 휘호로 써서 주었고, 전국 10대 우수 사회교육기지의 하나로 지정되었다. 2008년 새로 신관을 만들어 진열관으로 명명하였다.

이 박물관은 역사적 사건이 발생했거나 관련 기관이 존재하던 장소에 세워진 기념유지성紀念遺址性 박물관으로 규정되고 있는데, 그것은 이 박물관이 위해의 유공도에 있던 북양해군 제독서의 유적에 설립되었기 때문이다. 흥미롭게도 북양해군은 일본 해군과의 전투에서 대패하였고, 그 지휘부가 있던 곳까지 철저히 유린되었으므로. 이 박물관은 승리와 영광의 역사를 전시하는 것이 아니라 패배와 치욕의 역사를 전시한다는 점에서 일반적 박물관과 다르다. 이 박물관은 북양해군과 갑오전쟁이 중심주제로 개관당시에는 약 1,500건의 소장품이 있었는데, 그 후 상당히 많은 자료들이 추가로 수집되었다. 당시 주력군함 제원함의 부품들도 전시하고 있다.

중국의 역사박물관들은 제국주의의 침략, 특히 일본의 침략과 항일투쟁에 관련된 사건들을 주제로 한 항일박물관계열, 중국공산당의 투쟁과 승리를 중심으로 한 혁명박물관계열, 지역의 역사를 중심으로 하는 일반 역사박물관 계열로 구분되는데, 이 갑오전쟁박물관은 남경의 남경학살기념관, 북경 노구교부근의 항일기념관. 심양의 9.18역사박물관과 함께 대표적인 항일박물관이며, 애국주의 교육시범기지로 규정되어 있다.

이 박물관은 북양해군제독서와 용왕묘龙王庙 제독이던 정여창의 처소丁汝昌寓所 수사학당水师学堂과 철마두铁码头, 포대, 전보국电报局, 전정대电灯台 등, 해군 군사시설 28개 유적이 있다. 개관이래 중국의 주요 지도자들, 예컨대, 강택민江泽民, 이붕李鹏, 주용기朱镕基, 호금도胡锦涛 이화청李岚清, 유화청刘华清 등이 현판을 썼으며, 전국우수사회교육기지, 전국 중소학 애국주의교육기지와 전국 애국주의 교육 시범기지로 지정되어 있다.*

북양해군제독서는 위해의 중요한 고적의 하나이다. 청은 1887년 북양수사를 건립하고, 정여창을 제독으로 임명하였다. 정여창은 1882년 임오군란시 조선에 파견된 바가 있는 군인이었다. 이 장소는 1895년 2월, 정여창이 일본 해군과의 전투에서 패배하면서 자결한 곳이다. 이 건물을 이용하여 정여창 기념관을 건설하였다. 이 박물관은 개관이래 15년간 1,000만명 이상의 관람객과 60명이상의 당과 국가지도자들이 다녀갔다고 밝히고 있다(戚俊杰 주편, 1995).

위해에는 갑오전쟁박물관 외에 '정원함定遠艦, 딩위안젠풍경구'가 있다.

---

* 중국의 애국주의 교육은 1991년 3월 9일 발표된 강택민의 서신으로 촉발되었는데, 이것은 "중화인민공화국의 성립과정의 어려움을 인식시키고 민족 자존심과 자긍심"을 높이는 것을 목적으로 한다. 애국주의는 영웅이나 승리담론을 중심으로 하는 유형과 희생과 패배담론을 중심으로 하는 유형으로 구분되는데, 중국의 경우 19세기 중반이후 1945년까지의 근대사를 불평등조약에 근거한 수치의 역사, 국공내전과 국가형성의 경험에 근거한 승리의 역사로 구성하고 있는 것이 중요한 특징이다. 이에 관해서는 김태승(2011)을 참조할 것.

이곳은 청일전쟁에서 제원함과 함께 주력함으로 활약했던 정원함을 복원하여 지하2층, 지상3층, 5층 규모의 대형박물관으로 개조한 것이다. 정원함은 길이 94.5m, 넓이 18m로 청일전쟁 당시 아시아 1위, 세계 6위의 규모를 자랑하는 군함이었다. 복복원된 정원함은 전쟁 당시 일본군 전함으로 부터 어뢰를 맞은 흔적을 재현하고 있다. 원래 정원함은 1895년 침몰하였고, 일부 부품을 일본군이 수거했는데, 그것을 일본이 구입하여, 후쿠오카 태재부 천만궁에 정원함의 잔해를 모아둔 '정원관'을 만들었다.

진열관의 청일전쟁 전시

원래의 박물관이 북양해군의 지휘소와 그 흔적을 보여준다면, 신관은 청일전쟁의 전개과정 모두를 보여주는 전시관이다. 이 신관의 정식명칭은 '중국갑오전쟁박물관 진열관'으로, 중국공산당 중앙정치국 상임위원 이장춘李长春의 감독 아래, 2005년 3월 공사를 시작하여, 2008년에 개방하였다. 대지면적은 10,000여 평방미터, 건축면적은 8,800평방미터. 저명한 건축설계사 중과원中科院院士 팽일강彭一刚교수가 설계하였다. 이 건물은 20세기 중화백년 건축경전建筑经典으로 지정되기도 하였다. 이 진열관은 갑오전쟁(1894-95)를 기본 전시로 하고, 650점의 그림과 사진을 전시하고 있다. 사실적인 인물상, 그리고 금주의 곡씨일가 우물학살장면('金州曲氏一家投井场景'), 이홍장의 마관조약협상장면('李鸿章在马关谈判场景')등의 모습과 3D로 보는 위해위 보위전 등이 설치되어 있다.

진열관의 입구에는 전시의 핵심 개념으로, 갑오전쟁을 나라의 깊은 상처라는 의미의 '국상國殤'으로 표현하는 문구가 제시되어 있고, 양계초가 쓴 "중국의 천년간 지속될 커다란 울분이 갑오전쟁으로부터 시작되었다는 사실을 환기하라"는 문구가 전시되어 있다. 전시의 서언에 따르면, 갑오전쟁은 일본이 오랫동안 획책해온 것이며, 전쟁의 결과가 중화민족에게 심각한 재난을 안겨주었고, 세계의 근현대사에 큰 영향을 미쳤다고 밝혔다. 서언을 비롯하여 전시의 각 항목들은 중국어와 함께 영어와 한국어로 쓰여져 있는데, 이를 보면, 한국인 청중들을 주요 타겟의 하나로 삼고 있다는 것을 알 수 있다.

중국은 아편전쟁이후 비로소 해안방어에 관심을 가지게 되었으며, 군함도입과 제작, 해군창설을 했다. 서태후가 실권을 장악한 청 조정은 이홍장을 직예총독 겸 북양대신으로 임명했다. 이때의 북양의 방어체계는 수도 북경으로 들어가는 관문인 천진과 요동반도의 여순, 산동반도의 위해위의 해군 기지와 그 주변 도시들의 함대 배치, 그리고 기지 주변의 포대로 구성되었다.

진열관은 일본은 갑오전쟁이 발발하기 전에 오랫동안 전쟁을 획책했고, 그 목표는 조선과 중국이었다고 기술하고 있다. 1867년 메이지유신, 1871년 이와쿠니 사절단 파견, 1873년의 정한론 등을 설명하고, 일본이 이때부터 중국 대륙 전체에서 간첩활동을 하였으며, 이를 지도로 표시하고 있다. 또한 김옥균의 사진과 함께 1884년의 갑신정변과 이에 뒤이은 천진조약에서 청과 일본이 조선에 출병하는 경우 서로 이를 알린다는 내용이 있었다는 점을 설명하고 있다.

이런 상황에서 서태후는 이화원 건설을 위해 재정을 쏟아부었고, 이홍장은 북양해군 창설이후 3년간 어떤 추가적인 군비증강을 하지 못했다는 말을 하였다. 이에 비해 일본은 지속적으로 해군 군비강화를 하여 전쟁발발직전 약 7만톤의 해군력을 보유했다.

진열관 전시에서는 전쟁이 조선의 동학당 봉기에서 출발했다고 밝히고 일본이 전쟁을 결정했다고 주장한다. 청나라는 6월 6일부터 7월까지 총 4,165명을 조선에 파병했다. 이에 비해 일본군은 6월 12일부터

24일까지 인천에 7,600여명의 군사를 상륙시켰다. 진열관은 청일전쟁의 상황을 설명하면서 성환전투는 별로 강조하지 않고 평양전투를 지도를 곁들여 전시하고 있다.

당시 청군은 총병 좌보귀의 지휘하에 평양 북쪽의 모란봉에서 방어를 했다. 그러나 평양전투에서 청군은 대패했다. 9월 15일 밤, 청군은 일본군의 공격으로 2,000명이 죽고 3,000명이 부상당했다. 지휘관 좌보귀도 전사했다. 그는 산동출신의 회족이었다. 이 평양전투에서 고전하는 청나라 군사들의 모습으로 사진으로 전시되어 있다.*

평양전투와 함께 청일전쟁의 운명을 가른 전투가 9월 17일의 황해 해전이다. 압록강 입구에서 치열한 전투가 벌어졌다. 진열관에서는 여기에서 전사한 진경영陳京瑩의 편지를 복원하여 전시하고 있다. 그는 위해위의 수군학당 1회 졸업생으로 경원호의 2등항해사였다. 또한 이 해전에서 전사한 치원함 함장 등세창의 시가 전시되어 있다. 황해 해전후 일본군은 두 방향으로 나뉘어 제1군은 압록강 방위선을 돌파하여 청군 주력을 견제하고, 제2군은 화원구에서 상륙하여 남쪽으로 여순기지를 점령하였다. 뒤이어 양군이 회합하여 산해관과 천진, 북경을 위협하였다고 진열관의 전시에 표현되어 있다.

일본 육군 제1군은 평양을 점령한 이후 평북지방을 거쳐 압록강을 넘었다. 압록강지역에서의 전투는 호산장성을 거쳐 내륙 깊숙한 장소로까지 번졌다. 진열관의 전시는 '격렬했던 요동반도 전투'를 거쳐 '여순구를 향한 총칼'로 이어진다. 이 전투 또한 비교적 상세한 전투지형도를 통해 재현되어 있다. 여순구가 함락된 후 찾아온 것은 일본군에 의한 대

---

* 이인직이 1906년 발표한 신소설 〈혈의 누〉가 이 평양전투에서 흩어진 이산가족의 이야기라는 것은 널리 알려져 있다.

규모의 전쟁폭력으로, 진열관의 전시에서는 이를 '여순대도살'로 표현하고 있다. 이 사건에서 피해를 입은 중국 주민은 2만명이라고 한다. 요동의 주민들은 일본군에 대한 저항을 펼쳤다. 이를 항쟁의 봉화가 타올랐다고 표현하고 있다. 여순에서의 대규모 민간인학살에 대하여 중국은 100주년이 되던 1994년 만충묘를 대대적으로 정비하였다.

청일전쟁의 마지막 국면은 산동반도에서의 전투인데, 이를 '결전'으로 묘사한다. 이에 따르면, "1985년 1월 일본군은 방향을 바꾸어 산동반도 전투를 개시하였는데, 그 목적을 북양해군을 전멸시키기 위한 것이었다"고 밝히고 있다. 이 전투에서 청군의 최대 약점은 육군과 해군이 서로 고립되어 협력하지 못했고, 또한 청나라의 포대가 미리 점령되어 오히려 이것이 해군에게 불리하게 작용했다는 점이다. 일본군은 산동반도 기습상륙작전을 통해 유공도에 있는 북양해군 근거지를 육로와 해로로 협공할 수 있었다.

위해위 전투의 주인공이 정여창이다. 정여창은 고립된 채 끝까지 싸웠고, 결국 자결하였다. 볼피첼리는 일본 해군 수장인 이토와 북양함대의 사령관 정여창 간의 마지막 대화를 자세히 기록하고 있다. 이들의 대화는 서신 교환 형식이었다.* 이토는 정여창에게 보낸 편지에서 우정에 기초하여 편지를 쓴다고 말하면서, "중국군에게 닥친 거듭된 재앙의 근원"을 묻고, "낡은 것과 단절하고 새로운 것에 자신을 적응시킬"것을 권하고 있다. 정여창은 2월 12일 항복하는 편지를 이토에게 보냈고, 인명피해가 없다는 전제아래 전함과 유공도의 요새, 장비를 일본군에게 양도한다고 밝혔다. 이토는 정여창에게 전쟁이 끝날 때까지 "일본에 머

---

* 이 서신들은 제노네 볼피첼리(유영분 역)의 책에 부록으로 실려 있다. 2009. 『구한말 러시아 외교관의 눈으로 본 청일전쟁: 조선 땅에서 벌어진 서양문명과 동양문명의 충돌』. 살림. 451-456.

무를 것"을 제안했다. 포로로 삼는다는 뜻이었다. 정여창은 준비할 시간이 필요하다면 2월 16일 인수할 것을 제안하고, 12일에 자결하였다.

진열관에는 이런 내용은 언급하지 않은 채, 정여창이 남긴 말만 기록되어 있다. 그의 죽음을 순국으로 표현했다. 그의 뒤를 이어 유보섬劉步蟾, 양용림楊用霖, 장문선張文宣, 대종건戴宗騫 등 고급장교들도 자결하여 순국하였다고 기록하고 있다. 청 해군의 상징인 용기도 유공도 상공에서 내려졌다. 유공도에서 일본군의 포로가 된 청의 해군은 3,097명, 육군은 2,040명으로, 총 5,137명이었다. 진원함, 제원함, 평원함, 광병함 등 10개 군함이 나포되었다. 이를 통해 청의 북양해군은 궤멸되었다.

진열관 전시의 결론은 '민족의 치욕과 항쟁'이었다. "전장에서 계속되는 패배로 하여 청나라 정부는 화해를 구걸하지 않을 수 없는 궁지에 몰리게 되었고, 결국 이홍장은 일본과의 평화회담에 나가게 되었다. 굴욕적인 '마관조약'의 체결로 하여 중국은 거액의 전쟁배상금을 지불한 외에 타이완, 펑후 등 영토를 떼어주고, 통상항구를 개방해야 했다. 이로 해서 중국의 반식민지 상황도 한층 더 심각해졌다."

전쟁의 승리를 기념하기는 쉽지만, 패배를 기념하기는 쉽지 않다. 그러나 중국 갑오전쟁박물관은 이를 비교적 정확하게 기록하고 있다. 처절한 패배의 기억을 드러낸다는 것은 그만큼 미래에 대한 자신감이 없으면 불가능한 일인지 모른다.

마관조약과 중일간 기억의 상충

진열관의 갑오전쟁에 관한 마지막 전시의 제목은 '시모노세키에서 함부로 세도를 부린 일본'이다. 여기에는 청일 양측의 협상대표 4인과 회담의 모습이 재현되어 있다. 또한 이 조약으로 할양된 지역과 통상항구가 지도로 표시되어 있다.

갑오전쟁에 관한 중국의 기억의 재구성에서 중요한 특징은 시모노세키 조약으로 끝나지 않고, 이에 대한 중국인들, 구체적으로 대만인들의 저항으로 끝난다는 점이다. 진열관 전시의 마지막 부분은 '대만할양을 반대한 항일투쟁'과 '팽호열도 점령'이다. 대만인들은 일본군에 대항하여 4개월간 100여차례의 전투를 통해 일본군 3만 2천명을 사상했다고 밝혔다. 이런 기록이 얼마나 정확한 것인지는 알 수 없지만, 이를 사실로 받아들인다면, 같은 시기에 조선에서 전개된 동학농민군이 일본군에게 준 피해보다 훨씬 큰 것이다.

중국에서 청일전쟁을 설명하면서 대만인들의 투쟁을 적극적으로 포함시키고 있는데 이는 근래에 변화된 중국의 대만관을 반영하고 있는 것이다. 이런 변화상은 대만의 식민지 역사를 중국사의 일부로 적극 수용하고 있는 것은 북경 노구교의 항일기념관에서도 나타난다. 여기에서는 항일영웅들을 전시하면서 공산당 출신 뿐 아니라 국민당 출신도 포함시키고 있는데, 이는 과거의 냉전시기와는 달리, 중국의 자신감이 그만큼 커졌음을 의미하는 것이다.

이 진열관의 청일전쟁 전시의 마지막 결론은 과거의 역사가 아닌 현재적 문제이다. 이 결론은 '천애하처시신주天涯何處是神州'로 표현된다. 이를 한국어로 번역한 것이 '중국은 하늘가 어디에 있나?'인데, 이것보다는 '신이 내려준 땅 중국은 아슬아슬한 위기에서 어디로 가나'라고 말하는 것이 더 정확할 듯하다.

진열관의 전시는 다음과 같은 결론에 이르고 있다. "갑오전쟁에서 패전한 굴욕적인 역사는 '낙후되면 곧 당하게 된다'는 도리를 다시 입증하였다. 오늘, 중국의 영토와 해양국토의 안전은 강력한 해안 방위력으로 보장해야 한다. 우리는 이 역사를 교훈으로 삼아 미래를 대비한 해상강철장성을 구축함으로써 평화와 발전을 도모하고 역사의 비극이 재현되지 않도록 노력해야한다." 중국의 갑오전쟁 전시의 최종 목적이 해양강국건설에 있음을 명백히 밝히고 있는 것이다.

그렇다면 시모노세키 조약의 경과는 어떠했는가? 중국정부는 위해전투가 진행되는 도중에 평화사절단을 파견하여 1895년 1월 31일 히로시마에 도착하였다. 그러나 만주에서는 전투가 3월초까지 지속되었다. 또한 3월 15일 일본 원정대가 팽호제도를 향해 출발하여 23일 점령에 성공하였다. 전권을 갖고 있지 않았던 청나라 대표와의 교섭은 일본으로 하여금 보다 책임있는 사람을 파견하기를 요구하였다. 이른바 2차 평화사절단으로 3월 19일 청의 전권대신 이홍장이 시모노세키에 도착했다. 그 후 한 달간 춘범루(春帆樓, 슌반로우)라는 요정에서 '평화회담'을 진행하였다. 춘범루는 원래 아미타사의 방장이 있던 장소로, 폐사된 후 안과의사가 병원으로 사용하다가 여관 겸 요정으로 사용하던 곳을 회의장으로 바꾸어 사용한 것이다. 이 회담의 주역은 이홍장과 이토 히로부미였다. 이들은 1885년 천진에서 조약을 체결한지 10년 만에 다시 만났다. 그러나 10년의 세월은 이들의 위치를 정반대로 바꾸어놓았다.

이홍장이 시모노세키에 도착한지 얼마 안된 3월 23일 일본의 보병 1개 여단이 대만 서쪽의 팽호제도澎湖諸島에 상륙했다. 회담이 끝나지도 않은 상황에서 일본은 전쟁의 성과물을 챙기기 시작했다. 3월 24일 회담대표였던 이홍장이 일본인에 의해 피격당했다. 며칠을 쉰 후 회의가 재개되었다. 4월 1일, 시모노세키에서 열린 회담에서 일본의 강화협정 초안이 제시되었다. 제1항은 조선의 지위에 관한 것이었다. "중국은 조선의 완전무결한 독립과 자치를 명확하게 인정한다. 그에 따라 독립과 자치를 훼손하면서 조선이 중국에 제공하는 공헌 전례의 이행은 향후 전면 중단될 것이다." 이외에 초안은 총 11개 항으로 구성되었.

4월 5일 이홍장은 이 초안에 대해 조선문제, 영토할양문제, 배상금

문제, 통상특권 문제등 4가지 쟁점에 대하여 이의를 제기했다.* 이홍장은 조선문제에 대하여, "중국정부는 수개월전 조선의 완전하고도 철저한 독립을 기꺼이 인정하고 조선의 완전한 중립성 보장을 언급하였고 본 조약에 그 같은 조항을 삽입할 준비가 되어 있다"고 하면서, 상호주의에 따라 일본도 이를 보장하여야한다고 요구하였다. 배상금 조항에서 중국은 일본이 이번 전쟁의 목적을 조선의 완전독립보장이라고 밝혔는데, 청은 1894년 11월 22일 조선의 독립을 인정할 준비가 되어 있다고 각국 정부에 선언했으므로, 이후의 전쟁경비는 배상금 안에 포함되지 말아야한다고 주장했다.

이홍장은 4월 9일, 1항을 수정하여, "중국과 일본은 조선의 완전무결한 독립과 자치를 확고히 인정하며 조선의 완벽한 중립성을 보장한다. 이같은 자치를 훼손할 조선국내문제에 관한 양국의 간섭이나 독립성에 부합하지 않는 조선에 의한 공헌 전례는 장래 전적으로 중단한다"고 제안했다. 그러나 4월 10일 이토 히로부미는 이홍장에게 1항의 수정안을 포함하여 대부분의 수정안을 받아들일 수 없다고 회신하였다. 조선의 독립은 중국에게만 적용될 뿐 일본에게는 적용되지 않는 조항이었던 셈이다.

최종적으로 일본의 의도대로, 4월 17일 전문全文 11개 조항의 강화조약, 각 3조항의 의정서議政書 및 별약別約, 2조항의 추가휴전협정을 체결하였다. 이홍장의 굴욕감은 말할 수 없었을 것이다. 이홍장은 이토 히로부미가 내민 조약의 초안에서 배상금을 조금 깎은 것 이외에는 모두 승낙하지 않을 수 없었다. 평화협정이라는 용어가 무색할 정도로, 시모노

---

* 이에 관한 구체적인 내용은 제노네 볼피첼리(유영분 역), 2009.『구한말 러시아 외교관의 눈으로 본 청일전쟁: 조선 땅에서 벌어진 서양문명과 동양문명의 충돌』, 살림. (원저는 1896년 런던에서 출간)에 실려 있다.

세키조약은 일방적인 것이었다. 일본은 막대한 배상금 외에 대만과 팽호를 식민지로 얻고, 여순을 포함한 요동반도도 얻으려고 했다. 그러나 러시아, 프랑스, 독일은 일본에게 요동반도에 대한 권리를 포기할 것을 주문하였고,* 일본은 이 압력에 굴복하지 않을 수 없었다.

청일전쟁에서 일본이 점령했던 요동반도와 산동반도는 무사하지 못했다. 일본에 할양되기로 했던 요동반도는 3국간섭에 의해 그대로 청의 영토로 유지되는 대신, 러시아는 1898년 3월 여순을 조차했다. 영국은 이에 대응하여 위해를 1898년 7월 10일 점령했다. 위해의 조차지는 1930년까지 유지되었고, 유공도는 그보다 10년 더 유지되었다.** 독일은 1898년부터 청도를 조차했고, 제1차 대전까지 유지하였다.

일본은 1937년 6월, 중일전쟁 발발 직전에 "일청강화회의와 하관 강화조약의 역사적 의의를 후세에 전하기 위하여" 강화회의 무대가 '춘

---

* 시모노세키 조약이 체결된 뒤 6일이 지난 1895년 4월 23일 일본에 주재하고 있던 러시아, 프랑스, 독일의 대사들은 일본의 외무차관 하야시 다다스를 방문, 각각 다음의 권고문을 건넸다. 러시아 공사 히트로보 Mikhail Aleksandrovich Hitrovo의 권고문은 다음과 같았다. "일본이 요동반도를 소유하면 청국의 수도를 끊임없이 위태롭게 함과 동시에 조선의 독립을 유명무실하게 만들어 극동의 평화에 영원한 장애를 줄 것으로 판단된다... 이에 일본국 정부에 권고한다. 요동반도를 포기하라." 프랑스 공사 쥘 아르망 Jules Harmand의 권고문은 다음과 같았다. "요동 반도의 영유는 청국의 수도를 위태롭게 하고, 조선의 독립을 유명무실하게 하며, 극동의 평화에 지장을 준다. 따라서 프랑스와 일본의 우정을 감안해 해당 반도 소유를 포기하도록 우의로 권고하는 것이 우리 정부의 의무라고 생각한다." 독일 공사 구트슈미트 Felix von Gudtschmid의 권고문은 다음과 같았다. "본국 정부의 훈령에 따라 이와 같이 선언합니다.... 귀국 정부가 요동 반도에 대한 영구 소유를 단념하도록 독일은 권고합니다.... 마지막으로 일본이 3국과 전쟁을 벌이는 것은 불가능하므로 이 건을 양보하는 것이 좋다고 믿지만, 일본 정부가 명예를 잃지 않고 양보할 수 있는 길을 강구하기 위해서 회의를 개최하길 바라며, 그 뜻을 전보를 통해 본국 정부에 보내라는 훈령도 받았습니다."

** 위해 유공도에는 '영국조차지 위해위 역사박물관'이 있다.

범루(春帆樓, 슌반로우)의 인접지에 일청강화기념관을 세웠는데, 1945년 태평양전쟁 때 미군의 폭격에 의해 파괴되었고, 그 후 다시 재건하였다. 이 기념관은 회담때 사용하였던 탁자와 물건들을 복원 전시하고, 또한 이홍장과 이토 히로부미 등이 쓴 글씨 등도 전시하고 있다. 춘범루의 회담장은 위해에도 재현되어 있고, 시모노세키에도 재현되어 있는 셈이다. 그러나 일본은 청일전쟁을 있는 그대로 재현하는 기념관을 갖고 있지 않다. 전쟁의 승리가 부끄러운 역사적 유산이 될 수 있다는 것은 아이러니이다.

맺음말: 국가적 기억을 넘어 동아시아적 지평으로

위해 유공도의 갑오전쟁박물관 진열관은 역설적으로 한국의 동학혁명기념관의 전시가 너무 지방적 시각에 머물러 있으며, 또한 일국사에 갇혀 있다는 점을 깨우쳐준다. 동학농민혁명 100주년 기념사업의 성과에도 불구하고 그런 상황이니 그 전에는 말할 필요가 없다. 2001년 동학농민혁명의 동아시아적 의미를 논의하는 국제학술회의가 열리기도 했지만, 기념관의 전시에는 이런 시각이 충분히 반영되어 있지 않다. 이렇게 된 가장 큰 원인은 이 대사건을 바라보는 시각의 일국성이며, 그것이 사건의 명칭에 배어 있다.

    나는 동학농민혁명과 청일전쟁을 함께 묶어서 인식하는 시각을 좀 더 발전시켜야 하며, 이를 위해서는 1894년의 대사건을 새롭게 명명하는 방안을 논의해야 한다고 본다. 그 한가지 대안은 1894년 동아시아전쟁, 또는 1894년 조선전쟁이다. 강효숙(2009, 456-457)은 제2차 동학농민전쟁에 관한 연구에서 이것이 '조·청·일전쟁'이라고 주장하였다. 그는 당시의 일본측 자료를 분석하여 당시 일본군이 청일전쟁을 '일·청·조사건'으로 인식하고 있고, 농민군을 '적'으로, 이들과의 싸움을 전쟁으로 인식했다고 밝혔다. 특히 일본 최초의 근대적인 전쟁관련 법률인 '일청전역 국제법 奎(전)'(1895)의 '점령지 인민 처분령'이 중국인을 겨냥하고 있음에도 불구하고, 조선에서의 농민군 탄압이나 군용 전선 및 군수물자 보급을 방해한 조선인들에 대한 탄압경험을 법제화한 것이라고 보았다.

우리가 6.25사변이라는 부르는 1950년의 전쟁에 대하여, 북한은 조국해방전쟁이라고 부르고, 중국은 항미원조전쟁이라고 부른다. 미국은 이를 한국전쟁이라고 부른다. 한국전쟁은 한반도를 전장으로 하여 일어난 전쟁으로, 민족 내전이나 양국간 전쟁이 아닌, 적어도 3개국 이상이 참여하고, 한국 뿐 아니라 동아시아의 운명을 바꾸어 놓은 지역전쟁이라고 규정할 수 있다. 그렇다면, 동학농민혁명과 청일전쟁은 '1894년 조선전쟁'의 두 구성부분이라고 할 수 있다.* 청일전쟁은 조선과 무관한 전쟁이 아니라 명백히 동아시아 전쟁이고, 또는 조선전쟁이다. 한국의 식민지화의 절반이 이 전쟁의 결과로 결정되었고, 대만이 식민지화되었다. 승리한 일본은 명백히 제국의 길로, 패전한 청은 결국 멸망의 길로 들어섰으며, 전통적 중화체제가 실질적으로 해체되었다.

시모노세키 조약은 그 조인으로부터 57년이 지난 1952년 4월 28일 일본과 대만 사이의 '타이베이 조약'에 의해서 공식적으로 무효화되었다. 그러나 57년 전, 청이 일본에 준 배상금도, 센가쿠열도로 개칭된 조

---

* 한국사에서 이런 양상의 전쟁은 더 많이 있다. 16세기 말, 일본이 조선을 침략하고 위기에 빠진 조선을 구원하기 위하여 명군이 참전한 임진왜란도 마찬가지이다. 중국은 이를 항왜원조전쟁이라고 부르고, 일본은 이를 문록의 역으로 부르지만, 모두 자기중심적 용어들이다. 전쟁의 실상을 보면, 1592년 동아시아 전쟁 또는 조선전쟁이 좀더 적절하다.

어도도 되돌려 받지 못했다. 중국은 개혁개방 후인 1985년, 위해 유공도에 갑오전쟁기념관을 세웠다. 이것은 넓게 보면, 개혁개방에 따를지도 모르는 국민적 정체성의 이완을 방지하기 위한 조치라고 할 수 있으나, 보다 직접적으로는 1982년 발생한 일본 교과서 파동에 대응한 조치였다. 갑오전쟁박물관의 건립은 동아시아라는 지평에서 중국의 국민만들기 프로젝트에 속하지만, 동아시아 역사기억전쟁의 일부이기도 하다. 특히 2008년에 새롭게 개관한 진열관의 서사는 매우 민족주의적이다. 여기에는 해양강국으로 발돋움하려는 중국의 의지가 짙게 배어 있다. 조어도 또는 첨각열도 문제가 고조된 2012년 7월, 중국은 '1894·갑오대해전'이라는 영화를 만들어 개봉했다.* 이 영화는 위해에 새롭게 만들어진 정원함 풍경구에서 촬영한 것으로, 1894년 9월 17일 벌어진 황해해전(해양도 전투)에서 치원함 함장으로 싸우다가 전사한 등세창을 주인공으로 한다.

우리가 정읍의 동학혁명기념관의 전시를 보면서, 위해 갑오전쟁기념관과 시모노세키 일청강화기념관의 역사관을 아우를 수 있는 안목이 있다면, 그것은 동아시아의 과거 뿐 아니라 미래를 구상할 수 있는 역량이 우리 내부에서 형성되고 있음을 의미하는 것이다. 위해의 갑오전쟁박물관은 역설적으로 한국에서의 갑오년의 기억의 편향성과 부분성을 일깨워주는 좋은 학습 장치이다.

---

* 이 영화는 冯小宁 감독 작품으로 陆毅, 夏雨, 杨立新, 孙海 등이 주연배우로 활약했다.

참고문헌

강효숙. 2009. "청일전쟁기 일본군의 조선민중탄압". 왕현종 외.『청일전쟁기 한·중·일 삼국의 상호 전략』. 동북아역사재단.

김태승. 2011. "중국의 애국주의 역사교육과 기억정치-청일전쟁. 노스탤지어. 홍색관광의 사례를 중심으로".『근현대 전쟁 유적 그리고 평화』. 동북아역사재단.

다이둥양. 2009. "갑오중일전쟁기간 청 정부의 대일정책". 왕현종 외.『청일전쟁기 한·중·일 삼국의 상호 전략』. 동북아역사재단.

문병학. 2014. "녹두의 꿈-동학답사자료집"(2014년 4월 26일).

박맹수. 2011.『개벽의 꿈. 동아시아를 깨우다: 동학농민혁명과 제국 일본』. 모시는사람들.

박명규. 1887. "역사적 경험의 재해석과 상징화-동학농민전쟁의 기념물".『사회와 역사』51. 한국사회사학회.

박종근(박영재 역). 1989.『청일전쟁과 조선:외침과 저항』. 일조각.

왕현종. 2003.『한국 근대국가의 형성과 갑오개혁』. 역사비평사.

_____. 2009. "조선 갑오개혁 정권의 대일 정략과 종속의 심화". 왕현종 외.『청일전쟁기 한·중·일 삼국의 상호 전략』. 동북아역사재단.

신영우. 2009. "동학농민군 피살자의 수와 일본군의 학살책임".『동학농민혁명-청일전쟁 유적지 답사』. 동학농민혁명기념재단.

여문환. 2009.『동아시아 전쟁기억의 국제정치』. 한국학술정보.

오비나타 스미오. 2009. "청일전쟁전후 일본정치에서의 동아시아 질서구상". 왕현종 외.『청일전쟁기 한·중·일 삼국의 상호 전략』. 동북아역사재단.

은정태. 2009. "청일전쟁전후 조선의 대청정책과 조청관계의 변화". 왕현종 외.『청일전쟁기 한·중·일 삼국의 상호 전략』. 동북아역사재단.

제노네 볼피첼리(유영분 역). 2009.『구한말 러시아 외교관의 눈으로 본 청일전쟁: 조선 땅에서 벌어진 서양문명과 동양문명의 충돌』. 살림.

조병한. 2006. "일본의 동아시아 질서 재구축과 청일전쟁". 역사학회 편.『전쟁과 동북아의 국제질서』. 일조각.

조세현. 2013. "1880년대 北洋水師와 朝淸關係".『동양사학연구』제124집. 211-254.

최석완. 2006. "일본의 동아시아 질서 재구축과 청일전쟁". 역사학회 편. 전쟁과 동북아의 국제질서. 일조각.

中塚明(박맹수역). 2002.『1894년. 경복궁을 점령하라』. 푸른 역사.

Armstrong, C.K. ed al. 2006. "*Korea at the Center: Dynamics of Regionailism in Northeast Asia*". M.E.Sharpe.

Lone, Stewart. 1994. "*Japan's First Modern War: Army and Society in the Conflict with China. 1894-1895*". New York: St. Martin's Press.

Paine, S.C.M. 2003. "*The Sino-Japanese War of 1894-1895: Perception. Power. and Primacy*". Cambridge. MA: Cambridge University Press.

威海市檔案局 編. 2011.『1398-1949: 歲月威海』. 山東畵報出版社.

陳悅. 2008.『碧血春秋-北洋海軍甲午戰史』. 長春: 吉林大學出版社

_____. 2012.『沈沒的甲午』. 南京: 鳳凰出版社

戚其章. 2006.『走進甲午』. 天津: 天津古籍出版社.

戚俊杰 주편. 1995.『中國甲午戰爭博物館』. 山東大學出版社.

戚俊傑. 1997.『丁汝昌集』. 濟南: 山東大學出版社.

戚俊傑. 郭陽. 2010.『甲午縱橫』. 濟南: 華文出版社

戚俊傑. 劉玉明. 2006.『北洋海軍研究』. 天津: 天津古籍出版社

哲夫-杜常君. 2009.『旅大舊影』. 濟南: 濟南畵報出版社..

鴻明. 2012.『甲午海戰』. 北京: 中國文史出版社

5
갑오전쟁이 중국 및 한국에 주는 교훈과 시사점

Reflections of the First Chinese-Japanese War (1894)
for China and Its Neighbors

류더빈(Debin Liu)

중국학계의 갑오전쟁에 대한 성찰

갑오전쟁에서 중국의 패배에 대해 성찰하는 것은 2014년 중국학계에서 중요한 쟁점이 되고 있다. 그 중에서도 중국 군부 측의 목소리가 사람들의 이목을 집중시키고 있다. 예를 들면 해외매체들은 중국 "매파 鷹派"의 대표라고 할 수 있는 중국 전략문화촉진회 상무부회장 겸 중국인민해방군인 루오위안罗援소장의 의견을 중국을 대표하는 관점으로 본다. 그는 2014년 3월에 신화통신에 "갑오전쟁 패전 원인 10항"이라는 내용의 글을 기고하였다.

---

* 2014년 10월 24일 한국사회과학협의회가 주최한 국제학술대회 『갑오년의 동아시아와 미래한국: 1894와 2014』에서 발표.

** 서울대학교 아시아연구소. 2015. 『아시아리뷰』 제4권 제2호 (2015/02) 게재.

1, 나라의 손상國殤은 낙후한 정치체제에 의한 것이었다. 2, 전패의 원인은 탐욕과 부패에 있다. 부패를 없애지 않으면 싸우기 전에 이미 패한 것이나 다름없다. 3, 국가가 강해지려면 군대가 강해야 한다. 군대가 강하지 않으면 부국은 될 수 있어도 강국은 될 수 없다. 4, 군대를 강화시키려면 반드시 관념의 혁신이 필요하다. 낙후된 생각들로 인해 실패하는 것이다. 5, 강한 군대의 핵심은 군대의 정신을 바로 세우는 것이고, 용감하지 못한 군대는 흩어진 모래와 같다. 6, 강한 군대를 세우려면 우선 장비부터 강화해야 한다. 장비는 양과 질 모두 우세해야 한다. 7, 강한 군대는 항상 준비되어야 하며, 준비된 군대만이 후환이 없다. 8, 강한 군대는 전체적으로 완전해야 하며, 작은 단점이 전체적인 패배를 초래할 수 있다. 9, 강한 군대는 반드시 영활한 전략과 전술이 있다. 검이 남보다 못하다면 검술은 남보다 나아야 하는 것이다. 10, 전쟁에 응해야 화해할 수 있다. 전쟁터에서 얻지 못하는 것은 담판의 자리에서도 얻기 어려운 법이다.*

이 외에도 중국 갑오전쟁 실패 요인에 대해 더 면밀히 분석한 중국 학자들도 있다. 예를 들면 웨이밍魏明은 중국의 양무운동과 일본의 메이지유신을 비교했다. 위명의 비교연구에 의하면, 사회 변혁의 관점에서 갑오전쟁 전의 양무운동과 메이지유신은 다르다. 메이지유신은 전면적인 변혁을 통해 군사적 변혁을 포함한 사회 전반적인 근대화를 실현하였다. 이에 비해, 양무운동은 군사적 변혁에 한계가 있었고, 청나라 군대가 가지고 있는 고전적인 군사 형태를 바꾸지 못하였다. 역사적 사실로 보면, 양국의 다른 군사적 변혁이 초래한 군사력의 차이가 갑오전쟁

---

* 罗援. "甲午战争惨败十大教训"
http://news.xinhuanet.com/mil/2014-03/10/c_126242456.htm

에서의 서로 다른 운명을 결정지었다.* 레이이雷颐에 의하면 "청조"체제와 베스트팔렌 체제의 차이로부터 출발한 갑오전쟁은 "청조"의 최종적인 붕괴를 낳았으며,** 갑오전쟁 당시 중국은 "비근대국가"이고, 일본은 이미 "근대국가"였으므로 중국의 참패가 우연이 아니다.***

한편 종합적인 관점에서 갑오전쟁을 성찰하는 학자들도 있다. 저우펑周峰은 세계체제의 시각으로 갑오전쟁을 연구하였다. 그는 갑오전쟁의 발발은 일본 국내자본주의 확장의 필연적 결과라고 하였고, 동아시아 조공체제의 몰락과 일본 부상의 결과로서 열강들의 극동지역 쟁탈 및 중국 식민지화를 촉진했다고 보았다.**** 즈엉진강郑金刚은 갑오전쟁은 전쟁에 직접적으로 참여한 중일 양국의 운명을 바꿨을 뿐 아니라, 동아시아 전체적인 지역 정치구도와 향후 역사적 행방을 바꾸었고, 그 영향이 지금까지 존재한다고 말했다.*****

갑오전쟁에 대한 성찰은 중일관계의 현재 상황과 밀접하게 연결되어있고, 댜오위다오钓鱼岛 등 영토분쟁과도 관계가 있다. 류장융刘江永은 일본이 갑오전쟁을 통해 댜오위다오를 부당 점유한 후에 대만 식민 통치기인 1896년 9월 코가 다츠시로古贺辰四郎가 일본정부의 허락을 받아 댜오위다오를 조차하여 개발했다고 주장한다. 2차 세계대전의 〈포츠담공약波茨坦公告〉과 〈카이로선언开罗宣言〉에 의하면, 일본은 반드시 댜오위다오를 포함한 대만 및 부속된 모든 섬들을 중국에 돌려주어야 한다. 일본의 소위 사인섬주私人岛主의 지위와 권리가 없어진 것이다. 그러나 지

---

* 魏明, 2014.

** 雷颐, 2014.

*** 위의 책.

**** 周峰, 2014.

***** 郑金刚, 2014.

금도 일본정부는 당시 코가 다츠시로가 댜오위다오를 식민지로 개발한 행위를 일본이 "선점한"것으로 보는 한편 실제적으로 댜오위다오를 지배하는 국제법의 준거로 삼고 있으며, 심지어 위조 증거를 만드는 것도 마다하지 않고 있다. 코가 다츠시로가 가장 빨리 섬에 도착한 시간을 갑오전쟁 전인 1884년으로 앞당기는 역사적인 조작을 시도하였던 것이다.* 류장융은 또 아베 신조安培晋三와 이토 히로부미伊藤博文를 함께 거론하며 앞으로 60년 중일관계의 전망은 일본이 미래에 어떤 길을 걷는가에 달려있다고 말했다.** 시셴더习贤德에 의하면 〈마관조약马关条约〉의 체결은 청정부가 대만에 대한 주권을 완전히 상실하여, 일본의 장장 반세기에 달하는 대만 식민통치를 초래하게 했다. 대만독립사상과 일본우파세력의 결합은 대만-해남도의 형세를 악화시킬 뿐 아니라, 동아시아지역에 새로운 전쟁의 위기를 조성하였다.***

갑오전쟁이 일본에 미치는 영향력과 일본학계의 갑오전쟁에 대한 관점도 중국학자들의 관심의 초점이기도 하다. 쟝커스姜克实에 의하면 갑오전쟁 이후, 일본 국내는 대국 부상이라는 민족의식으로 둘러싸여 있었다. 하지만 "삼국간섭"의 굴욕을 경험하면서 일본은 서방열강들의 안중에는 자국이 보잘 것 없는 졸병과 다름없다는 것을 인식하게 되었다. 이는 일본민족의 투지를 증가시켰고 러시아에 대한 복수라는 전쟁의 화근을 남기게 되었으며 결국에는 일본으로 하여금 군국주의의 길을 걷도록 하였다. 갑오년은 어떻게 보면 일본의 근대 대국의식과 군국

---

* 刘江永, 2014.
** 위의 책.
*** 习贤德, 2014.

주의의 원점이라고 볼 수 있다.* 리융징李永晶은 전쟁사회학이라는 입장에서 보면 이 전쟁은 일본이 중화문명과 근대 서구문명에 대한 오인을 하도록 만들어 제2차 세계대전을 일으키도록 했다고 한다.** 자이신翟新에 의하면 갑오전쟁 이후, 미국과 유럽이 중국에 대해 자국의 권익을 확장하는 것에 대항하기 위해, 일본민간에서 중국 등 아시아국가 간의 상호협력과 동맹을 위한 아시아주의적 논의를 제기하게 되었다. 태평양전쟁이 발발하기 전에는 일본은 국제적 형세에 따르며 대외적인 발언 내용을 빈번하게 번복했고, 동시에 국가이익을 우선시했다. 즉 주류 사상 형태와 대외적인 정책을 무시하는 일본의 주변적 지위를 계속적으로 유지했다.*** 양둥량杨栋梁에 의하면, 갑오전쟁부터 러일전쟁까지 10년 동안, 일본의 중국에 대한 멸시적 인식은 처음 형성될 때부터 고정화될 때까지 지속적으로 발전했다. 일본의 우월성은 "요녕의 귀환에 대한 삼국간섭"으로 인해 좌절을 겪은 후, 경자사변庚子事變과 러일전쟁이라는 두 차례의 "심화提升"과정을 겪었다. 일본은 "자타인식自他认识"을 기반으로 하여, 경자사변 전에는 수비를 전략以守为攻으로 표면적으로는 중국에 "선의적인 면을 보여" 주었다. 이미 획득한 중국에서의 권익을 공고화하고자 하는 것처럼 보였지만 사실 열강과의 "협조"를 통해 중국의 주권을 잠식하고자 했다. 경자사변 후에는 중국 영토 확장에 가장 방해가 되는 세력을 없애기 위해 러일전쟁을 일으켰고, 러시아를 재패하여 중국 동북남쪽 지방을 식민지 통치의 범위에 포함시켰다.**** 두안팅즈段廷志

---

* 姜克实, 2014.
** 李永晶, 2014.
*** 翟新, 2014.
**** 杨栋梁, 2014.

등은 당대 일본학계 연구자의 정치적 입장, 관찰 시점, 연구 방법 등의 차이로 인해 갑오전쟁의 성격과 원인, 승패 이유에 관한 논점이 다양해 질 수 밖에 없다고 말했다. 다양한 관점들간의 충돌은 최근에 들어서서 더욱 과열되기 시작하였다. 특히 우파 역사관 연구 성과의 사회적 영향력이 확장되고 있는데 이것도 우리가 탐구해야 할 가치가 있다.* 우인武寅은 갑오전쟁이 일본 백년 국가정책의 발단에 직접적으로 부정적인 영향을 미쳤다고 말했다.**

아베정권을 출범으로 시작된 중일관계의 후퇴는, 중국학계의 갑오전쟁 120주년 행사 분위기에 직접적인 영향을 미치고 있고, 앞으로도 중국학자들의 갑오전쟁에 대한 성찰에 영향을 미칠 것으로 보인다. 이는 몇년 전 동아시아 공동체 형성에 대한 낙관적인 분위기와 선명한 대조를 이룬다. 사실 중국학계가 갑오전쟁에 대한 성찰을 시작한 것은 이와 같은 비극이 발생하지 않았으면 하는 바람에서였다. 그동안 오랜 기간에 걸쳐서 중일간 사회 형태 및 역량 등의 차이에서 역사적인 변화가 있었다. 갑오전쟁이 다시 일어 날 수 없다고 단정할 수는 없지만, 중일 양국의 직접적인 무력갈등을 방지할 수 있는 요인들이 증가하고 있다. 예를 들면, 중일 및 동북아 지역에서 내부적으로 형성된 무역과 투자의 상호 의존관계 등을 들 수 있다. 갑오전쟁에 대한 성찰은 피할 수 없는 과제를 안겨주었는데 중일간, 한일 양국 간의 상호적 정체성認同과 지역의 집단적인 정체성이 바로 그것이다. 갑오전쟁에 대한 성찰의 필요성은 동북아지역의 공통적인 인식에 관한 연구가 정체된 점과도 긴밀한 관련이 있다.

---

* 段廷志·方剛营, 2014.

** 武寅, 2014.

동아시아지역 '정체성' 연구의 침체

처음으로 동아시아공동체에 대한 토론을 시작할 때, 일본과 한국의 학자와 정치인들도 적극적으로 참여했다. 중국의 부상에 따라 중국 정부도 동아시아 공동체에 대한 논의에 적극적으로 참여하기 시작하였다. 하지만 중일관계 악화 이후, 동아시아 지역 정체성认同에 관한 연구는 침체기를 맞이한다. 사람들은 동아시아 특히 동북아시아의 정체성认同이 형성되는 역사적인 흐름에 높은 장벽이 가로막고 있다는 것을 느끼게 되었다.

약 10년 전 중국학계에서는 동아시아 공동체 구축의 가능성을 논의하기 시작했다. 2004년 위신톈俞新天의 글「동아시아 정체성认同感의 움직임-문화적 시각으로부터」에 의하면, 금융위기 이후 동아시아는 더 이상 문화를 경제발전의 요인으로 보지 않고, 경제발전을 이해하는 계기와 제도의 구축을 강화시키는 배경 정도로 간주하고 있다.* 리원李文은 아시아 공동체 인식을 구성하는 것은 동아시아의 응집력을 강화시키고, 지역 간 협력을 촉진시키고, 지역 내 국제 관계를 개선하고 동아시아의 국제적 지위를 높이는데 도움이 된다고 말했다. 역사적으로 동아시아의 독특한 문화 체계, 그리고 현시점에서의 동아시아 지역 내의 밀접한 경세 관계는 동아시아 공동체 인식 구축에 토대를 만들어 주었다. 동시에 동아시아와 유라시아대륙의 거리로 인해 지역의 지리적 환경이 서로 분리되어 있는 것도 동아시아 역사 발전의 특수성에 영향을 미쳤다.**

동아시아 공동체 구축에 관한 글에서, 학자들은 보편적으로 동아시

---

* 俞新天, 2004.

** 李文, 2007.

아 문화를 언급하는데, 여기에서 동아시아 문화는 유교문화儒家文化 중심이다. 동아시아 전통문화에 대해서, 혹은 유교문화가 현재에 적용될 수 있는가에 관한 문제도 광범위한 논의를 거쳤으며 전통문화와 근대적 경제모델의 상호작용이 동아시아 공동체 구축의 생명력과 활력을 구성할 것이라고 본다. 예를 들면 쑨잉춘孙英春은 전통 동아시아문화는 세계적이고 현대적인 요소를 모두 포함하고 있다고 보며, 동아시아 전통가치관은 현대의 동아시아 문화에 새로운 의의와 가치를 지니게 한다고 말했다. 그러나 동아시아 전통문화가 현대의 동아시아의 공통 가치관으로 전환되려면 도전이 필요하다. 바로 어떻게 전통과 현대, 동양과 서양간의 균형을 유지할 것인가, 동아시아 지역과 세계를 어떻게 연결할 것인가의 문제이다.* 앞서 학자들이 지적한 바에 의하면 동아시아 공동체의 구축과 동아시아 정체성의 형성은 일본 자국의 인식 및 동아시아에 대한 일본의 인식과 매우 밀접한 관계가 있다. 예를 들면 진샹하이金香海는 동아시아 공동체 구축에 있어서 일본의 침략역사를 어떻게 보는가가 핵심이며, "동아시아 역사연구와 역사교육"은 화해의 가장 유용한 경로이며 동아시아의 평화로운 질서 수립의 기초라고 했다.**

　　사실상 중국학자, 한국학자, 일본학자들이 함께 동아시아 역사를 정리한 적이 있었고, 이러한 동아시아 역사관이 한동안 중국에서 유행하기도 하였다. 그러나 이러한 현상은 얼마 지속되지 못하였다. 그리고 현재의 일본 정부의 태도를 보면, 학계에서 이성적, 객관적, 인도적으로 다시 한중일 3개국이 모두 인정하는 동아시아 역사를 정리하는 것은 매우 어려운 일이라는 사실이 명확해 지고 있다. 실제적으로 문화적인 맥

---

* 孙英春, 2009: 58-64.

** 金香海, 2008.

락에서 보면, 일본이 자국에 대해 갖고 있는 국가적 지위와 신분에 관한 인식은 동아시아지역의 정체성 연구를 저해하는 중요한 요인이 되고 있다. 일본은 유교문화의 영향을 많이 받았는데, 이러한 유교문화가 일본의 의식 속에 있는 지역적 정치 위기감과 공존하고 있기 때문에 평화로운 유교문화가 일본의 대외침략의 야망을 억제시키지 못한 것이다. 일본은 유교문화 속의 충군, 계급관념과 인의예지신仁义礼智信의 오상五常 관념을 어느 정도 일본 신도교에 융합시켰는데, 이후에 이러한 관념으로 인해 대외침략을 천황에 대한 충성이라고 간주하게 되었다. 일본이 1592년 조선을 침략할 때의 중국 명나라정부의 항일원조로부터 중일갑오전쟁까지 이러한 사상의 그림자가 항상 드리워져 있었다. 중국학자들은 일본의 대외전쟁을 일괄하는 은밀한 논리가 있다고 여긴다.*

   중국이 열강의 침략을 받았을 당시, 동양과 서양의 문화 충돌이 생겼을 때, 일본의 문화 정체성은 서양(유럽과 미국) 문화 쪽으로 기울었다. 메이지유신 시기의 일본사상가 후쿠자와 유키치福泽渝吉는 〈문명론개략〉 등의 저서에서 서양세계는 문명세계이고, 일본, 중국이 대표하는 동아시아 문화는 반야만세계이므로 일본은 반드시 이러한 반야만의 상태에서 벗어나서 문명으로 향해야 한다고 말했다. 일본은 "탈아입구" 이념을 제안하였고 이는 오늘까지도 일본이 자국을 보는 중요한 정체성의 기초가 되고 있다. 이런 상황에서 일본은 자신을 서양 국가로 간주하고 유럽과 미국을 비롯한 서양 국가의 문명을 따르며 역사 발전 속에서도 유럽처럼 강대국이 되기를 바랬다. 이것이 일본이 갑오전쟁을 일으키게 된 근본적인 사고의 틀이라고 할 수 있다. 일본이 자신을 동아시아에서 이탈하는 것으로 인식할 때부터, 자국의 신분을 서양 국가로 인식

---

* 韩东育, 2013.

할 때부터 동아시아 지역주의에 대한 사고와 동아시아 정체성을 수립하는 것에는 자연적으로 부정적인 영향을 미치게 되었다. 오늘날 일본의 일부 우파 학자들은 후쿠자와 유키치福泽渝吉시대 때 생성된 탈아입구 사상을 이어받고 있으며, 심지어 이를 더욱 심화시키기도 하였다. 일본은 주변국인 중국, 한국과 새로운 정체성을 수립하기 원치 않으며 이로 인하여 동아시아 지역 정체성에 대한 연구도 저해하고 있다.

현재 동아시아지역 정체성이 어떠한 상황에 처해있는가? 중국학자 류싱화刘兴华는 지역 정체성 영역을 세 가지 유형으로 나누었는데, 귀속적 정체성, 응답적 정체성과 기능적 정체성이 그것이다. 연속적인 교류를 통한 지역 간의 역사, 문화 등 관계를 만들어나가면서 형성되는 것이 귀속적 정체성이고, 어느 지역이 다른 지역과 구별짓기 위하여 점차적으로 생성된 인식은 응답적 정체성인데 다시 말하면 타자에 대한 대응을 하는 과정에서 생성된 자기 지역에 대한 정체성이다. 기능적 정체성은 어느 지역, 국가 간에 경제교류 등 영역간의 상호작용의 필요로 인하여 생성된 지역 정체성이다.* 이상의 관점에서 현재의 동아시아를 본다면, 지금의 동아시아는 기능적 정체성으로 이루어져 있고 밀접한 관계를 통해 형성되는 귀속적 정체성으로 발전되기는 매우 어렵다.

여기에는 두 가지 문제가 존재하는데, 하나는 '동아시아 전체의 귀속적 정체성 수립이 어려운 현 상황에서 동아시아의 역사적 전통과 문화적 연대는 실제적으로 어떤 의의를 가지고 있는가?' 이다. 다른 하나는 '동아시아가 기능적 정체성으로부터 귀속적 정체성으로 발전하는 방법이 존재하는가?' 이다. 첫 번째 문제에 답하려면, 문화적 연대의 가치를 어떻게 볼 것인가에 대한 논의가 필요하다. 우리는 문화적 연대 자

---

* 刘兴华, 2004.

체가 지니고 있는 가치 그 이상을 발휘할 것을 기대해서는 안 된다. 유럽연맹이 결성되기 전에 문화적 연대가 밀접한 서유럽 국가간에도 여러 차례의 전쟁이 필요했다. 문화의 연대는 정체성을 구성하는 충분조건이 아닌 필요조건이다. 현실적인 측면에서 동아시아 정체성의 수립을 살펴보면, 전통이 비슷하고 문화적 연대가 밀접한 것은 공동체의 구성에 부분적인 계기를 제공하였고, 세계화 시대에 특히 공공외교의 발전에 기여했다. 반대로, 팔레스타인 사람들은 이슬람교를, 이스라엘 사람들은 유대교를 따르는데, 이 두 국가는 문화적 차이가 너무 크기 때문에 지역 공동체를 구성할 수 없다. 비슷한 문화 속에서 국가 간의 갈등을 없애는 일은 쉽지 않지만, 민간 사회의 교류를 통해 공공외교로서 국가 간 접근과 화해를 추진하는 것은 가능한 일이다. 이것이 바로 문화적 연대의 가치이다.

두 번째 문제에 대해서는 일본 자신에 대한 국가적 지위와 신분 인식이 동아시아 집단 인식과 거리가 있을 때, 중국과 한국 간의 협력과 정체성이 매우 중요한 문제로 떠오른다. 동아시아, 특히 동북아시아 정체성의 형성, 그리고 지역 공동체 구축은 중국과 한국 두 국가로부터 시작되어 점차 확장될 가능성이 높다.

중한관계의 새로운 역사적 의의

최근에 중한관계가 급속도로 발전하면서 정부간 교류 뿐만 아니라, 양국 민간 교류 활동도 나날이 증가하고 있다. 2014년 시진핑习近平 주석의 서울 방문은 중한관계가 새로운 국면을 맞이하였음을 나타내고 있다. 2014년 북경에서 개최한 APEC 기간 동안, 중한은 중한자유무역협정(한-중 FTA)을 체결하였다. 중한관계 발전의 역사적 의의는 경제무역관계에만 국한된 것이 아니고, 민간의 왕래가 밀접해지면서 중국학계에서도 한국을 재발견하고 있고 동북아 지역 공동체 구축에서 한국이 발휘할 역할에 대해 큰 기대를 품게 되었다는 점에 있다.

우선, 한국은 유교문화를 계승하고 발전시킨 국가이다. 한국과 중국에서 예의바른 한국인들을 만났을 때, 한국 드라마 속에서 사람과 사람 간의 윤리적 관계를 볼 때, 중국 전통사회의 그림자를 본 듯하고 친밀감을 느끼게 된다. 중국인이 미국인과 미국영화를 볼 때는 느낄 수 없는 감정들이다. 따라서 특히 중국에서는 중한관계 민간교류 발전의 토대가 예전보다 더욱 강화되었다. 이는 한국에 중국 유학생과 중국 관광객이 급증한 것, 그리고 "한류"문화가 중국에서 흥행하는 것 등에서 증명된다. 둘째, 한국은 전통사회의 현대화를 비교적 잘 실현한 국가로 여겨진다. 한국 자동차 산업 및 전자 산업, 문화 창조산업은 한국 경제를 발전시켰고, 중국인들의 진심어린 존경을 받았다. 예전에 중국인들은 한국 자동차의 성능에 대해 의심하기도 했었는데, 그 당시에는 독일, 일본, 프랑스, 미국, 이탈리아 등 서구 국가의 자동차가 중국 거리에서 자주 보였다. 그러나 지난 10년 동안 한국 자동차가 이미 중국시장에서 유럽, 일본 등의 자동차와 동등한 신뢰를 얻고 있다. 한국의 삼성전자 가전제품은 중국의 천만가구에 보급되었다. 중국인들의 마음속에 한국은 성공한 추월 국가라는 이미지를 갖고 있다. 중일관계의 악화와 일본전자제품의 쇠락이 한국의 성공적인 이미지를 강화시키기도 했다. 셋째, 양국 간의 교류가 빈번해지면서 중국인의 한반도 평화통일대업에 대한 관심이 증가하고 있다. 중국인들은 북한과 한국이 서로 격리된 대립적인 상태에서 벗어나 대가족으로 융합되기를 원하고 있다. 또한 평화통일에 대해서도 중국, 북한, 한국 세 국가가 주변의 다른 국가들과 비교했을 때 얻을 수 있는 공통 이익이 훨씬 많다고 생각하고 있다. 사실상 중일 관계의 후퇴가 다른 의미에서는 중국인과 한국인들 간의 친밀감을 높이는 작용을 했다고 볼 수 있다. 중국의 대부분 학자들은 중국이 동맹을 맺지 않는 비동맹 정책을 포기하고, 주변 국가들과 동맹을 체결하기를 제안하고 있으며 우선적으로 한국과 동맹을 맺을 것을 주장한다.

중국정부의 새로운 외교 전략은 중한관계 발전의 여지를 넓혀주었다. 시진핑이 주석이 된 후, 중국 주변국외교에 신경을 많이 썼다. 2013년 10월, 중국 중앙정부는 주변국 외교업무 좌담회를 개최하였다. 시진핑은 주변국가 문제를 연구하고, 주변국 외교사업은 입체적이고, 다원적이며, 시공간을 초월하는 관점으로 발전시켜야 한다고 제안하였다. 이는 중국의 주변국 태세, 주변국 환경, 그리고 주변 국가와의 관계에 많은 변화를 가져왔는데, 주변 국가와의 경제무역 교류가 빈번해졌고, 상호작용도 더 밀접해졌다. 이는 우리에게 시대의 변화에 맞춰 더 적극적으로 주변국 외교를 실천해야 할 것을 요구하고 있다. 시진핑이 주장하는 중국과 주변국외교의 기본적인 방침은 以邻为善 以邻为伴, 睦邻、安邻、富邻(이웃을 선하게 대하고, 이웃과 동반하고, 이웃과 화목하고, 안정적이고 평화롭게 지내며, 상호협력을 추진하여 공동발전을 추구한다: 역자 주)이며 성誠, 혜惠, 용容의 이념을 구현할 것을 강조하고 있다. 주변 국가들을 대할 때 성심성의껏 해야 하며 더 많은 친구와 동반자가 필요하다고 말했다. 호혜호리互惠互利의 원칙으로 주변 국가들과 협력하고 긴밀한 공통 이익 네트워크를 만들어 양국의 이익을 한 층 더 높은 차원으로 이끌어야 한다. 주변 국가가 중국의 발전으로부터 이익을 얻고, 중국도 주변 국가와의 공동 발전으로부터 동력을 얻어야 한다. 포용적인 사상으로 함께 공동발전할 수 있다는 것을 강조하며, 더욱 개방적인 마음가짐과 적극적인 태도로 지역적 협력을 추진해야 한다. 이러한 이념의 전파를 위해 중국이 솔선수범해야 하며, 이는 앞으로 지역과 국가가 준수하고 지향할 공통이념과 행위준칙이 되어야 할 것이다.

2014년 11월에 개최한 중앙외사사업회의에서 시진핑은 새로운 국제적 형세에 맞추어 새로운 외교전략 몇 가지를 제안하였다. 주변국가와의 관계를 강조하고, 그들과 운명공동체를 만드는 것, 친親, 성誠, 혜惠, 용容의 외교이념을 지향하여, 이웃을 선하게 대하고(以邻为善), 함께 동반하며以邻为伴, 화목하고睦邻, 안정적이고 평화롭게安邻 지내는 것, 마지막으로 이웃의 경제적인 이익을 보장하며 주변 국가들과 상호협력하는 것이 그 내용이다. 2013년의 담화와 비교해보면, 시진핑의 2014년 담화에서 "가장 주목해야 할 점"은 바로 주변국간의 "운명공동체"를 만들어야 한다고 명확하게 제시한 것이다. 운명공동체는 중국 주변외교 정책의 새로운 방안이며, 동아시아 공동체의 구축에 활력을 주었다.

"운명공동체"의 형성은 다른 성원들도 함께 노력하고 협조해야 하며, 성심성의를 다한 실제적인 행동도 필요하다. 경제발전의 관점에서 보면, 중국은 하나의 신흥시장국가로서 GDP는 세계 2위이다. 중국은 한국의 인접 국가로서 잠재력이 무한한 시장을 가지고 있고, 한국의 경제발전에 중요한 영향을 미치고 있다. 사회 변혁의 관점에서 살펴보면, 중국은 어떻게 하면 경제적, 정치적으로 현대화를 이룰 수 있는지 한국으로부터 배워야 하며, 현대화된 국가의 역할에 대해 알아야 한다. 한국은 중국의 역할모델이 될 수 있다. 국가 안전의 측면에서는, 한반도의 핵문제, 일본 극우세력과 군국주의 문제 등은 중한 양국이 공통적으로 직면하는 문제로서 서로 협력 대응하여야 한다. 문화적인 측면을 보면, 중한 문화의 교류와 융합은 아주 오래 전부터 시작되었다. 세계화의 관점에서 보면, 중국과 한국은 모두 APEC 성원국으로서 G20에 속한다. APEC과 함께 G20은 지금 G8을 대신하여 전 세계의 경제 발전 방향에 영향을 미치는 가장 중요한 국제 조직이 되고 있다. 그래서 중한 양국의 협력은 세계화에 주는 의미가 크다. 동아시아 공동체에 대한 인식 형성이 완성되지 않은 상태지만, 중한 양국은 "운명공동체"가 되는 조건을 갖추고 있는 셈이다. 만약 중한 간 정체성과 협력이 더욱 강화된다면, 전체 동아시아 정체성의 추진이 가능하며, 이는 현재 동아시아의 기능적 정체성을 귀속적 정체성認同으로 전향시키는데 매우 중요한 계기가 될 것이다. 동아시아 내부적으로도 중국과 한국의 두 공동체로부터 다변화된 공동체로 확장될 가능성도 높다.

갑오전쟁이 발발한 지 120년이 지났다. 갑오전쟁의 발발은 중국을 중심으로 한 동아시아 조공체제의 몰락과 전근대적인 정치체제의 소멸을 가져왔다. 갑오전쟁 이후 일본의 무력침략 전략인 소위 "대동아공영권"도 20세기 중반부터 한국과 중국 등 동아시아 사회의 저항으로 와해되면서 동아시아의 강대국 중심 정치 체제는 이제 역사 발전에 적합하지 않다는 것을 보여주고 있다. 갑오전쟁 120주년 즈음에, 우리는 다시 갑오를 성찰하며, 이후 한국과 중국의 긴밀한 협력의 토대 위에서 평등하고 호혜적인 동아시아 공동체 질서를 구축하고 새로운 동아시아 탄생을 위한 견고한 기반을 마련해야 할 것이다.

참고문헌

罗援. "甲午战争惨败十大教训".
http://news.xinhuanet.com/mil/2014-03/10/c_126242456.htm.

魏明. 2014. "从社会转型的角度反思甲午战争的失败". 海军工程大学学报(综合版); 3期.

雷颐. 2014. "甲午战争:"天朝"的最后崩溃". 世界知识; 16期.

雷颐. 2014. "甲午战争与现代国家建构". 文化学刊; 4期.

周峰. 2014. "世界体系视域下的甲午战争再反思". 东南学术; 4期.

郑金刚. 2014 "放宽历史视野看甲午战争—新世纪以来有关中日甲午战争的反思". 北京日报(2014/4/28).

刘江永. 2014. "清华大学学报(哲学社会科学版)". 4期.

刘江永. 2014. "安倍晋三与伊藤博文对华政策比较研究". 史学集刊; 1期.

习贤德. 2014. "甲午战争割台与日本殖民统治遗毒". 南开学报(哲学社会科学版); 6期.

姜克实. 2014. "日本人现在如何看甲午战争". 当代社科视野; 8期.

李永晶. 2014. "甲午战争与日本的世界认识". 学术月刊; 7期.

翟新. 2014. "甲午战争后日本亚洲主义演变的两个特征". 安徽史学; 4期.

杨栋梁. 2014. "甲午战争后日本对华知行的演变(1895-1905)". 东北亚论坛; 5期.

段廷志, 方刚营. 2014. "当代日本学者眼中的"甲午战争". 军事历史; 3期.

武寅. 2014. "甲午战争:日本百年国策的负面开端". 中国社会科学报(7月25日).

俞新天. 2004. "东亚认同感的胎动—从文化的视角". 世界经济与政治; 6期.

李文. 2007. "构建东亚认同:意义·问题与途径". 当代亚太; 6期.

孙英春. 2009. "东亚传统的当代呈现与东亚价值观重构". 载黄大慧主编: 『构建和谐东亚: 中日韩关系与东亚未来』. 社会科学文献出版社; 58-64页.

金香海. 2008. "东亚和谐社会的构建与日本的历史认同". 中国人民大学学报; 2期.

韩东育. 2013. "日本对外战争的隐秘逻辑". 中国社会科学; 4期.

刘兴华. 2004. "地区认同与东亚地区主义". 现代国际关系; 5期.

6

1894~2014년 간의 동아시아 질서에서 일본에 대한 미국의 선호

The American Preference for Japan in the East Asian Order, 1894-2014

브루스 커밍스(Bruce Cumings)

들어가며

일본에 대한 미국인들의 관점은 지난 150년간 상당히 일관적이었다. "난학蘭學"과 더불어 수 세기 동안 일본에 퍼져나갔던 서구의 다른 요소들의 영향에도 불구하고 미국인들은 1853년 이전에는 일본에 대해 거의 아는 바가 없었다. 하지만 매튜 페리Matthew Perry 제독의 "흑선黑船"이 도래한 이후로 일본인들은 미국인들에게 잇달아 놀라움을 자아냈다.

---

* 2014년 10월 24일 한국사회과학협의회가 주최한 국제학술대회『갑오년의 동아시아와 미래한국: 1894와 2014』에서 발표.
** 서울대학교 아시아연구소. 2015.『아시아리뷰』제4권 제2호 (2015/02) 게재.
*** 경제·인문사회연구회 인문정책연구총서 2014-03 [갑오년의 동아시아와 미래한국] 게재.

아마도 중국인들에 대해 짐작했던 것처럼 "나태하고 굼뜬" 동양인이 아니라 "깨끗하고" 근면한 동양인들이 여기 있었고, 그들은 허송세월하는 대신 비약적으로 전진하고 있었던 것이다. "급속 혁명"을 거친 이후, 아시아에서 가장 고립되고, 배타적이고, 경직적이며 보수적이었던 국가는 하루아침에 "가장 활동적이고 진취적인" 국가가 되었다. 미국인 헨리 M. 필드가 1877년에 내린 이러한 평가*는 페리 이후 미국인들의 대체적인 견해가 되었다. 일본인들은 다르다. 그들은 놀랍다. 그들은 특별하다. 그들은 대단하다. 그리고 그들은 위험하다.**

그리고 거의 그 다음 한 세기 동안, 진주만 공습이 일어났을 때까지 미-일 관계는 호감과 더불어 전쟁의 징후가 공존하는 모습을 보였다. 페리 제독이 천황에게 전달했던 밀러드 필모어Millard Fillmore 대통령의 친서는 의미심장한 문장으로 시작되었다. "이제 미합중국은 한 대양에서 또 다른 대양에 걸쳐있음을 아실 것입니다." 일본측 기록에 따르면 1854년 두 번째 방문에 페리 제독은 무력을 사용하겠다고 위협했다. 직전 전쟁에서 미군이 멕시코의 수도를 점령했었다는 사실을 지적하면서 페리 제독은 "상황에 따라서는 귀국 또한 유사한 곤경에 처할 수 있다."고 했다. 마침내, 1854년 3월 31일 페리는 이른바 "수호통상" 협약이라고 일컫는 카나가와 조약神奈川条約을 맺는데 성공했다.***

페리와 선원들은, 남녀가 벌거벗은 채로 뒤섞여 씻는다는 사실은 차

---

* Iriye, 1972: 13-14에서 인용한 Field를 재인용.

** 내 독자들은 내가 이 논문의 일부를 이전 저작에서 가져왔음을 눈치 챘을 것이다. 이에 대해서는 사과의 말을 전한다. 다만 이 학술대회 주제에 대한 연구를 하지 못했기 때문에, 이전 저작들에서 가능한 한 학술대회 주제와 맞아떨어지는 부분을 인용하고자 했다.

*** Bryant, 1947: 277-79; Perry, 1856: 235, 238. 히로시 미타니의 훌륭한 저서는 일본인의 눈에 페리와 그의 전쟁 위협이 어떻게 보였는지 잘 보여준다. Mitani, 2006: 187-89.

치하더라도 아무튼 공중목욕탕에서 일본인들이 뽀득거리도록 때를 밀고 몸을 씻는 모습을 보았다. 관리들은 "사케酒"라고 하는 쌀로 빚은 술을 주로 마셨는데 미국산 위스키에도 금세 맛을 들여 고주망태가 되기 십상이었다. 신이 나서 왁자지껄 떠드는 중에 그들은 "일본과 미국은 일심동체!"라고 소리치기도 했다. 가난의 징후는 있었지만 "거리에 걸인들의 모습은 보이지 않았"고 남자들은 신분을 막론하고 "극도로 정중했으며" 여성들은 "음탕과 방종"의 기색이 전혀 없이 정숙했다. 일본의 가정은 수수하고 단출했지만 "언제나 빈틈없이 깨끗하고 정돈되어 있었다." 페리와 그의 부하들은 일본이 "동양 모든 국가들 중에 가장 도덕적이고 개명한 국가"라는 데에 동의했고 이러한 평가는 1930년대에 또 다른 정형화된 일본인상이 출현하기 전까지 이후 거의 한 세기 동안 미국인들의 인식에 영향을 주게 되었다.*

 미국인들은 곧 남북전쟁에 여념이 없게 되었고, 동아시아에 관한 진지한 관심은 1890년대가 되어서야 되살아났다. 1894년은 한국에게는 혼란스런 해였을지도 모르지만 미국의 동아시아 정책에는 그렇지 않았다. 윌리엄 매킨리William McKinley 대통령은 임기(1897-1901) 동안 미국 상품의 판로가 될 거대한 중국 시장에 대한 야심에 불타고 있었고 실제로 대중국 수출은 1895-1905년 기간 동안 세 배 이상 늘어나면서 3,500만 달러에 이르렀다. 수출은 남부의 면화생산자들이 주도했고 중국의 자강개혁파 지도자였던 이홍장李鴻章이 1896년에 미국을 순방하기로 결정하는 데에도 영향을 끼쳤다. 가는 곳마다 정, 재계로부터 환영을 받기는 했지만, 이홍장은 미국인들에게 좋은 인상을 남기는 막중한 과제에는 걸맞지 않았다. 그는 미 해군의 유명한 백색 대함대the Great

---

* Perry, 1856.

White Fleet를 사열하고 싶어 하지도 않았고, 비가 온다는 이유로 배에서 내려 웨스트포인트를 방문하는 것도 거절했으며, 마차 문에 손가락이 끼었던 날에는 당일 행사를 모두 취소해버렸고, 시종이 낮잠을 자는 그를 깨우기를 두려워하는 바람에 조선소 방문 일정도 놓쳐버렸다. 그의 방문은 취약한 양국관계를 은유하는 것이었다. 근본적 문제는 대부분의 미국 투자자들이 중국에 별로 관심이 없었다는 점이었다. 1912년에 이르면 대중국 수출은 미국의 전체 교역량 중 1퍼센트에도 못 미치는 2,400만 달러로 다시 주저앉게 된다.

동아시아 전략을 진지하게 발전시켰던 사람은 맥킨리의 후임이었던 시어도어 루스벨트Theodore Roosevelt였다. 그의 전략은 쇠약하고 몰락하는 제국이었던 스페인과 미국 간의 전쟁에 기반을 두고 있었다. 하바나 항에서 일어난 메인 호 침몰 사건은, 루스벨트, 헨리 캐벗 롯지Henry Cabot Lodge, 화이트로 레이드Whitelaw Reid와 그의 동료들이 오랫동안 기대했던 전쟁을 우유부단하며 근심 때문에 잠을 설친 덕에 수척해진 맥킨리가 마침내 승인할 수밖에 없도록 만들었다. 루스벨트가 친해군파였던 데다 당시 새롭게 증편되었던 해군 역시 유능했기에 강력한 선제공격을 가할 수 있었다.* 마닐라에서 스페인 함대를 상대로 펼쳤던 조지 듀이Georgy Dewey 제독의 결정적 공격은 미국의 애국적 대중들에게 또 한 번 번개같은 승리를 안겨주었고, 태평양에서 스페인 제국에 결정타를 날리게 되었다. 물론 이 전쟁의 대부분의 경우와 더불어 이 전투에서 듀이와 루스벨트가 탁월했던 것인지 스페인군이 무능했던 것인지를 가려내기는 쉽지 않다.

맥킨리는 갈팡질팡하는 사이에 공식적 제국으로 가는 길을 걷게 되

---

* Musicant, 1998: 117, 125, 137-40, 144.

었다. 그는 스페인과의 전쟁을 피하고 싶어 했지만, 메인Maine 호 사건이 그를 전쟁으로 끌고 들어갔다. 듀이의 승전 이후 그는 마닐라에 지상군을 보내는 것이 좋겠다고 판단했고 이어서 루손Luzon도 미국령이 되어야 한다고 결심했다. 하지만 듀이의 말에 따르면 원주민들은 "통치가 불가능한 것 같았"고 마침내 대통령은 필리핀 군도 전체를 식민지화하도록 승인했다. 1898년 10월, 그는 "미합중국이 필리핀에 대해 어떤 방침을 선호하는지와는 무관하게 필리핀을 그저 내버려둘 수만은 없는 상황이라는 전반적 분위기가 있다."고 언급했다. 결국 미국은 3년에 걸쳐, 매킨리를 포함해 그 누가 예상했던 것보다도 고된 게릴라전에 발이 묶였다. 하지만 어쨌든 이제 미국은 공식적인 제국 열강의 일원이 되었다.

1901년 9월 매킨리가 암살당하면서 루스벨트가 권좌에 오른다. 그는 권력 정치를 신봉하는 능란한 수완가였으며, 그의 임기는 공교롭게도 세계에 대한 미국만의 독특한 기질을 형성하기 시작한 핵심적인 인사들의 부상과 맞물렸다. 그들 중 대표적인 인물로는 존 헤이John Hay, 엘리후 루트Elihu Root, 헨리 캐벗 롯지Henry Cabot Lodge, 해군전략가 앨프레드 T. 마한Alfred T. Mahan, 골드 러시로 백만장자가 된 더라이어스 옥든 밀스의 사위이자 뉴욕 트리뷴의 발행인이었던 화이트로 레이드Whitelaw Reid, 그리고 우드로 윌슨Woodrow Wilson이라는 이름의 학자가 있었다. 이들은 유럽을 탈피하여 공백지라고 여겼던 아시아와 중미를 향해 팽창해야 한다는 19세기의 금언을 여전히 신봉하고 있었지만 세계 속에서 미국의 위치에 대해서는 보다 신중하게 검토한 새로운 논리를 제시했다. 미국은 새로움의 체현인 반면 유럽은 낡음의 화신이라는 점뿐만 아니라, 세계정치가 새로운 기반 위에서 실시되어야 한다

---

* Healy, 1970: 62-65; LaFeber, 1989: 190에서 Roosevelt 재인용.

는 것이었다.

루스벨트는 순수한 의미에서 미국적 국가주의자였고, 자국의 본질적 선량함을 신봉하는 골수 애국파였다. 그에게 스페인과의 충돌은 19세기에 일어났던 "모든 대외 전쟁 중 가장 절대적으로 정의로운 것"이었다. 그는 제국주의자였지만 유럽식이 아니라 우리 식으로 해야 한다는 미국적 요소를 가미하고 있었다. 아무튼 그는 당대 최고의 제국주의자였다. 그 역시 동시대인들처럼 인종적 선입견과 앵글로-색슨의 우월성에 대한 믿음을 갖고 있었다. 하지만 그런 편견이 일본인들에 대한 그의 지극한 찬탄을 가로막지는 않았으며, 그는 자주 조잡한 인종적 편협성을 비판했다. 루스벨트는 적절한 무력의 사용과 세력균형의 가치를 믿고 있었고 그런 점에서 미국 대통령 중에는 보기 드문 현실주의자였다. 그만큼 훌륭한 정치가를 찾으려면 이전으로는 존 퀸시 애덤스John Quincy Adams, 이후로는 그의 친척 프랭클린 델러노 루스벨트Franklin Delano Roosevelt까지 가야 한다. 그가 단지 대서양주의자Atlanticist에 불과했던 것도 아니다. 물론 대서양주의자이기는 했지만 그것은 교육과 여행 때문이었지 기질 때문이 아니었다. 그는 대서양과 태평양에서 공히 강대국의 역할을 맡는 미국의 모습을 분명하게 그리고 있었으며, 그에 따라 대형 해군 설립을 계획했던 최초의 대통령이었다. 나아가 그는 태평양을 미국이 자력으로 강대국으로 부상할 수 있는 장으로 보았던 첫 대통령이기도 했다. 그는 1900년 10월에 "나는 미국이 태평양 방면에서 지배적인 강대국이 되는 모습을 보고자 한다."라고 썼다. 이어서 그는 "새로운 세기가 동트는 이 시점에, 우리는 지상에 존재했던 그 어느 나라보다 위대한 공화국, 서방의 이 거인이 국가의 위대함을 겨루는 경주에서 공정하게 출발하게 되기를 바란다."* 그의 꿈을 가로막는 단

---

* Beale, 1956: 81, 159에서 Roosevelt 재인용.

하나의 심각한 장애물은 일본 해군이었다.

    그의 세계관은 미국이 문명의 정점에 자리하고 있다는 생각과 더불어 사회적 다윈주의, 그리고 세기말에 만연했던, 인종이라는 관점을 통해 인간사를 바라보았던 애석한 경향이 뒤섞인 것이었다.* 물론 그런 관점은 모든 것들을 설명해줄 수 있다. 미국이 당시에 실제로 그러했듯이 세계에서 가장 생산력이 높은 강대국이라면 앵글로-색슨 인종과 그들의 정력적 속성이 그것을 설명할 수 있어야 마땅했다. 일본이 부상하고 중국이 "아시아의 병자"라면 일본인은 진보적이고 정력적인 인종이며 중국인들은 그 반대로 허송세월하고 있는 인종인 것이었다. 그렇기에 1905년에 루스벨트는 문명화의 임무라는 관점에서 일본이 한국을 보호령으로 편입하는 결정을 기꺼이 수용했고, 1902년 영-일동맹 체결 당시에도 미국이 일종의 숨은 조인국signatory이 되었던 것이다.

    루스벨트와 그의 친우들, 특히 헤이와 롯지가 보기에 미국이 새롭게 편입한 영토는 전설 속의 동방으로 나아가는 디딤돌이었을 뿐만 아니라 여태까지 닫혀있던, 하지만 이제는 열려야만 할 극동지방으로 나아가는 길이었다. 그들은 사실상 영토적 식민주의에 종언을 고했다. 식민지를 대신한 것은 '문호개방Open Door'이었다. 그것은 부상하는 강대국에게는 논리적으로 타당한 전략이었다. 식민지란 폐쇄적 경제권역의 다른 이름에 불과했으며 미국은 스스로 어디에서, 그 누구와도 경쟁할 수 있다고 생각했기 때문이다. 미국이 자신의 이미지에 따라 세계를 새롭게 만들어내는 과정에서 추잡한 권력 정치 대신 민주주의와 인권이라는 계몽 프로그램을 따르자는 외침이 나왔다. 자유의 영토를 확대한다는, 건국기부터 있었던 개념은 이제 새롭게 정의되었다. 영토는 이제 한 대륙에 그치는 것이 아니라 세계를 아우르게 되었다. 문호개방은 식민

---

* Slotkin, 1992: 36-40; Linderman, 1974: 106.

강대국들의 재정을 소모시키는 행정, 군사, 치안의 책임 또한 깔끔하게 회피했다.

특히 더 중요할 수 있는 부분은 이 지도자들이, 당시 독보적인 지구적 패권이었지만 동시에 몰락의 초기 징후를 보이고 있던 대영제국을 미국 체제로 끌어들이는 과업을 시작했다는 점이다. 헤이는 이 과정을 촉진하기 위해, 당시에 온갖 수단을 동원해 중국의 영토 일부를 뜯어내려고 애쓰던 강대국들에 대항하여 중국 통합에 대한 지지를 선언했고, 이에 관해 영국의 동의를 얻어냄으로써 다른 국가들을 당혹케 했다. 프랑스, 러시아, 독일, 일본은 중국을 칠면조 구이처럼 토막 내서 영구적으로 분단시키고자 했다. 문호개방은 도무지 가능할 수 없고, 언제나 환상 속의 나라처럼 여겨졌던 중국 시장에 확실한 입지를 얻기 위해서 뿐만 아니라 중국을 "유능과 무능 사이의 절묘한 수준"*에 붙잡아두기 위해 계획된 것이었다. 중국은 일정한 수준의 안정성을 확보할 만큼 튼튼해야 했지만 제국들의 침탈에 저항할 정도로 강력해서는 안 되었다. 그리고 실제로 20세기의 전반부 동안 중국은 정확히 그런 상태에 머물러 있었다.

이는 여전히 대서양주의자의 관점이었다. 진정으로 중요한 강대국은 유럽 국가들이며, 제국주의는 철이 지났다기보다는 국제법이나 국제연맹과 같은 기구가 식민지를 위임통치하는 방식으로 새로운 방향이 필요한 것이었고, 미국은 그들이 했던 것과 같은 일을 하되 다른 방식으로, 무엇보다 더 잘하리라는 것이다. 루스벨트가 태평양에서 하나의 강대국, 즉 일본만을 경외했던 것은 그가 지겹도록 이야기했던 것처럼 일본의 군사적 역량과 사무라이의 "남성성virility" 때문이었다. 다른 사람

---

* Wiebe, 1967: 254; McCormick, 1967: 60-63, 125, and *passim*.

들은 그만큼 관심을 기울이지 않았다. 여러 저명한 미국인들이 중국 시장을 위해서는 필리핀이 중요하다는 헛소리를 위엄 있게 펼쳤지만, 이 제국주의와 국제주의자들의 핵심 집단 중에서 화이트로 레이드만이 태평양을 "우리 손에" 넣는 문제에서 스페인이 패배했다는 사실의 전략적 중요성을 주장했다.

> 사실상 우리는 이쪽 해안의 절반을 소유하고 있고 나머지에 지배적인 영향력을 행사하고 있으며 샌드위치 군도와 알류샨 군도에 중간 거점을 마련했다. 이제 미국의 통치를 필리핀 제도까지 확장하는 것은 중국해를 우리 영역 안으로 끌어들이고 태평양의 반대편에서도 이쪽과 동등한 정도로 지배적 위치를 확보하는 것이다. 즉, 태평양에 대한 통제력과 20세기가 목도하게 될 엄청난 교역에 대한 통제력을 배가하는 일이다. 이를 제대로 활용한다면 미국이 태평양을 미국의 호수로 만들 수 있게 될 것이다.*

레이드가 대서양주의자인 그의 친구들과 다시 의기투합하면서, 끝을 모르는 미국의 지구적 야심이 태어났다.

1907년 12월, 일본과의 위기가 고조되고 있다는 경고가 일어나는 와중에 루스벨트는 대서양 함대에 해안을 따라 내려와 혼 곶을 돌아 태평양으로 진출하도록 지시했다. 1905년 러시아가 일본에게 당한 불의의 패배는 루스벨트가 일본의 남자다움에 대해 깊은 인상을 받았던 것과는 별개로 미국의 서해안에 대한 위협의 망령을 일깨웠다. 그리고 일본의 성공을 미국이 모호한 태도로 환영한 것은 그때가 끝이 아니었다. 1905년 허스트 William Randolph Hirst의 《샌프란시스코 이그재미너San

---

* Healy, 1970: 174에서 인용.

Franciso Examiner》는 "일본의 소리가 우리 해안에서 들린다."고 대서특필했다. 또 다른 신문 헤드라인은 "황인들은 지도를 갖고 있으며 손쉽게 상륙할 것"이라고 썼다. 하지만 정말 백인들을 불안하게 했던 것은 캘리포니아에서 일본 기업들의 성공이었다. 이는 다양한 반일 시위, 폭력 사건으로 이어졌고 루스벨트는 일본계 미국인들의 귀화를 허가하는 법안을 의회에 요청하는 식으로 애써 개입해야만 했다. 그가 정말로 심각하게 여긴 것은 아니었던 것 같지만, 그는 캘리포니아의 백인들에게 분노했던 것은 진심이었으며 전국의 일본인들을 보호하기 위해 연방군의 투입을 승인하기까지 했다.*

"백색 대함대"는 어떤 해군 강국이 했던 것보다 긴 항해를 하면서 각지에 선을 보였다. 비록 미국은 하나의 대양만을 방어할 수 있는 군함을 보유하고 있었지만 마치 두 대양을 제패할 해군이 나타난 것처럼 보였다. 16척의 전함은 항해 도중 리우 데 자네이루, 부에노스 아이레스, 칠레의 푼타 아레나스 등 가는 곳마다 큰 환영을 받았다. 그리고 캘리포니아에서 일어난 일본계 미국인들에 대한 공격사건 때문에 일본 방문에 대한 일말의 두려움이 있기는 했지만 16척의 백색 군함은 요코하마 항의 짙은 안개를 가르고 나타나 일본이 몇 개월 동안 준비했던 성대한 환영회를 맞이했다. 지역 주민들은 앞다투어 나서서 선원들에게 장관을 선사했다. 영어를 할 줄 아는 천 명의 대학생들이 그들을 안내했고 수만 명의 학생들은 미국 노래를 불렀다. 그 사이 고위 장교들은 천황을 알현하는 극진한 대접을 받았다.

일본인들의 각별한 환대에 루스벨트는 기쁨을 멈추지 못했다. 그가 일본의 지도자들을 너무나도 경외했기 때문이었다. 포트 아서Port

---

* Limerick, 1987: 271; Saxton, 1971: 254-255.

Arthur(뤼순)에서 러시아 함대를 순식간에 수장시켜 버린 도고 헤이하치로東 平八郞 제독의 기습 공격은 이미 대통령에게는 전설이나 다름없는 이야기였다. "총을 든 정의로운 사나이"가 권력을 가장 잘 보여주는 예라는 그의 생각에 걸맞게, 루스벨트는 함대를 통해 일본인들이 미국의 새로운 권능을 느끼게 되리라는 것도 알고 있었다. 일본은 그때 이미 강력한 해양국가였다. 이렇게 미국 해군이 역량을 과시하는 모습을 감상하기에 딱 적당한 사람들이었던 셈이다. 함대가 1909년 2월 햄튼 로즈 Hampton Roads에 돌아올 때쯤, 퇴임이 며칠 남지 않았던 루스벨트는 당당히 자신의 성과를 자랑할 수 있었다. 그는 어떤 전임 대통령보다도 해군에 큰 기여를 했다. 미 해군은 이제 미국의 강력한 전력이었고 1,096명의 장교와 44,500명의 병사를 거느린 세계에서 두 번째로 큰 해군이었다.*

일본과의 임박한 전쟁

루스벨트가 일본을 높게 평가한 것과는 별개로, 러시아에 대한 일본의 승리 이후 미국의 팽창주의자들이 전가의 보도처럼 사용한 문구는 일본이 캘리포니아 침공을 비밀리에 준비하고 있다는 것이었다. 호머 리Homer Lea라는 괴짜 곱사등이는 『무지의 용기The Valor of Ignorance』(1909)라는 책에서 미국과 일본 간의 대결이 불가피하다고 주장했다. 리는 점증하는 경제 경쟁이 궁극적으로 전쟁으로 이어지는 복잡한 논리를 제시했다. 전쟁이 일단 시작되면 일본 해군은 세 지점, 워싱턴 주

---

* Bryant, 1947: 391; Evans and Peattie, 1997: 12, 60, 147.

의 셰할리스Chehalis, 샌프란시스코 만의 고트 섬Goat Island, 그리고 로스앤젤레스에 백만 명의 침공 병력을 배치할 것이었다. 상세한 지도와 더불어 헛소리로 가득한 그의 책은 아주 잘 팔렸다. 미군 장교들도 이 책에 깊은 관심을 보였다. 더글러스 맥아더 장군의 정보참모장이었던 찰스 윌로비Charles Willoughby는 1941년에도 여전히 호머 리의 글을 인용하고 있었다. 허스트의 신문은 태평양 연안에 대해 일본이 위협이 된다는 주장을 널리 퍼뜨렸고 심지어 1915년 9월 기사에서는 전쟁이 어떻게 일어날지에 대한 계획까지 제시했다. 사진들은 캘리포니아 해안 상륙 훈련을 하는 일본 병사들의 모습을 보여주었다.* 로스앤젤레스 신문들은 전쟁이 시작되면 일본 철도 노동자들이 헨리 헌팅턴Henry Huntington의 "붉은 열차Red Car" 철도망을 손에 넣은 다음 일본군 사단을 로스앤젤레스 카운티의 각지로 실어나르는 상상을 하기도 했다. 이런 류의 이야기를 비웃은 미국인들은 "백인 일본놈white Japs"이라고 불렀다. 『침략Invasion』이라는 제목의 소설은 로스앤젤레스 주민들에게는 악몽의 완결판이었다. 일본의 전투기가 소이탄으로 도시를 불바다로 만든 다음, 공수부대원들이 "악마처럼 오렌지를 게걸스레 먹어 치우는" 모습이었다.**

미-일 전쟁의 가장 유명한 시나리오는 헥터 바이워터Hector Bywater가 1925년에 저술한 『태평양의 해양강국: 미-일 해군 문제에 대한 연구 Sea Power in the Pacific: A Study of the American-Japanese Naval Problem』였다. 그는 전쟁이 미국의 태평양 함대에 대한 일본의 공격으로 시작된다고 주장했고, 진주만까지는 아니더라도 1941년 필리핀과 괌에 대한

---

* 나중에 이 사진들은 청일전쟁 사진을 조작한 것으로 밝혀졌다
** Lea, 1909: 269, 307; Bywater, 1925: 97; Sackman, 2005: 125, 143-158, 295.

일본의 공격의 몇몇 측면을 예감했다는 점에서 한참 시간이 지난 뒤에 명성을 얻게 되었다. 바이워터는 일본을 저지할 수 있는 유일한 방법은 필리핀, 미드웨이, 웨이크 군도에 해군 기지를 세우는 것이라고 생각했다. 이 점에서만큼은 그가 진정으로 전쟁과 그 여파에 대해 예언자적인 모습을 보였다고 할 수 있을 것이다. 진주만 공격을 기획했던 야마모토 이소로쿠山本五十六 제독은 젊은 나이에 해군 담당관으로 워싱턴에 있을 당시 바이워터의 이 책을 정독한 후 도쿄에 보고서를 제출했다. 더 말할 나위도 없이 이 전쟁은 백인 대 황인, 앵글로-색슨 대 일본 사무라이 간의 "인종 전쟁"이 될 것이었다. 특히 야마가타 아리토모山縣有朋 원수는 인종 간의 종말론적 충돌에 대한 이런 생각을 좋아했다.*

그러나 미국과 일본의 보다 개방적이고 호의적인 대중들에게 알려져 있지 않았던 사실은 양국 해군이 언젠가는 서로 태평양에서 적이 되리라는 가정에 기반을 두고 작전을 짜고 있었다는 점이었다. 게다가 해군은 일본에서 가장 강력한 군대였다. 페리의 방문 이후 그 무엇보다 근대 해군 기술이 일본인들의 열정을 끓어오르게 했던 것 같다. 1866년에 일본은 이미 최초의 증기 전함을 건조했고, 5년 후에는 도고 제독이 열한 명의 해군 사관생도들과 함께 영국 유학을 시작했다. 다음 반세기 동안 일본은 영국의 경험을 본받아 해군을 창설했고, 영국의 조선소에서 여러 척의 전함을 인수했다. 해군 장교들은 영국인들의 문하에서 그들의 기술, 태도, 나아가 제복 스타일까지 배웠다. 메이지 유신을 이끌었던 일본제국 육군의 아버지 야마가타 아리토모는 1907년에 이르러 국방기본계획을 수립하고 25개의 육군 사단과 8척의 전함과 8척의 중순양함으로 이루어진 "8-8"구성에 따라 두 개의 전함대를 편성하여, 그

---

* Bywater, 1925: 97. 야마가타의 인종관에 대해서는 Dickinson, 1999: 43-44 참고.

중 1개 함대는 "태평양의 건너편 해안"을 감시하자는 주장을 펼쳤다.

1909년 미국의 해군 전략가들은 마침내 진주만을 "태평양을 통제할" 함대가 주둔할 수 있는 태평양의 주요 미군 기지로 삼기로 결정했고, 하워드 태프트Howard Taft 대통령의 해군총참모부General Board는 "일본과의 전쟁에 대한 체계적인 검토를 시작했다." 1911년 3월 총참모부는 상세한 "오렌지 계획Orange Plan"을 도출했다. 그리고 마침내 태프트는 현재까지도 이어져 내려오는 행동 양식의 첫발을 내딛었다. 즉, 태프트, 프랭클린 루스벨트, 리처드 닉슨이 잘 보여주었듯이 이따금 "중국 우선" 정책이라는 카드를 만지작거리다가 결국 앞선 기술과 선진 산업 기반을 가진 일본이 동아시아에서는 더 중요한 강대국이라는 냉엄한 현실로 되돌아가는 미국 외교의 모습 말이다.

일본은 1차대전에는 발을 들이지 않았지만 그럼에도 1911년과 1923년 사이에 14척의 주력함을 건조했다. 한편 미국은 그 사이 17척을 건조했다. 이런 군비 경쟁은 하딩 행정부가 들어서고, 1922년에 개최한 워싱턴 해군 회의에서 일본에 대한 불평등한 제약을 가하는 데에 성공하면서 종지부를 찍었다. 회의의 결과 일본은 315,000톤 해군이 된 반면, 미국과 영국은 525,000톤의 배수량을 얻어냈다. 이런 결과에 일본의 군부는 적잖이 당혹스러워했고 그와 거의 동시에 태평양에서 미국과의 일전이 불가피하다는 데에 뜻을 모았다.* 일본이 영국과 맺은 동맹 역시 이 시기에 끝나면서 일본은 미국과 영국 모두에게 이류, 하급 동맹 취급을 받는 상황을 감수해야 하는 처지에 놓였다. 물론 1920년대에도 일본은 태평양에서의 현상을 타파하는 데에 큰 관심을 보이지 않고 이

---

* Reckner, 1988: 113-114, 119; Dickinson, 1999: 27-28, 73; Beasley, 1995: 51, 152; Evans and Peattie, 1997: 153, 194-195, 201. 1907년 이래 일본의 대미 전쟁 계획에 대한 자세한 논의는 Evans and Peattie, 1997: 187-189 참고.

런 식으로 움직였다. 2인자로서의 일본이라는 이런 행동 패턴은 1902년에 시작되었고 1930년대까지도 지속되었지만 마침내 무너지면서 일본은 태평양에서 단독 지배를 추구하게 되었다. 태평양 전쟁 이후 일본과 미국의 지도자들은 다시 이런 행동 양식으로 복귀했다. 다만 21세기에 접어든 시점까지도 일본의 2등 지위는 군사가 아닌 경제 영역에 대한 것이라는 점이 차이였다.

태평양 패권을 노리는 일본

1931년 9월 만주로도 알려진 중국의 동북 3성에 대한 일본의 침략은 시간이 지나면서 그 중요성이 점차 더 커지고 있으며 더 많은 저술들이 나오고 있다. 이 사건은 일본의 국내정치를 군국주의로 몰아갔고 마침내 군부가 정치를 장악하게 된다. 영미에 대한 일본의 협력이 끝나기 시작한 것도 이 시점이었다. 물론 영국과 미국의 투자자들은 여전히 만주에서 교역을 계속하고 있었고 일본도 자동차, 트럭, 기관차, 철로용 강철 등 미국의 기술에 여전히 크게 의존하고 있었기에 1930년대 후반까지는 큰 의미가 없었다. 한국인들과 중국인들이 만주국 정권에 대항해 싸우면서 펼친 게릴라 전술은 결국 북한을 세운 지도자들의 산실이 되었다. 이런 와중에 한국과 만주의 산업이 흥하면서 곧 두 자리 숫자의 성장으로 이어진다. 무엇보다 1931년이 되면서 태평양에서의 패권을 차지하기 위한 근대 일본의 독특하고도 집요한 노력이 시작되었다. 160년이 지난 지금 되돌아보면 이 시기 역시 일탈이었음이 분명하다. 즉, 하위 협력자junior partner라는 조건 하에서 미국과 협력하는 일본의 전반적인 행동양식 속에서 일어나는 상대적으로 짧은 중단기간이었던 것이다.

워싱턴의 지도층은 동아시아 지역에서 일본을 선호하지만, 미국인들은 우방이든 아니든 거의 모든 나라에 대해 최악의 상황을 가정하는 데에 거리낌이 없다. 예외가 있다면 미국이 정보를 가장 많이 공유하는 앵글로-색슨 동지들, 즉 영국, 캐나다, 뉴질랜드, 호주다. 1901년에는 『일본과의 임박한 전쟁The Coming War with Japan』, 2006년에는 『중국과의 임박한 전쟁The Coming War with China』이라는 책이 나온 것도 이 때문이다. 하지만 1930년대에는 일본과의 전쟁 가능성이 전적으로 사실이었고 미국인들은 지체 없이 호전적이고 인종차별적인 열정에 불을 지폈다.

2002년 책 『시차Parallax Visions』에서 나는 1930년대 후반에서 1945년 사이를 제외하고는 기본 구조 차원에서의 변화가 거의 없는 경우에 조차 미-일 관계의 담론이 왜 그토록 쉽게 경외감에서 증오로 바뀌는지를 해명하고자 했다. 나는 특정 유형의 고고학과 계보학이 역사를 발굴해내고 담론과 현실을 연결하도록, 다르게 말하자면, 사상이라는 상부구조와 세계 체제 또는 산업 구조를 연결할 수 있게 해준다고 주장했다. 나는 역사를 '계통'으로, 역사의 급격한 동요는 '생성'으로 볼 때 가장 잘 이해할 수 있다는 논지로 니체를 인용했다. 이러한 방법을 사용하여 나는 일본이 20년 전에 아무리 패권적 생성에 근접해 있었다고는 해도 20세기를 통틀어, 그리고 21세기의 14년을 포함한 "구체적인 현실" 속에서는 결국 미국 패권 하의 양자적 관계 혹은 영-미나 미-영 패권 하의 삼자 관계 속에서 종속적 역할을 했다고 주장했다.[*] 다만 진주만 사건에서 일본이 전쟁에서 승리할 수 없음이 드러난 미드웨이 전투에 이

---

[*] 사실 나는 별로 근접했었다고 생각지 않는다.

르는 6개월, 혹은 일본의 능동적 행동 반경을 더 많이 인정하고 싶다면 1941년 여름부터 1945년 여름까지의 4년간이 예외적인 기간일 뿐이다.

내가 알기로는 그 누구도 이런 지위를 주장한 적이 없는데 그것이 올바르지 않기 때문이 아니라 산업 경쟁의 담론 깊은 곳에 자리 잡은 이유 때문이었다. 수십 년간 패권 구조망 속에서 꾸준히 번영해온 일본은 그럼에도 세 가지 결정적이고도 비교 불가능한 시점에서 서구인들의 정신 속에 "생성"된다. 그 세 시점이란, 20세기로 넘어갈 무렵 일본이 영국의 '신동wunderkind'이자 독일과 러시아에게는 "노란 괴물Yellow Peril"이었던 시기, 영국에게는 산업적 괴물이었지만 독일과 이탈리아에게는 '신동'이었던 1930년 세계 대공황 시기, 그리고 미국의 국제주의자들에게는 '신동'이었고 미국의 보호주의자들에게는 괴물이었던 1980년대이다. 1900년에서 2014년의 기간에 대한 우리의 은유법이 여기에서 등장한다. 바로 "2등으로서의 일본"이다.

1차대전이 끝난 지 얼마 되지 않았던, 더 정확히 말하자면 1922년에 미국은 동북아의 삼각 패권 속에서 주요 협력자로 등장했다. 이 시기는 미국 은행들이 세계 경제를 지배하기 시작했던 시기와 일치한다. 영-일 동맹은 누더기가 되었고 미국은 일본의 외교에서 영국보다 더 중요한 존재가 되었다. 워싱턴 회의는 바로 미국 해군이라는 지구적 군사력 투사의 핵심적 요소가 확고한 자리를 잡으면서 바통이 넘어가는 계기가 되었다. 워싱턴 해군 체제는 미국과 영국이 해군의 우위를 유지하면서 미국, 영국, 일본이 함께 협력하여 중국을 동아시아 체제에서 종속적 행위자로 남게 한다는 점에서 명백히 3자적이었다. 물론 그 와중에도 중국의 그다지 눈에 띄지도 않던 국가적 통합을 보존하자는 미국의 수사는 되풀이되었다.

일본은 1920년대 내내 저자세 외교로 이런 흐름에 순응했다. 그러는 동안에도 일본은 무역 경쟁을 위해 국내 기반을 다지면서 오늘날까지도 두드러지는 정치경제적 경향을 만들어내기 시작했다. 지금은 "수출 주도형 발전"이라고 명명된 것의 초기 형태가 이때 나타난 것이다. 존슨과 플레처는 일본의 국가 산업 전략과 "행정 지도administrative guidance"의 기원을 공히 1920년대 중후반으로 잡고 있다. 미국과 영국 모두 일본의 후발 정치경제 전략에 대체로 수용적이었다.* 이 전략이 미국에게 문제로 여겨졌던 것은 1939-45년 시기와 1980년대-90년대뿐이었다. 일본은 신중하게 수출을 비식민 반주변부semi-periphery 지역에 치중했다. 물론 미국과 영국의 식민지는 제외되었고 그들의 핵심 시장도 당연히 피해야 했다. 1920년대는 또한 수출 프로그램과 연계된 수입 대체 산업화가 시작되었던 시기이기도 했다. 물론 이 전략이 더 노골적으로 나타난 것은 일본이 중공업 성장에 박차를 가하고 산업 생산 주기에 장인적 기교를 발휘하기 시작한 1930년대였다.

이 모든 것의 결과, 세계 대공황과 위축된 세계 무역 속에서도 일본의 총수출은 1932-1937년간 두 배 이상 성장했으며 "세계 시장을 휩쓰는 것처럼" 보였다. 방적사, 직물류, 완구류, 철강류가 성장을 주도했다. 하지만 일본은 1935년에만 무역수지 흑자를 기록했으며 이때에도 미국이 세계 무역에서 차지하는 비중은 10퍼센트였던 반면 일본은 고작 3퍼센트에 불과했다. 그럼에도 일본의 무역 상대국들은 일본의 수출에 유독 집착했다. 미국의 경제학자 미리엄 팔리Miriam Farley는 일본의 잘못된 관측이 아니라 다만 "산업화의 세기를 잘못 골랐던 것"이 문제였을 뿐이라고 설명했다. 1936년에 이르면 모든 주요국가들이 일본의 수출 흐름을 차단했고 그럼에도 일본 기업 집단들은 여전히 "미국인들의 만주 투자 유치에 애썼으며" 이런 추세는 1930년대 후반까지 이어졌다.

---

* Johnson, 1982; Fletcher, 1989.

그 사이에 미국의 직물업계는 "일본에 대한 막대한 무역흑자에도 불구하고 미국에 대한 일본의 수출에 제한을 가해달라는 로비를 벌였다." 이야기는 그렇게 이어진다.

1941-45년 사이의 결정적 기간에 대해, 이리에 아키라Akira Iriye는 일본 군부가 소련이라는 외부 조건에 깊은 영향을 받아 1941년 중반에 "남진"을 결정하기 전까지 일본은 미국에 여전히 의존하고 있었음을 지적하면서 1920년대 초반에 일어난 변화를 깔끔하게 요약하며 미국에 대해 이렇게 평한다.

> 전후 국제관계의 열쇠는 1920년대에 걸쳐 세계 경제 체제를 지탱한 미국의 자본, 기술, 상품이다. 미국은 세계 금융, 상업, 정치의 중심이었다.

1941년 7월 미국은 일본에 대한 유류 금수조치를 취하면서 패권의 경계선을 긋는다. 이는 일본에게 엄청난 심리적 충격으로 다가왔으며 일본 지도자들은 유일한 대안은 전쟁뿐이라고 마음먹게 되었다.

전쟁은 일본에 대한 미국의 이미지가 순식간에 바뀔 수 있음을 확인하는 기회였다. 1차대전 동안 일본은 전쟁 특수와 수출 3배 급증을 누리는 교활한 자칼이었지만, 1920년대에 일본이 경기 침체기에 들어서고 자유무역 정책을 추구하면서는 자유주의 제도로 칭송을 받았다. 다이쇼大正 데모크라시 시기는 근대화 이론가들에게는 메이지 유신의 성공담이 진화적으로 정점에 달한 것으로 보였다.* 1920년대가 일본의 발전에서 예외였건 정상이었건, 일본의 선량한 이미지가 누구의 수출도 저해하지 않고 미국, 영국, 일본이 태평양에서의 군함 비율을 의미하지

---

* Dower, 1975에서 John W. Dower의 도입부 글을 참고.
　이는 이후 1936-45년간 군국주의라는 10년간의 일탈로 손상된다.

만 나머지 모든 분야에도 적용될 수 있는 5:5:3의 완벽한 삼각공식으로 정의된 1920년대의 국제체제를 묵인하던 매우 선량한 일본의 모습과 부합한다는 점만은 확인할 수 있을 것이다.

1930년대 중반 세계가 공황에 빠지고 보호주의적 관세가 만연하며, 일본이 중공업 산업화를 개시하던 시기에 "일본"은 큰 골칫거리였다. 헨리 스팀슨Henry Stimson과 같은 자유주의 국제주의자들은 "미국에 대한 근원적 친밀함이라는 전통"에도 불구하고 일본이 자유무역 체제를 벗어나 만주에서 방종을 일삼으면서 "문호 개방"을 파괴하고 있다고 개탄했다.* 1935년에 당시에는 반어적인 제목이었지만 결국 미래를 예지한 책이 된 『일본산Made in Japan』을 썼던 스테인Guenther Stein은 일본이 관세 장벽이 없다면 "단시간 내에 세계 최대의 수출국이 될 수도 있을 것이라는 점"에서 산업 효율성의 본보기라고 보았다. 스테인은 1930년대 중반의 중공업 산업화 추진 과정에서 "세계 산업화의 새로운 시대가 시작되는 모습"을 제대로 포착했다. 일본의 문제는 일본이 세계체제의 균형을 흔들었다는 점이었고 "다른 나라들이 일본에 대해 불평하는 진짜 이유는 바로 이것"이었다.** 하지만 일본 내에서는 1868년 이후에 그래왔던 것과 마찬가지로 1930년대 중반의 급격한 정책 변경이, 다른 나라들이 지배하고 있는 세계에서 혹독한 경쟁을 이겨내기 위한 필수요건으로서 정당화되었다.

> [우리] 계획경제의 주목적은 국가의 완전한 산업화를 통한 세계 시장에서의 성공적인 경쟁이다. 본질적으로 경제적일 수밖에 없는 국가적 삶의 표준화를 수행하기 위해서는 자유방임 정책에 일정한 제약이 가해

---

* Stimson, 1936: 8-9, passim.
** Stein, 1935: 188, 191, 205.

질 수 있다. 하지만 이는 세계의 전반적 경향이기도 하다. [이는] 파시스트 정권을 예고하는 것으로 받아들여져서는 안 된다.*

당시에는 또한 "새로운 시대의 여명"의 상징이 되었던 닷선Datsun 승용차도 처음으로 발표되면서, 오랫동안 포드Ford, 셰보레Chevrolet 및 기타 미제 자동차가 지배하던 일본 자동차 시장에 등장했다.**

물론 1930년대 후반에 점차 커지던 일본에 대한 거친 이미지는 일본의 진주만 공습과 더불어 순수한 인종차별주의로 변모했다. 1941년 잡지 《라이프 매거진Life Magazine》에서 언급했던 것처럼 "일본놈Jap들에 대한 만화 같은 묘사는 모두 하루아침에 바뀌었다. 그 갑작스런 일요일 전까지 일본놈들은 기름지고 땅딸막한, 친절하지만 믿을 수 없는, 위험하다기보다는 웃긴 사람이었다." 같은 날인 12월 22일 타임Time지 기사는 야마모토 이소로쿠 제독을 표지에 실으면서 그의 얼굴을 썩은 레몬빛으로 칠하고 독자들에게 "일본놈Japs"을 "중국 사람Chinamen"과 구분하는 요령을 알려주었다.***

20세기 전반에 나타난 이처럼 변화무쌍하고 상반된 일본에 대한 이미지는 세계 체제 내에서의 격한 산업 경쟁에서 비롯된 것이었다. 그것은 일본이 영국과 미국에 비해 꾸준히 기술적으로 열등한 위치에 있었다는 사실을 대개 간과한 채 인종주의적인 선입견 속에 빠진 채 일어난 갈등이기도 했다. "도덕의 계보The Genealogy of Morals"****에서 니체는 세계의 배후에 있는 도덕의 기원을 찾는 노력은 중단하고 대신 세계

---

* Asahi Shimbun, 1936. 『Present-Day Nippon』. Tokyo. 23.
** Asahi Shimbun, 1936. 『Present-Day Nippon』. Tokyo. 119.
*** Steiner, 1943.
**** Nietzsche, 1969: 15-23, 77-78.

'속'에서 기원을 찾으려 했다고 썼다. 그는 다음과 같이 말했다.

> 사물의 기원의 원인과 그 궁극적 쓸모, 실제적 활용, 목적의 체계 속에서 차지하는 자리는 천양지차이다. 어떤 이유로든 존재하게 된 모든 존재하는 것들은 새로운 목적을 위해 거듭 재해석된다.

니체는 어떤 것의 "진화evolution"란 "결코 목표를 향한 "진전progressus"이 아니라고 말한다. "진보progress"나 "목적purpose"이란 단어들은 어떤 주체가 역사에 의미를 부여했다는 표식에 불과하다. 우리가 역사라고 알고 있는 것은 항상 "이전의 모든 '의미'와 '목적'이 필연적으로 흐려지고 심지어 말소되기도 하는 과정에서 나온 새로운 해석"이다. 그러므로 역사는 "언제나 새로운 해석의 지속적인 기호-연쇄sign-chain"이다. "일본"이나 "중국"은 끊임없이 재해석되며 그것은 그들이 "진보"하기 때문이 아니다. 대신 격하게 변동하는 해석들이 기호 연쇄, 도덕의 원자가原子價, valence의 계보로 기능하는 것이다. 중국이나 일본은 "가만히 있다." 혹은 그들이 서구와의 경쟁에 참여한 이래로 그들이 늘 해왔던 것을 하고 있다. 하지만 "일본"과 "중국"은 서양의 인식이 부침함에 따라 변신한다.

푸코Foucault는 "니체, 계보, 역사Nietzsche, Genealogy, History"*라는 유명한 논문에서 니체의 논지를 이어받았다. 계보는 "'기원origin'의 탐색을 거부한다." 역사가에게 기원이란 "이미 있었던 무엇인가"를 의미한다. 마치 인간이 "무엇이 있었는지"를 규정할 필요가 없이 그저 "발견되기"만 하면 되는 것처럼 말이다. 역사적 진실이 있는 장소, 진정한 "기원"이 있는 장소는 "불가피한 상실이 일어나는 곳에 있다. 담론이

---

* Foucault, 1977.

혼란을 야기하고 마침내 길을 잃어버리는, 명료함이 덧없이 사라지는 그런 장소에 있다."라고 푸코는 발터 벤야민Walter Benjamin을 인용하며 말한다. 계보학적 기법은 "심층까지 발굴하며" "이런 요소들이 어떤 진실도 그런 요소들을 구속하지 못했던 미궁에서 벗어날 때까지 시간을 준다." 그리고 역사는

> 발전의 구체적 실체로서 강렬한 순간들과 시간의 경과, 장기간의 열렬한 선동, 희미해지는 주문呪文으로 가득하다. 그리고 형이상학자만이 기원의 그윽한 이상형 속에서 그 정신을 찾아내려 할 것이다.

다시 말해, 일본과 중국에 대한 변화하는 관점은 인간성이 가하는 제약과 우왕좌왕 속에서 일어나는 담론인 것이다. 그들의 "역사"는 미국이 존경할 만한 일본인이나 중국의 성공, 혹은 다시 찾은 힘을 환영하는 "열렬한 선동"과 "희미해지는 주문들" 속에 있다.

푸코는 나아가 독일어에 기원을 두고 있는 단어인 계보herkunft가 "자손"이나 "계통" 이상의 의미라고 주장했다. 계통의 조사는 "특질이나 개념의 독특한 성질 하에서 무수한 사건들을 통한 그 형성과정을 발견할 수 있게 한다." 계보학의 의무는 과거가 이미 결정된 형태나 어떤 필수적 인과율을 통해 능동적으로 현재에 존재함을 밝히는 것이 아니다. 과거는 진화가 아니며 민족의 운명이 나아갈 길을 펼쳐 보이는 것도 아니다. "오히려 계통의 복잡한 과정을 따라가는 것은 과거의 흘러가는 사건들이 *원래 속성에 따라 분산되는 사이에 그것을 붙잡아두는 일*[강조는 추가]이다." 니체는 또한 "생성entstehung"이라는 단어를 사용하여 "발현의 원리와 독특한 법칙"을 설명했다. 비록 어떤 경향의 정점처럼 보일 수 있다고 하더라도, 계통은 단절 없는 연속이 아니며 생성도 "역사적 발전의 최종 상태"가 아니다. "정점culmination"은 "일련의 예

속 안에서 일어나는 최근 사건들에 불과"하며 따라서 "생성은 여러 힘의 개입이며 그 힘의 분출이고 *가장자리에서 무대 중심으로의 도약*이다. 생성은 대결이 일어나는 장소를 지정한다[강조는 추가]. 생성은 결정, 조약, 전쟁이 아니라 "여러 힘 간의 관계의 역전, 힘의 찬탈, 한때 그 어휘를 사용했던 자들에 대항하여 그 어휘를 전용하는 것이다." 따라서 그의 결론은 "체현[또는 역사 또는 계통]은 수많은 서로 다른 정권에 의해 그 틀이 형성된다." 이다.

다시 말해 "생성"이란 단순히 역전을 가리키는 것이 아니라 파악의 직전 시점, 즉 여태껏 부각되지 않았던 것들이 갑자기 부각되고 그럼으로써 재평가의 바탕이 마련되는 순간을 가리킨다. 이는 푸코가 매우 니체적인 공식화를 한 것이지만, 니체는 현상에 긴박감과 무의식의 측면을 더했다. 매킨타이어MacIntyre가 적절히 표현했듯이 "인정되지 못한 목적에 봉사하는 인지되지 않은 동기"*인 것이다. 일본과 중국에 대한 미국식 경계론은 대부분 정확히 이런 측면을 갖고 있다. 즉, 인지되지 못한 동기에서 일어난 감정이 인정되지 못한 목적에 봉사하는 것이다.

영원한 2등으로서의 일본

미-일 간에 진정한 적대감이 존재했던 기간이 상대적으로 얼마나 짧았는지는 미국의 국무부 내에서, 그리고 일본에서도 일군의 국제주의자들이 1942년경에 벌써 일본을 다시 전후 미국 패권 체제 하에 통합시키려는 생각을 놀라우리만큼 비슷하게 시작하고 있었다는 점, 1947년에 조

---

* MacIntyre, 1990: 35.

지 케넌George Kennan이 일본의 산업 부흥을 위한 상세한 계획을 짜고 있었다는 점, 그리고 이 계획이 머지않아 동북아시아에서 일본의 예전 식민제국적 지위를 수정된 형태로 회복시키자고 주장했다는 점에서 분명히 드러난다. 간명하게 말해서 전후 일본은 세계 경제의 엔진이었으며 미국이 규정한 대로 전전의 군사적, 정치적 위력을 거세당한 "경제적 동물"이었다. 이는 냉전의 등장과 거의 동시에 일어났으며, 미국이 한국과 베트남이라는 아시아의 배후지에서 전쟁에 발목이 잡히면서 일본이 이익을 얻게 됨에 따라 점차 심화되었다. 트루먼에서 존슨 행정부에 걸친 이 시기에 일본은 미국의 충실한 동반자였으며 일본의 경제적 성공에 미국도 희희낙락했다. 하지만 1960년대에 세계 체제를 단독으로 운영하는 미국의 역량이 쇠퇴하면서 새로운 양강체제가 미일관계에 악영향을 미친다. 일본이 잘해야 하는 것은 맞지만 미국의 이익을 해칠 정도로 잘하면 안된다. 이러한 역전의 상징이자 중심축이 바로 1971년 태평양 전쟁 승리일에 발표했으며 일본에서는 "닉슨 쇼크"로 알려진 리처드 닉슨의 "신 경제정책New Economic Policy"이었다. 일본에 대한 미국인들의 생각은 1990년대에 경제 버블이 터질 때까지 확고하게 이런 양강체제 틀 속에 있었으며 그러한 사고는 지도층의 무능에서 상징적으로 드러났다. 그들은 자유무역과 보호주의, 일본의 성공에 대한 찬탄과 그 능력에 대한 경계심, 일본의 "버블 경제"의 붕괴에 대한 만족감과 중국의 빠른 성장에 대한 경계심 사이에서 오락가락할 따름이었다. 그리고는 도쿄를 겨냥했던 모든 부정적 비유들은 이제 더 서쪽에 있는 상하이로 옮겨갔다.

 1947년에 조지 케넌과 딘 애치슨Dean Acheson은 일본의 부활을 위한 전략을 개발했다. 두 사람은 모두 일본이 아시아에서 유일하게 진지한 산업 강대국으로 고려될 수 있으며 따라서 유일하게 심각한 군사적 위협이라는 점을 이해하고 있었다. 케넌은 일본이 다시 강한 군사대국이 됨으로써 동아시아에 세기 초와 같은 세력균형을 재현하기를 바랐지만 애치슨은 일본의 산업을 부활시켜 세계 경제의 엔진이자 미국이 규정한 "경제적 동물"로서 미국의 영역에 통합시키되, 전전의 군사적, 경제적 위력은 거세하는 더 영리한 방법을 제안했다. 이는 냉전의 등장과 거의 동시에 등장했으며 미국이 한국과 베트남에서 전쟁을 벌인 덕분에 일본이 엄청난 혜택을 입으면서 극적으로 심화되었다. 미국 행정부들은 지속적으로 일본이 태평양 방위의 "짐을 함께 질 것을" 원했지만 어떤 군비확장도 미국의 안보 우산 하에서 일어날 것이었으므로 일본의 지도자들은 발을 질질 끌면서 마지못해 기어가는 속도로, 국방을 점진적으로 증강하며 재군비를 추진할 따름이었다. 오늘날에도 일본은 여전히 고집스럽게 GNP의 1퍼센트 이하만을 국방에 지출하고 있으며, 제2의 도고 제독이 나타나 거대한 항공모함을 건조하거나 제2의 야마모토 이소로쿠 제독이 핵잠수함을 진수하는 장면을 상상하기란 여전히 불가능하다. 미일 안보조약의 문구를 빌리자면 이론은 계속해서 미국의 "육, 해, 공 전력이 일본 영토 및 근방에" 항구적으로 주둔하는 것에 긍정적이다. 이 조약은 또한, 한국과 베트남에서처럼, 미국이 일본에 주둔하는 자국군을 자기 선택에 따라 마음대로 사용할 수 있는 권리를 부여했다.*

　1945년 8월 15일 더글러스 맥아더 장군이 요식적 겉치레만 빼고는 사실상 일본 점령 과정에서 동맹국을 배제하고, 한국을 38도선에서 분할하고, 베트남을 16도선에서 분할하고, 중국 내의 일본군이 국민당 군에게 항복하도록 요구함으로써 장개석의 지도하에 중국이 통일되도록 추구한 일반 명령 1호를 발표했을 때, 미국의 결정은 동아시아 지역에서 국제 관계의 기본 틀을 형성했다. 뜻대로 되지 않았던 유일한 군사적

---

* Schonberger, 1989: 259, 269.

분단은 중국이었는데, 공산당이 1948-49년에 걸쳐 본토에서 국민당을 소탕하면서 새로운 분단, 즉 대만과 중화인민공화국의 분단이 일어나고 그 사이에 7함대가 대만해협으로 진입하게 된 것이었다. 맥아더가 자비로운 황제로서 일본을 통치하는 동안, 한국전쟁이 동북아시아에서의 분단 구도를 대단히 심화시키는 결과를 낳았다. 요새화된 비무장지대가 38도선을 대신했고 오늘날까지도 이제는 끝난 세계적 냉전을 보여주는 박물관으로 남아있다. 한 세대 동안 중국은 내부의 급진주의와 미국의 봉쇄 및 전쟁 위협 때문에 전후 국제 체제에서 배제되어 있었다. 미국의 군사기지로 이어진 열도列島, archipelago가 북태평양에서 미국의 지위를 공고히 해준 강압적 구조를 이루면서 동맹국들에 대해 산발적이지만 가시적인 영향력을 제공했다. 미국은 서유럽에서도 각지에 군사기지를 두고 있었다. 차이점이라면 유럽과 달리 동아시아에는 나토가 존재하지 않았다는 점이다. 아무도 일본인이나 한국인, 필리핀인 혹은 대만의 중국인들이 그런 정책을 지지하는지에 대해서는 진지하게 신경을 쓰지 않았고 미국은 대체로 그저 자기가 하고 싶은 대로 했다. 동아시아에서 미 제국의 열도U.S. archipelago of empire는 진주만 이전 반세기를 지배했던 일본과 미국 간의 태평양 경쟁 구도를 완전히 제거해버렸다. 2차 대전과 한국 전쟁의 산물이었던 이 광대한 군사 기지 구조는 아무 것도 바뀌지 않았다는 듯이 지금 새로운 세기까지도 끈질기게 살아남아 있다.

　　동아시아에서 미국의 이러한 일방주의가 낳은 장기적 결과는 다음과 같이 요약할 수 있을 것이다. 역내 비공산국가들이 미국을 통하여 서로와 교류하는 축과 바퀴살hub-and-spoke 형태의 비대칭적 체제로서 일본, 한국, 대만, 필리핀과의 양자 방위 조약으로 공고화되고 4개국 외무부 위에 국무부가 서 있는 수직적 레짐이었다. 동아시아 지역 국가들은 서로에 대해서는 미국과의 관계에서와 달리 "은자의 왕국"이라고 해도 좋을 정도였다. 중국은 대만이나 한국과 대화하지 않았고, 남북한 간에는 개인적인 서신조차 교류되지 않았으며, 남북한은 모두 일본을 증오했고, 일본의 외교는 미국, 유럽, 동남아시아에 관심을 보였지만 자신의 "근린near abroad"에게는 그렇지 않았다. 각국은 한국군의 작전권, 대만해협에서 7함대의 순찰, 4개국에서의 국방 의존도, 각국 영토 내의 미군 기지와 같은 미국의 군사 구조가 깊이 침투한 상태의 준-주권국가가 되었고, 독자적 외교정책이나 국방 기획 따위는 근처에도 가지 못하는 상태였다. 이 체제의 유일한 균열은 중국의 부상이었고, 이는 대만이 미국의 다른 걱정거리에 비하면 사소해지게 되는 결과를 낳았다. 하지만 이런 변화 역시 중국의 지도부가 했던 어떤 것만큼이나 리처드 닉슨의 대중국 개방에 기인한 바가 크다. 닉슨, 키신저, 카터는 인정사정 볼 것 없이 대만과 대만에 대한 미국의 공약을 팽개쳤다. 물론 일본의 지도자들은, 독일과는 사뭇 대조적으로, 인근 국가에 대한 자국의 침략에 대해 진지하게 생각하지 못하면서 지역 내의 지속적인 분단 상태에 일조해 왔다. 하지만 이것 역시 근본적으로는 미국의 정책과 그 정책이 지원한 일본 지도자들, 그리고 1940년대 후반에 일본이 얻어낸 바로 그 고요한 평화가 조장한 것이었다.

따라서 전후 합의는 동아시아가 왜 유럽에 비해 오늘날 다자적 제도와 협력 및 화합 기제가 훨씬 적은지, 냉전기 대부분의 기간 동안은 더 적었는지를 설명하는 결정적인 기제로 남아있다. 나토는 예전에도 없었고 지금도 없다. 한때 동남아시아조약기구SEATO가 있었지만 한 번도 큰 의미는 없었고, 결코 동북아시아조약기구NEATO를 낳지도 못했으며 20년이 지나고 수명을 다했다. 1947년 이후 한국과 대만을 원조했던 경제 협력 관리기구ECA라는 마셜 플랜의 아류가 있기는 했다. 유럽의 마셜 플랜처럼 경제 협력 관리기구는 선진 산업 국가들의 부활로 대체되었다. 동북아시아의 경우에는 단 한 국가, 즉 일본이었다. 유럽안보협력회의CSCE와 같은 것은 전혀 나타나지 않았고, 경제협력개발기구OECD는 요원했으며 이론적으로는 모두를 포괄하는 국제연합UN은 동아시아에서는 사실상 미국이 운영하는 기구였다.* 동남아시아에는 아세안ASEAN, 아-태 경제공동체APEC, 아시아 지역 포럼ARF과 같이 어느 정도의 국제기구들이 존재하지만, 이중 어느 기구도 미군의 1개 항모전단에 맞먹는 힘과 영향력을 투사하지 못하며 설령 그럴 수 있다고 해도 상호 존중과 끝날 줄 모르는 협의, 그리고 심지어 버마에서 일어난 인권 악몽과 같은 사태가 일어나는 경우에도 각국의 상황에 불간섭하는 것이 그들의 전통이다. 이 지역의 경제적 역량을 고려할 때 금융, 통화, 경제 영역과 같이 다자적 기구를 기대할 수 있는 부분에서조차 협력은 "유럽 기준에서 보면 극도로 제한적이다."** 여기에서도 미국이 지배적인 역할을 한다.

 1970년대 이후 중국의 개방은 이 지역의 경제력이 냉전의 경계를 잠식하고 우회하면서 예전의 적수가 다시 접촉-다만 다자적 제도가 아니라 주로 사업 교류나 대중문화를 통해서-하게 되는 양상을 잘 보여주었다. 냉전의 첫 국면은 안보에 대한 고려를 강조하면서 지역을 분단시켰고, 두 번째 국면은 경제발전과 지역통합의 가속화가 우위를 점하는 양상을 전형적으로 보여주었지만, 이 두 가지 경향이 나타날 수 있었던 것은 미국의 외교정책에 근본적인 변화가 일어났고, 그 결과 동아시아 국가에 대한 압력도 변화했기 때문에 이와 같은 부분이 크게 작용했음을 유념하는 것이 중요하다.

---

* 마치 시대착오라거나 심지어 격세유전이 대세인 듯이, 한국에 주둔하는 미군은 여전히 1950년 UN군 사령부의 깃발 아래에 있다

** Katzenstein, 2005: 35, 136-137, 219-220.

동아시아의 고양이 길들이기

　학술대회 주최자들이 시점을 1894년에서 2014년까지 넓혔으므로 동아시아의 현재 상황에 대해서도 검토를 해보자. 2차대전 이후 몇 년 사이에 형성된 미국의 태평양 권력의 기본 구조는 우리 시대에도 여전하다. 우리는 여전히 미국이 한국이나 중국 혹은 다른 누구보다 일본을 선호하는 모습을 보고 있다. 또한 제3해병대 사단과 오키나와 섬의 거대한 가네다嘉手納 공군기지, 그리고 요코스카橫須賀의 7함대 사령부를 중심으로 하는 수백 개의 군사 기지, 그리고 지구 표면의 52%를 담당한다고 자랑하는 호놀룰루의 태평양지구사령부CINCPAC, 1979년 이후 중국을 세계 경제에 편입시켰던 호혜적 무역과 발전에 대한 강한 편향 등이 있다. 한 마디로, 비록 점차 커지고는 있지만 여전히 사소하고 때로는 자멸적인 중국의 도전 속에서 여전히 미국의 역내 패권은 지속되고 있다.

　동아시아에서 미군 기지의 역사는, 미군이 진주만 이전 반세기 동안 지속된 일본과 미국의 태평양 경쟁관계를 무력화시킨 1945년까지 거슬러 올라가지만, 전혀 상상도 할 수 없었고 유례가 없는 장기적인 존치는 또한 격세유전과 시대착오의 반영이기도 하다. 2차대전과 한국전쟁의 부산물이었던 이 기지들은 마치 아무런 변화도 없었다는 듯이 이 세기에도 끈질기게 남아있다. 일본에는 50,000명, 한국에는 28,000명, 유럽에는 수천 명의 미군이 주둔하고 있는 것이다. 최근 뉴욕 타임즈New York Times 컬럼니스트 토머스 프리드먼Thomas Friedman은 1989년 이후 냉전 권력 구조가 붕괴하면서 세계 각지에 갈등이 터져 나오게 되었다고 한탄하면서,* 정작 실제로 붕괴한 단 하나의 구조, 즉 소련 제국

---

* "The World According to Maxwell Smart," 『*New York Times*』(14/07/13), Op-ed page.

은 간과하고 있다. 반면 미 국방부는 1989년을 대담하게 받아들이면서 2001년 9월 11일 이후로는 세계 전역에, 특히 중앙아시아에서 구 소련의 기지에 제국의 열도archipelago of empire를 확대하면서 러시아의 남쪽, 중국의 서쪽 국경에 처음으로 미국의 힘을 투사하고 있다. 그러면서도 동시에 동맹국에 대한 냉전기의 영향력은 대부분 유지하고 있다. 미국은 여전히 선진 산업 국가들 간의 국제적, 군사적 안정에 핵심 역할을 맡고 있다.

그렇지만 동아시아 국가들 간의 관계는 역사 문제, 특히 일본 지도자들이 2차대전 당시 일본이 벌였던 범죄를 제대로 인정하지 않으면서 곤란을 겪고 있으며, 나아가 1945년 이후 일어난 갈등도 문제를 일으키고 있다. 중국은 베트남을, 베트남은 일본을, 일본은 한국을 싫어한다. 그리고 모두가 북한을 싫어한다. 하지만 사태는 점점 더 나빠지고 있다. 동아시아에 대해서는 잘 알지도 못하고 실질적인 경험도 없는 대통령이 들어온다.* 그는 아마도 별반 신경을 쓰지 않을 것이며 이러니저러니 해도 외교정책에는 별로 관심이 없다. 그가 바로 버락 오바마Barack Obama이다. 따라서 전반적으로 오바마 독트린 같은 것은 없으며 지역적으로는 2009년 이후 그의 동아시아 정책에 일어난 미미한 움직임을 가리키는 "오바마 피벗Obama Pivot" 같은 것도 실제로는 없다. 그리고 그가 퇴임하기 전까지 변화가 일어나리라는 희망도 거의 없다. 대신 오바마는 워싱턴 정계 내에서 실전에서 검증되고, 확실히 믿을 수 있는 내부인들에 의존해서 동아시아 정책을 세워왔는데 이들은 어떤 대통령, 어느 당이 집권하든 상관없이 서로 보조를 맞추어 당파를 초월해 자신

---

* 물론 어린 시절은 이슬람 국가인 인도네시아에서 보냈지만 동남아시아이므로 해당되지 않는다.

들이 바라는 정책을 펼친다.* 스스로도 1970년대 워터게이트 사건 시절까지 거슬러 올라가는 핵심적인 워싱턴 엘리트 출신인 힐러리 클린턴은 그런 사람들에게는 완벽한 국무장관이었다.

오마바가 2009년에 취임했을 때, 큰 문제 하나와 작은 문제 하나와 분명한 해결책 하나가 있었다. 큰 문제는 중국의 부상이었는데 이는 지구적 경제 교류를 저해하지 않는 선에서 어떻게든 저지해야 하는 것이었다. 해결책은 일본과 한국이 미국 동맹 우산 하에 협력하게 만드는 것이었다. 더 작은 문제는 워싱턴 지도층이 보기에 한국은 김대중 정부(1998-2003)와 특히 노무현(2003-2008) 정부 기간 동안 "반미감정"을 분출했다는 것이었다. 전직 현대 임원이자 독재자들이 정권을 장악하고 있던 예전 좋은 시절(1948-1987) 동안의 친밀한 한-미관계를 향수했던 이명박 대통령(2008-2013)을 통해 행운의 여신은 다시 미소를 지었다. 워싱턴의 엘리트들은 박근혜가 2012년에 당선되면서 더 잘 되었다고 생각했다. 그러던 중 아베 총리도 다시금 집권했고 워싱턴의 훌륭한 계획은 꼬이기 시작했다.

족보를 들춰보기 좋아하는 이들은 김정은의 할아버지인 김일성이 1930년대 만주에서 일본군과 싸우고 있던 시절에 아베의 할아버지인 기시 노부스케는 만주국의 반란을 주동하고 있었다는 점을 지적하면서, 손자인 김정은과 아베가 충돌일로에 있을 것이라고 여겼다. 박근혜 대통령의 당선은 또 다른 풍파를 일으켰는데 그의 아버지 박정희가 일본 황군의 장교로서 또한 만주국에 있었으며, 아직도 논쟁거리인 1965년 한일관계 정상화를 기시와 함께 공모했기 때문이었다. 이 모든 사태

---

* 이런 상황을 볼 수 있는 가장 좋은 곳이 '넬슨 리포트(Nelson Report)'라고 알려진 다양한 정보가 담긴 일간 블로그이다.

의 배경에는 미국이 있었다. 미국은 일시적으로 기시를 A급 전범으로 지명했으나 전후 기간 중에 금세 지난 일은 묻어버리고 그를 훌륭한 반공주의자이자 근대화의 기수로 칭송했다.* 또 미국은 1965년 한일 관계 정상화를 이루기 위해 갖은 수단과 방법을 동원했다. 그리고 고위 정치라는 명목으로 거의 40년간에 걸친 일본의 식민 지배(1910-1945)에서 비롯된 한국인들의 증오와 원한에는 일말의 관심조차 주지 않았다. 대신 1940년대부터 현재에 이르기까지, 미국은 한국인들에게 지난 일은 잊고 전설적인 미-일 동맹 아래 단결하자고 다그쳐왔다. 언제나 현실을 부정하며 처음에는 일제에, 다음에는 미국인들과 협조한 한국의 엘리트를 미국이 지원한 것은 당연한 귀결이었다. 한국의 학술연구들은 이런 지배층의 압도적인 영향이 1990년대까지도 있었음을 꼼꼼히 기록하고 있다.

  20세기 역사의 이런 측면을 포함한 여러 면들 때문에 대통령이 친일이 아닌지 의심하는 유권자들과 대통령이 아베, 나아가서는 일본을 좋아해주고, 그럼으로써 부상하는 중국이라는 더 큰 위협을 통제하기를 바라는 오바마 행정부 사이에 놓인 한국 대통령을 심각하게 제약하고 있다. 하지만 대통령은 정상회담을 개최하라는 워싱턴과 도쿄의 압력에도 불구하고, 아직까지 동의하지 않았다. 또한 아베와 측근들의 야스쿠니 신사 참배도 비난하며, 특히 압도적 다수가 한국인이었던, "위안부"라고도 하는 전시 성노예 문제에 관한 추악한 과거사를 솔직하고, 진실되게 다루기를 계속 꺼리는 일본에 대해서는 격한 목소리를 내고 있다. 그래서 박 대통령은 아베나 김정은과는 대화하지 않고, 다만 시진핑 주석과 대화를 하려고 하는 것이다. 시 주석도 아베나 김정은과는 대화하

---

* 그는 실제로도 반공주의자이기는 했지만 이런 복권은 대체적으로 CIA의 작품이었다.

지 않으려 하지만, 박 대통령과는 대화를 하고자 한다. 그 결과, 아무도 김일성의 손자와는 이야기하려 하지 않는다. 아마도 김정은에게는 매우 근심스러운 일일 것이다.

이런 외교양상, 더 정확히 말해 외교의 부재는 오바마에게만 해당되는 문제는 아닐 것이다. 2008년 선거에서 그의 상대였던 밋 롬니Mitt Romney가 대통령이 되었다고 하더라도 똑같이 했을 것이다. 하지만 오바마와 특히 아마도 다음 대통령이 될 힐러리 클린턴은 센가쿠/댜오위다오尖閣/釣魚島 문제에서 무심코 일본 편을 들었고, 그러면서 동아시아 국가들에게 다시 한 번, 미국에게는 일본이 1등이고 우선임을 보여주었다. 수 세기 동안 일본이나 오키나와가 아니라 대만과 더 긴밀히 연관되어 있던 이 섬은 청일전쟁(1894-95)에서 일본의 승리 이후 전리품으로 일본이 차지했고 대만 식민화의 일부이기도 했다. 2차대전에서 일본이 패배한 이후, 이 섬들은 오키나와 관할이 되었고, 오키나와는 1972년까지 미국이 관할권을 행사했다. 오키나와 반환 중에 미국은 소유권에 대한 어떤 주장에 대해 선입견을 갖지 않고 문제가 관련 당사자들* 간에 협상을 통해 해결되어야 함을 주장하면서 섬의 "행정권"을 일본에 반환하기로 결정했다. 하지만 반환은 닉슨과 키신저가 비밀리에 중화인민공화국과의 수교하면서 대만을 버릴 모의를 하고 있던 중에 진행되었고, 그래서 키신저는 이러한 대국적 논리에 집중하면서 "섬을 일본에게 주는 것이므로 이런 공식은 터무니없는 발상"이라고 언급했다. 대신 그는 미국이 좀 더 중립적인 입장, 아마도 중국에게 덜 거슬리는 입장을 찾기를 바랐다. 키신저가 옳았다. 그 이후, 일본은 마치 소유권 분쟁이 없

---

* 일본과 당시에는 미국이 중국의 합법정부로 인정했던 대만이 될 것이다.

다는 듯이 행동했고 2012년 9월에 작은 군도 중 세 개에 대한 국유화를 진행했다.*

결론적으로 말해, 미국이 형성했고 1945년 이래 동아시아 세계 질서를 지배해온 이런 유기적이고 구조적인 관계를 이해하면, 간헐적인 폭발(한국 전쟁과 베트남 전쟁), 소화불량의 요소들(남사군도와 서사군도, 센가쿠/댜오위다오), 2위로서의 일본, 한 번 분할되고 다시 분할된 한국, 기시岸信에서 아베로, 김일성에서 김정은으로, 박정희에서 박근혜로 이어지는 분명한 *계통*의 연속선, 그리고 1890년대, 1940년대, 1980년대의 일본과 현재 중국과 같은 *생성*의 순간을 발견하게 되지만, 미국의 힘을 조금이라도 위협한다거나 *가장자리로부터 무대 중앙으로의 도약*을 의미하는 신호는 없으며, 1945년 이래 일본을 현재 상태대로, 한국을 분단된 채로, 중국을 봉쇄된 상태로 두고자 하는 미국의 근본적 선호는 항구적인 변화는 고사하고, 대전환이라고 부를 수 있을 만한 낌새조차 아직 조금도 찾을 수 없다.

---

* Yabuki Susumu and Mark Selden. 2014. "The Origins of the Senkaku/Diaoyu Dispute between China, Taiwan and Japan," 『*The Asia-Pacific Journal*』(Vol. 12, Issue 2, No. 3, 14/01/13).

참고문헌

Beale, Howard. 1956. "*Theodore Roosevelt and the Rise of America to World Power*". Baltimore: Johns Hopkins University Press.

Bryant, Samuel W. 1947. "*The Sea and the States: A Maritime History of the American People*". New York: Thomas Y. Crowell Company.

Bywater, Hector. 1925. "*The Great Pacific War: A History of the American-Japanese Campaign of 1931-1933*". Bedford, Mass.: Applewood Books reprint.

Dickinson, Frederick R. 1999. "*War and National Reinvention: Japan in the Great War, 1914-1919*". Cambridge: Harvard University Press.

Dower, John W. 1975. "Introduction, in Dower, ed., *Origins of the Modern Japanese State: Selected Writings of E. H. Norman*". New York: Pantheon.

Evans, Daniel C., and Mark R. Peattie. 1997. "*Kaigun: Strategy, Tactics, and Technology in the Imperial Japanese Navy, 1887-1941*". Annapolis: Naval Institute Press.

Fletcher, William Miles III. 1989. "*The Japanese Business Community and National Trade Policy, 1920-1942*". Chapel Hill, N.C.: University of North Carolina Press.

Michel Foucault. 1977. "Nietzsche, Genealogy, History," in *Language, Counter-Memory, Practice*, trans. by Donald F. Bouchard and Sherry Simon. Ithaca, N.Y.: Cornell University Press.

Healy, David. 1970. "*U.S. Expansionism: The Imperialist Urge in the 1890s*". Madison, Wis.: University of Wisconsin Press.

Iriye, Akira. 1967. "*Across the Pacific: An Inner History of American-East Asian Relations*". New York: Harcourt, Brace & World.

_____. 1972. "*Pacific Estrangement: Japanese and American Expansion, 1897-1911*". Harvard University Press.

Johnson, Chalmers. 1982. "*MITI and the Japanese Miracle*". Berkeley, Ca.: University of California Press.

Katzenstein, Peter. 2005. "*A World of Regions: Asia and Europe in the American Imperium*". Ithaca, N.Y.: Cornell University Press.

LaFeber, Walter. 1989. "*The American Age: United States Foreign Policy at Home and Abroad since 1750*". New York: W. W. Norton & Company.

_____. 1963. "*The New Empire: An Interpretation of American Expansion, 1860-1898*". Ithaca, N.Y. Cornell University Press.

Lea, Homer. 1909. "*The Valor of Ignorance*". New York: Harper & Brothers.

Limerick, Patricia Nelson. 1987. "The Legacy of Conquest: *The Unbroken Past of the American West*". New York: W. W. Norton & Company.

Linderman, Gerald F. 1974. "*The Mirror of War: American Society and the Spanish-American War*". Ann Arbor, Mich.: University of Michigan Press.

MacIntyre, Alasdair. 1990. "*Three Rival Versions of Moral Enquiry: Encyclopaedia, Genealogy, and Tradition*". South Bend: University of Notre Dame Press.

McCormick, Thomas J. 1967. "*China Market: America's Quest for Informal Empire, 1893-1901*". Chicago: Quadrangle Books.

Mitani, Hiroshi. 2006. "*Escape From Impasse: The Decision to Open Japan*". Translated by David Noble. Tokyo: International House of Japan.

Musicant, Ivan. 1998. "*Empire by Default: The Spanish-American War and*

Nietzsche, Friedrich. 1969. "*On the Genealogy of Morals*", ed. and trans. by Walter Kaufmann. New York: Vintage Books.

Perry, Commodore M. C. 2000. "*Narrative of the Expedition to the China Seas and Japan, 1852-1854*". Ed. Francis L. Hawks. Washington, D.C.: Congress of the United States, 1856; Dover Publications Reprint.

Sackman, Douglas Cazaux. 2005. "*Orange Empire: California and the Fruits of Eden*". Berkeley: University of California Press.

Saxton, Alexander. 1971. "*The Indispensable Enemy: Labor and the Anti-Chinese Movement in California*". Berkeley: University of California Press.

Schonberger, Howard. 1989. "*Aftermath of War: Americans and the Remaking of Japan*", 1945-1952. Kent, Ohio: Kent State University Press.

Slotkin, Richard. 1998. "*Gunfighter Nation: The Myth of the Frontier in Twentieth-Century America*". Norman, Oklahoma: University of Oklahoma Press.

Stein, Guenther. 1935. "*Made in Japan*". London, Metheun & Co. Ltd.

Stimson, Henry. 1936. "*The Far Eastern Crisis*". New York: Council on Foreign Relations.

Wiebe, Robert H. 1967. "*The Search for Order, 1877-1920*". New York: Hill and Wang.

Young, Marilyn Blatt. 1968. "*The Rhetoric of Empire: American China Policy, 1895-1901*". Cambridge: Harvard University Press.

7

동아시아 국제레짐의 맥락에서
본 갑오개혁과 세 전쟁

The Gabo Reform and the Three Wars in the Context of the East Asian International Regime"

히라노 겐이치로(平野健一郎)

코마바駒場 소재 도쿄대학교에서 열렸던 대학원 세미나의 추억

나는 여러 해 동안 코마바 소재 도쿄대학교의 국제관계전공에서 근대 동아시아 국제관계사에 대한 대학원 세미나를 진행했다. 40년에 걸친 내 강의의 역사를 회상해보면, 1985년에 열렸던 세미나가 내가 진행했던 대학원 세미나 중 최고였다. 그 해 세미나에서 우리는 황준헌黃遵憲의 정책보고서 『조선책략朝鮮策略』을 소재로 삼아 우리가 수집한 서로 다른 다섯 가지 판본을 비교분석하려고 했다. 일본뿐만 아니라, 한국, 중

---

* 2014년 10월 24일 한국사회과학협의회가 주최한 국제학술대회 『갑오년의 동아시아와 미래한국: 1894와 2014』에서 발표.

국, 대만 출신의 특출하게 탁월한 학생들과 탄탄하게 짜인 합동 워크숍을 매주 진행할 수 있었던 것은 나로서는 행운이었다. 그들 중에는 한문을 꽤 잘, 어쩌면 나보다 더 잘 읽을 수 있었던 사람들도 있었다. 우리는 함께 한문을 읽고, 문헌을 취합하면서 단어와 문구들의 의미를 확정하고 황준헌의 정책보고서 내용에 대해 토론했다. 우리는 모두 새로운 국제 질서의 출현을 기대했다. 나는 동아시아의 새로운 지적 공동체가 형성되는 장면을 보고 있는 것 같은 느낌을 받았다.

『조선책략』

알다시피 『조선책략』은 청의 젊은 외교관으로 일본에 주재하던 황준헌이 1880년 조선 왕조를 위해 작성한 정책보고서이다. 1848년 광둥성에서 태어난 황준헌은 당시 서른세 살이었고 도쿄에 머무른 지 4년째에 접어들고 있었다. 그는 청의 초대 주일 공사였던 하여장何如璋의 참찬參贊(참사관)이었다. 일본 주재 청 외교관이 조선 왕실에 근본적 정책을 제안했다는 사실의 중요성에 대해서는 더 말할 나위가 없을 것이다.

1880년 8월 김홍집이 이끄는 조선의 두 번째 수신사修信使(특별 사신)가 도쿄에 도착했다. 김홍집에게 주어진 외교 임무는 일본 정부가 인천 개항과 일본 공사관의 서울 개설 요청을 철회하고, 조선이 부산항에서의 관세 징수와 쌀 수출 금지 조치를 지속할 수 있게 해달라고 설득하는 것이었다. 한편, 청의 공사 하여장은 그 나름대로 일본과의 외교적 문제를 겪고 있었다. 특히 류큐琉球 문제가 급선무였고, 그 때문에 그는 중국의 동아시아 정책의 새 틀을 짜려 하고 있었다.

당시 청은 조선의 종주국이었기 때문에 일본에 머무르는 한 달 동안 김홍집은 청국 공사관을 여섯 번이나 방문하여 하여장과 외교 현안에 대한 의견을 교환했다. 김홍집이 조선으로 출발하기 이틀 전인 9월 6일, 청 공사관은 그에게 황준헌이 쓴『조선책략』을 선물한다. 조선의 기본적 외교 정책을 진술한 탁월한 정책보고서였다. 놀랍게도 그 글은 하여장의 지시 하에 황준헌이 고작 열흘 남짓 걸려 작성한 것이었다. 물론 그 안에 담긴 정책들은 황준헌 본인만의 창작은 아니었다. 청의 대조선 정책에 대해 하여장과 이홍장은 이미 여러 차례 의견 교환을 했었고 하여장의 대조선 정책도 이홍장의 인지 하에 이미 결정되어 있는 상태였다. 황준헌이『조선책략』을 작성할 때 하여장의 그런 의도를 고려했던 것은 당연한 일이다.

귀국 직후, 김홍집은 일본 정부 관료와의 협상 보고서와 더불어『조선책략』을 제출했다. 그리고 10월 11일에 중희당重熙堂에서『조선책략』에 대한 대규모 토론이 열렸다. 일본 방문을 통해 김홍집은 "나라의 부국강병을 위한 개화정책의 필요성"을 굳게 믿게 되었고『조선책략』에 담긴 제안을 고종과 신료들에게 건의했다. 그에 따라 김홍집은 조선의 개화 정책 추진에 중심인물이 되었다. 1881년 말, 조선 정부는 통리기무아문統理機務衙門(총무부)을 세워 개화 정책의 방향을 인도하도록 했다. 하지만 그러한 개항 및 개화 정책은 재야의 유학자들로부터 강한 반발을 불러일으키게 된다.*

---

* 더 자세한 내용에 관해서는 나의 논문 黃遵憲. 2002. "「朝鮮策略」異本 較合 近代初 東アジア国際政治における三つの文化の交錯について".『Kokusai seiji (International relations)』 129. 일본국제정치학회. 11-28 참고. 영문판은『Waseda University COE-CAS Working Paper』 5 참고.

『조선책략』의 주요내용

『조선책략』의 특징은 무엇인가? 나는 세 가지 측면을 지적하고 싶다. 무엇보다『조선책략』의 가장 중요한 특징은 한국에 새로운 기본 정책을 매우 간결한 문구로 제안했다는 점이다. 두 번째 문단에서 황준헌은 아시아 국제정치에서 조선의 지리정치적 중요성을 다음과 같이 짚어내고 있다.

조선의 영토는 아시아의 중추에 자리 잡고 있으며 반드시 경쟁의 장이 될 것이다. 조선이 위기 상황에 빠진다면 청과 일본의 상황 또한 급변할 것이다. 러시아가 영토를 확대하고자 한다면 당연히 그 시작은 조선일 것이다. 또한 러시아는, 마치 고대 진秦 왕조가 그러했듯이 먹잇감을 호시탐탐 노리는 이리처럼 지난 300여 년 동안 영토를 넓히기 위해 부단히 노력해왔다. 러시아의 침략은 처음에는 유럽을 목표로 했고, 그 다음은 중앙아시아였으며 이제는 동아시아를 노리고 있다. 그러므로 조선이 러시아의 바로 다음 희생양이 될 가능성이 매우 높다. 따라서 조선에게 무엇보다 시급한 과제는 러시아의 침략을 막아내는 것이다.

그런 다음, 황준헌은 이렇게 묻는다. "러시아를 막아내기 위한 방책은 무엇인가?" 그는 직설적으로 답을 제시한다. "조선의 유일한 길은 중국과 친밀한 관계를 지키고[親中國], 일본과 결속을 다지며[結日本], 미국과 연합하는 것[聯美國], 그리고 자강을 도모[圖自强]하는 것이다." 이것이 조선의 기본 정책이 되어야 한다는 것이었다. 황준헌이 제안한 조선의 정책은 사실 두 부분으로 이루어져 있었다. "친중국, 결일본, 연미국"이라는 외교정책과 "도자강"이라는 국내 정책이다.

두 번째로『조선책략』은 러시아의 위협에 관한 내용으로 가장 첫 문단을 시작하고 있다. 그 문단은 다음과 같은 문장으로 시작한다. "지구 상에는 러시아라는 대단히 큰 나라가 있다(地球之上, 有莫大之國焉, 曰 俄羅斯)." 황준헌은 조선의 외교 및 국내행정에 급진적인 방향전환을 제안하는 자신의 정책 성명을 "지구상에는 러시아라는 대단히 큰 나라 가 있다."라는 뜬금없는 문장으로 시작하고 있는 것이다. 이것은 당시 동아시아의 국제정세에 대한 결정적인 인식이었다고 말할 수 있다. 또 한 이 문장은 핵심 주제를 분명하게 제시하고 있는 것이라고도 할 수 있을 것이다. 이어지는 황준헌의 정책 제안에 이 문장이 일관된 토대를 제공하고 있기 때문이다. 청조 치하의 중국이 러시아를 경계하고 있었 던 것은 기정사실이라고 할 수 있다. 청의 북방 영토에 접근하는 러시아 에 대해 청조가 위협을 느꼈기 때문이다. 하지만 황준헌의 시야는 유럽 까지 펼쳐져 유럽 열강의 대러시아 동맹을 결정적 지점으로 보고 있다. 이는 청 왕조의 젊은 외교관이었던 황준헌이 당대 상황을 예리하게 인 식하고 있었음을 보여준다. 황준헌은 자신이 제의하고 있는 새로운 외 교 및 국내 정책을 조선이 채택해야만 하는 필요성이 러시아의 위협에 있음을 간파했던 것이다. 물론 내가 보기에는, 당시 일본의 여론을 지배 하기 시작했던 러시아 공포증이 황준헌의 인식에도 영향을 끼쳤을 것 이다.

조선책략의 세 번째 특징은 황준헌이 조선에게 일본과 가까워지라 고 단호하게 제안했다는 점이다. 황준헌은 그의 제안의 세 가지 주축主 軸, 그중에서도 특히 그가 제안한 대일본 정책이 조선에서 큰 반감을 일으 킬 것이라는 점을 예상하고 있었다. 그에 따르면, 조선에게 결일본 정책 을 제안한 주요한 이유는 청을 제외하면 일본이 조선과 가장 긴밀한 관 계를 맺고 있었기 때문이었다. 청과 일본은 북쪽의 러시아에 대한 위협 을 공유하고 있었고 만약 조선이 불행한 사태를 겪는다면 일본도 큐슈

九州와 시코쿠四國를 보전할 수 없을 것이었다. "그러므로 일본과 조선은 바퀴와 차축처럼 서로 의지하고 있다." 서구 열강의 침탈 속에서 일본은 조선과 더불어 "입술과 이[脣齒]와 같은 긴밀한 연합"을 형성하리라는 희망을 주고 있었다. 때문에 황준헌은 조선에게 하찮은 혐일 감정을 버리고 일본과 결연하는 거시적인 정책을 택할 것을 권고했던 것이다.

그러나 조선 내의 반일 세력은 과거 도요토미 히데요시豊臣秀吉의 조선 정벌과 최근에 있었던 강화도 사건을 언급하면서 일본에 대한 불신을 정당화했다. 이러한 반일 감정에 대하여 황준헌은 조선이 과거에 외세의 침략에 일시적으로 굴복한 적은 있지만 완전히 정복당한 적은 한 번도 없었음을 지적하며 조선의 끈질긴 회복력을 강조했다. 나아가 일본의 침공 가능성에 대한 조선의 의구심을 가라앉히기 위해, 그는 조선 문제에 청이 개입하면 반드시 조선을 침략하려는 일본의 의도를 물리칠 수 있을 것이라고 했다. 그는 청이 조선에 주둔하고 있기 때문에 사이고 다카모리의 정한론은 어차피 실행될 수 없을 것이라고 주장했다.

황준헌이 일본에 대해 지나치게 너그러웠고 과하게 낙관적인 전망을 하고 있었음을 부정할 수는 없다. 황준헌이 조선에게 일본을 자강의 모범으로 본받으라고 권했던 것도 치명적이었다. "자강의 기반으로" 황준헌은 다섯 가지 방책을 언급하고 있다. 첫째는 청, 일본, 미국과 외교 관계를 맺는 것이고, 둘째는 중국과의 교역을 늘리는 것이며, 셋째는 한국 상인들이 나가사키와 요코하마에서 통상 기술을 배우게 하는 것이고, 넷째는 조선 육군과 수군이 청의 무기를 사용하게 하는 것이고, 다섯째는 청과 일본으로부터 서구의 과학기술을 배우는 것이다. 다섯 번째 방안에 대해 황준헌은 일본을 칭찬하면서 "조선의 신료들은 반드시 일본으로 가서 조선소, 병기창, 병영 등에 대해 배워야 할 것"이라고 말했다. 『조선책략』에 나타나는 황준헌의 일본에 대한 관점은 전반적으로 메이지 시대 일본의 급속한 "근대화"에 대한 칭송이며, 황준헌이 일본을 "조선의 자강"의 본보기로 보았던 것도 합당한 일이었다.

『조선책략』의 의의

대체적으로 말하자면『조선책략』은 역사의 전환점을 상징한다.『조선책략』은 동아시아의 국제 관계가 전통적인 중국 천하질서에서 벗어나 근대 국제 질서로 넘어가고 있음을 결정적으로 선언하는 것이었다. 또한『조선책략』은 아마도 처음으로 태동하는 근대 동아시아의 지정학적 지형도를 지구적 시점에서, 그리고 냉혹한 어조로 분명하게 제시한 문서이다. 나아가 이후 동아시아에서 펼쳐질 근대 국제 관계의 비극적 역사를 예견한 글이기도 하다. 황준헌의『조선책략』이 동아시아의 근대사를 결정지은 운명적 저작이었다고 해도 과언은 아닐 것이다.

조선의 외교 및 국내 행정에 급격한 전환을 제안한『조선책략』이 거대한 패러다임 변환, 혹은 하나의 국제 관계가 다른 국제 관계로 넘어가는 전환점에서 작성되었다는 사실을 여기에서 짚고 넘어가는 것이 적당할 것 같다. 황준헌과 다른 청 관료들은 전통적 천하 질서의 습관에서 완전히 해방되지 않은 상태에서 주변상황의 압력 때문에 새로운 정책을 제시해야만 했다. 가장 분명한 예는 그들이 조선에게 새로운 정책을 제안하려고 할 때 "(부모를 가리키는 한자인) 親"이라는 개념을 사용하면서 조선이 청과 친교를 유지할 것을 제안했다는 사실이다. 독립하려는 조선에 대해 청은 굉장히 부모와 같은 자세를 취했다. 한편으로 황준헌은 조선이 일본을 근대화 모델로 삼을 것을 권했다. 비극은 일본이 패러다임 변화의 물결과 근대화 사업의 시작에서 몇 걸음 앞서나가고 있었다는 점이었다. 일본이 시작한 근대화는 국민국가 형성을 최우선 목표로 삼고 있었다. 국민국가 건설은 과거에도 그랬고 지금도 그러하듯이 영토국가 건설과 사실상 동의어이며 영토국가는 제국주의적 팽창의 경향을 띤다. 영토 확장을 위한 경쟁은 제로섬zero-sum 게임이었다. 아니, 마이너스섬minus-sum 게임이었다고 해야 더 적절할 것이다. 게임이 벌어지는 체제 자체가 단일한 2차원의 공간 속에 지어져 있었기 때문이다. 국민국가 간에 제로섬 게임이 벌어지는 것을 피하고 싶다면 정반대의 성격을 띤 완전히 다른 체제가 필요하다. 즉, 제로섬 게임이 일어나는 것을 피하게 해줄 유일한 조건은 3차원의 다층 공간에 체제를 건설하는 것이었다. 이런 점에서 류큐와 쓰시마는 17세기에서 19세기에 이르는 비교적 긴 기간 동안 계속 두 개의 종주국을 섬겼음을 상기하기 바란다. 물론 두 섬의 주민들은 그들의 의존 관계를 관리하는 데에 엄청난 어려움을 겪었을 것이 틀림없지만 평화와 안보는 이 기간 동안 가까스로나마 유지되었다. 어쨌거나 『조선책략』이 특정한 국제 관계, 보다 정확히 말하자면 한 국제 관계가 다른 관계로 넘어가는 와중에 만들어졌음을 기억하는 것이 중요하다.

『조선책략』의 교훈

류큐가 일본의 배타적 영토로 결정된 것은 1894-95년의 청일전쟁을 통해서였다. 다시 말해, 『조선책략』에서 피력한 정책 구상의 결과, 류큐가 일본의 배타적 관할권 하에 놓인 것이라고 말할 수도 있을 것이다. 류큐와 쓰시마의 이중 소속 상태, 그리고 이중 소속 개념 그 자체는 『조선책략』이 펼친 근대 국민국가 체제 하에서는 유지될 수 없는 것이었다.

올해 오오타니 타다시大谷 正라는 일본인 교수가 『일청전쟁日淸戰爭』이라는 제목의 책을 냈다. 이 책은 균형 잡힌 시각으로 전쟁을 꼼꼼하게 서술하면서 청일전쟁에 대한 일본 학계의 최근 연구성과를 요약하고 있다. 이 책이 오늘날 일본에서 청일전쟁을 바라보는 표준적 관점을 담고 있다고 해도 무리는 아닐 것이다. 오오타니 교수는 일본인들이 일반적으로 품고 있는 청일전쟁에 대한 관점을 비판하면서 청일전쟁은 일본 지도부의 관점에서 보더라도 나쁜 전쟁이었고 실패작이었다고 결론짓는다. 특히 오오타니 교수는 다른 부분보다 전쟁의 다음 두 가지 결과에 주목한다. 첫 번째는 결과적으로 일본이 전쟁 목표 중 하나였던, 조선으로부터 러시아의 축출에 실패했다는 것이다. 두 번째, 친일 개화당이 쓸려나가면서 갑오개혁이 중단되었다는 점이다. 일본의 또 다른 전쟁 목표, 즉 조선의 행정개혁 추진과 더불어 조선을 보호령화하려는 일본의 시도 역시 좌절된 것이다.* 한마디로, 『조선책략』에서 제기된 정책 구상은 당대의 패러다임 변화와 엇나가고 말았다.

    오늘날 이상적인 세계 질서, 그리고 지역 질서를 보다 잘 전망하려면 백 년 전보다도 패러다임 변화에 더욱 보조를 잘 맞추어야만 한다. 동아시아에서 안정적이고 평화적인 질서를 만들어내기 위해 필요한 것은, 류큐의 이중 소속과 유사한, 달리 말하자면 3차원의 다층적 체제 안에서 모든 부분이 서로에게 중층적으로 소속된 상태라고 생각한다. 오늘날 우리는 훨씬 더 큰 규모의 패러다임 변화를 목격하고 있다. 그 변화는 우리에게 큰 기회가 될 것이다. 나는 어떠한 경우라도 무력을 통한 현상 변경에는 반대하지만, 우리가 반드시 이러한 변화를 적극적으로 활용해야 하며 중첩적으로 소속된 구성원들이 서로 협력하는 동아시아 공동체를 만들어내자는 우리의 꿈을 반드시 되살려야 한다고 생각한다.

---

* 오오타니 타다시(大谷 正), 2014: 234-235.

참고문헌

오오타니 타다시(大谷 正). 2014. 『日淸戰爭』. 中央公論.

타보하시 기요시. 1940. 『近代 日鮮關係 硏究』. 朝鮮總督府, (1973 재발간), vol.1.

하라다 다마키. 1999. 『조선의 개국과 근대화』. 히로시마(廣島): 溪水社.

하우봉 저, 모리야마 시게노리 역. 2001. 『개화기 수신사에 대한 일본의 인식』, 미야지마 히로시 저, 김용덕 등 편, 『日韓共同硏究叢書』 2, 근대교류사와 상호 인식 I (Japan-Korea joint research series, 2), 게이오 대학 출판부.

히라노 겐이치로(平野健一郎). 2002. "黃遵憲 『朝鮮策略』 異本 較合: 近代初頭 東アジア國際政治における三つの文化の交錯について", 『國際政治(International relations)』 129. 일본국제정치학회.

_____. 2003. Interactions among three cultures in East Asian international politics during the late nineteenth century: Collating five different texts of Huang Zun-xian's "Chao-xian celue" (Korean strategy), in English; Waseda University COE-CAS, *Creation of New Contemporary Asian Studies Working Paper*, No. 5.

黃遵憲 저, 조일민 역주. 연도 불명. 『조선책략』. 건국대학교 출판부.

국사편찬위원회. 1958. 『수신사일기』 2 (조선책략). 국사편찬위원회 편. 『한국사료총서』 9(수신사기록). 서울.

『조선책략』. 1976. 고려대학교 중앙도서관 편, 『김홍집 유고』 수신사 일기 중, 고려대학교 출판부.

『朝鮮策略』. 1950. 일본 외무성 편, 일본 외교 문서 vol.13, 도쿄(東京): 일본국제연구학회.

『朝鮮策略』, 前 나카무라 쇼지로 소장, 現 도쿄대학 문학부 도서관 중국고전 서가 소장.

8

동아시아의 꿈:
1894년과 2014년 지역질서 건축

손열(孫洌)

서론

1894년 갑오년 동아시아가 꿈꾼 미래는 낡은 과거를 새로움으로 지속적으로 대체해 가는 근대적 시간 구조에 적응하면서 기대하는 미래라 할 수 있다. 코젤렉(Koselleck, 1985)에 따르면 근대의 역사적 시간이란 경험공간과 기대지평이 분리되면서 경험부분은 작아지고 기대, 희망, 예측 등의 영역이 커지는, 따라서 시간의 밀도가 점점 높아지고 미래의 열망이 부풀려지는 시간을 의미한다. 미래는 과거 및 현재와 질적으로 다를 것이고, 현재는 지나간 그 당시의 미래가 된다. 시간이 갖는 동질성이 파괴되고 시간 구조 속에서 미래가 차지하는 비중이 불균형

---

* 2014년 10월 24일 한국사회과학협의회가 주최한 국제학술대회『갑오년의 동아시아와 미래한국: 1894와 2014』에서 발표.
** 서울대학교 아시아연구소. 2015.『아시아리뷰』제4권 제2호 (2015/02) 게재.
*** 경제·인문사회연구회 인문정책연구총서 2014-03 [갑오년의 동아시아와 미래한국] 게재.

적으로 커질 수 밖에 없다.

　당시 동아시아는 서양 제국주의 세력의 압력 하에서 국가의 생존을 위해 서양 근대의 제도를 도입하고자 하였다. 근대화의 미래는 이제까지 동양이 경험해 보지 못한 서양의 문명으로 상상되었다. 근대화의 선두에 선 일본의 계몽 지식인 후쿠자와 유키치福澤諭吉는 봉건적 현재의 극복을 통해 나아가야 할 진보의 종착지로 미래의 꿈을 문명사적으로 규정하였다. 서로 다른 공간에 존재하는 사회와 인간, 국가를 단일한 문명사의 시간축에 위치시켜 문명화 단계(야만→반개→개화)의 도달점의 차이로 배열함으로써 진보의 미래를 설정하고 국가의 완전한 독립을 그 종착역으로 규정하였다. 이러한 시간인식은 동양삼국에 비슷한 시기 등장했다. 동양평화론을 주창한 안중근의 꿈 역시 문명화를 전제한다는 점에서 크게 다르지 않다. 그는 일본의 근대를 비판한 것이 아니라 "탈아脫亞"론을 비판하고 일본의 "입아入亞"를 주장했다.

　이러한 근대의 꿈은 20세기 초반에 접어들면서 동아시아의 경험시간과 미지성/가속성에 지배받는 미래시간의 결합에 의해 연대와 공생의 새로운 경험지평을 열고자 하는 꿈에 도전을 받게 된다. 중국의 쑨원이나 일본의 동아협동체론에서 드러나는 이른바 대동大同적 아시아주의는 항상적 시간관에 따른 동아시아 공간 구상이라 할 수 있다.

　그렇다면 2014년 동아시아의 꿈은 어떤 시간구조 속에 있는 걸까. 여전히 시간의 미지성과 가속성에 영향을 받는 것인가. 현재적 경험을 완전히 벗어나는 미래를 향해 치닫는 것인가. 아니면 과학기술의 발달로 가속에 적합한 경험영역이 열림으로써 미래는 달리 포착되는 것인가. 20세기 초중반 아시아주의처럼 항상적 시간의 시대로 부분적 복귀를 시도하는 걸까. 현재 동아시아 주요세력들은 서로 다른 꿈을 꾸고 있다. 중국몽이란 슬로건처럼 시진핑 주석이 이끄는 중국은 새로운 대안적 질서를 모색하고 있고, 이웃 일본은 아베 신조 수상의 리더쉽 하에 "적극적 평화주의"에 기초하여 미일동맹을 강화하여 미국과 함께 중국을 견제하며 기존 질서를 유지하려는 노력을 경주하는 한편 보통국가로서 정체성을 구축하려 한다. 이런 속에서 한국은 어떠한 미래의 꿈을 꿀 수 있는 것인가.

1894년의 꿈

동아시아는 역사적으로 예禮를 명분으로 하여 천하를 중화中華와 이적夷狄으로 나누는 화이華夷개념에 근거한 전통 위계질서를 유지해 왔다. 1894년 청일전쟁은 이 질서를 결정적으로 붕괴시키고 서양 국제질서를 가져오는 결정적 사건이라 할 수 있다. 서양 근대를 가장 앞서 수용하면서 일본은 기존 문명의 변방이란 위치를 서양문명의 최전선으로 역전시켜 동양의 핵심으로 부상한다는 꿈을 키웠다. 그 핵심 이데올로그인 후쿠자와에 따르면 동양이 안고 있는 과제는 구미의 압력에 저항할 힘을 보유하는 일이나, 페르시아, 조선 그리고 아시아 최대국인 중국(청) 모두 혼미의 상태이기 때문에 "현재 동양의 열국이고, 문명의 중심이 되며, 타국의 별로서 서양제국에 당할 자는 일본국민" 뿐이라 단언한다("時事小言"『福澤諭吉選集 5卷』). 중국과 조선이 일본과 공동보조를 취하지 못하는 경우, "我國[일본]은 隣國의 開明을 待하여 共히 亞細亞를 興하기를 猶豫할 수 없"으므로 문명의 서양과 보조를 맞추고, 조선과 중국을 오래된 이웃으로서 특별한 관계로 대하는 것이 아닌 문명과 야만의 관계로, 그리고 후자를 문명화시키는 관계로 대해야 한다는 이른바 탈아론脫亞論이 나오게 되는 것이다("脫亞論,"『福澤諭吉選集 7卷』).

일본은 이러한 신문명의 꿈을 청일전쟁 개전의 정당성을 주장하는 근거로 삼았다. "신문명을 대표하는 소국"과 "구문명을 대표하는 대국" 간의 충돌과 의전義戰으로서 전쟁은 일본의 문명 선택을 상징하는 것이었다. 전쟁의 승리는 일본에게 한편으로 서양 문명의 구현자로서 자부심을 가져다 주었지만 다른 한편으로 서양에 대한 동양의 대표자/대변자로서 위치와의 정체성 갈등을 겪지 않을 수 없었다. 특히 러시아, 프랑스, 독일 등 삼국간섭에 의해 "탈아"의 벽을 절실하게 느끼면서 새로운 진로를 모색하는 움직임이 대두되었다(山室信一, 1997). 사회진화론과 황화론이란 서양의 인종주의적 접근에 대항하여 황색 인종간 연대를 주창하는 "동양연대론"이 부상하게 된 것은 이런 배경에서였다. 대표적으로 타루이樽井藤吉는 동종인의 일치단결로 서양의 위협에서 벗어나자는 "대동합방론"을 주장한다. 구미가 동양에 개국開國과 문명개화를 강요하는 한편 아시아계 이민에 대해서 구미가 문호를 폐쇄하는 이중적인 모습을 보이는 이면에는 본질적으로 인종과 인종의 교섭충돌, 특히 백인종과 황인종의 각축으로 전개되는 양육강식의 국제정치가 전개되고 있다는 것이다. 여기서 싸움은 상호간 판도의 확대 경쟁이 될 것인데, 구미와 평형을 이룰 만한 판도를 확보하려면 일본은 지리상의 순치脣齒, 인종상의 동종인 동양삼국간의 연대/합방을 취해야 한다는 것이다. 코노에近衛磨唐 역시 세상을 백인종과 황인종간의 인종경쟁으로 보면서 "인종보호의 묵계"에 의한 일청日淸동맹론을 중심으로 동양인 스스로 동양문제를 결정하는 권리가 있음을 주장하는 일종의 동양판 먼로주의를 내걸었다.

대동합방론, 동양연대론 등 인종연대는 당시 조선에 상당한 매력을 갖는 구상이었다. 예컨대, 독립신문은 동양삼국이 아시아란 동일한 지리적 경역에 속해 있을 뿐만 아니라 인종이 같고 문자가 상통하며 풍

속도 유사하기 때문에 유럽의 침범을 '동심同心'으로 막아 속국화를 방지해야 한다고 주장하였다(독립신문, 1898/04/07). 나아가 "일본사람들은 황인종 형제의 모든 나라들을 권고하고 인도하여 종자를 서로 보호할 큰 계책을 세워 동양 큰 판에 평화함을 유지케 하는 것이 하나님께서 정해주신 직분의 당연한 의무"라고 하였다. 1904년 2월 러일전쟁이 발발하자 당시 한국인들은 이 전쟁을 황색인종의 멸절滅絕이냐 흥창興昌이냐의 기로에 서게 된 것으로 파악하고 황색인종국가인 동양삼국이 단결해야 한다고 보았다. 황성신문은 러일전쟁이 러시아로부터 '동양평화와 안전'을 지키려는 노력이라는 일본의 주장에 동조하여, 러시아를 동양삼국의 공동적국으로 간주하였다(황성신문, 1903/10/15, 1903/10/28, 1904/05/06, 1904/05/31).

안중근의 동양평화론도 이러한 맥락을 잇고 있다. 그는 러일전쟁을 "황백인종간의 경쟁"이라 보았고, 이 때문에 "지난날의 원수진 심정이 하루아침에 사라져버리고 도리어 하나의 큰 인종사랑하는 무리(一大愛族黨)"를 가졌음에도 불구하고 일본이 "같은 인종인 이웃나라를 깎고 우의를 끊어 스스로 방휼蚌鷸의 형세(방합과 도요새가 서로 다투는 틈을 타서 둘 다 어부에게 잡히고 만다는 고사)를 만들어...한청양국인의 소망을 크게 절단"내었기 때문에 이토 히로부미를 암살하는 "의전義戰"을 개전하였다고 주장하였다. 1910년 2월 17일 관동도독부 고등법원장과의 면담내용인 「청취서」에서 그는 "한국, 청국 그리고 일본은 세계에서 형제의 나라와 같으니 서로 남보다 친하게 지내야 한다. 그러나 오늘에 있어 형제간의 사이가 나쁠 뿐이며 서로 돕는 모습보다는 불화만을 세계에 알리고 있는 형편"이라고 지적하면서 정치, 군사, 경제, 사회, 문화 등 여러 방면에 걸친 지역협력질서 구상으로서 "동양평화론"을 주창하였다(정용화, 2006).

안중근의 꿈, 인종에 의한 동아시아 연대의 꿈은 서양에 대한 안보적 대항을 넘는 새로운 비전을 제시하지는 못한 가운데 동아시아가 제국주의 세력권 경쟁에 함몰되고 일본이 탈아를 통해 영국과 협력으로 동북아(극동) 질서의 주도자가 되고자 매진하면서 소멸되었다. 청일전쟁은 일본으로 하여금 동북아에서 영국 패권질서 건축의 2인자로서 제국주의 국제정치를 적극적으로 수용하는 정체성을 구성하도록 이끌었다.

동양연대의 꿈이 좌절된 또 다른 이유는 청일전쟁이 가져온 경제변화이다. 구미 자본주의, 혹은 런던의 세계금융자본시장에 편입되는 결과가 그것이다. 시모노세키 조약에 의해 일본이 중국으로부터 받은 은화 2억3천만냥의 배상금이 주요한 계기이었다. 이 배상금은 일본의 전비를 완전히 탕감하는 규모로서, 중국정부 예산의 3배, 일본의 연간 재정수입의 8배, 일본 국민소득의 1/4에 달하는 거액이었다. 청일 양국은 배상금을 영국은행Bank of England에 예치하기로 합의했고, 일본은 이를 일본은행의 금화준비고gold reserve로 전환시켜 일본 엔화의 금태환을 가능하게 만들었다.

산업혁명을 거치면서 자본주의적 성장 괘도에 오른 일본은 대외관계의 확대에 따라 안정적 통화시스템으로서 금본위제를 고려해야 했다. 금본위제 도입은 국제거래에 있어 외환리스크를 줄여주는 촉진조건이었을 뿐만 아니라 일등국가, 유럽 국제사회의 일원임을 상징하는 것이었다. 금본위제 전환에 따른 가장 큰 문제는 금보유가 턱없이 부족한 데 있었으나 청일전쟁 승리로 일본은 배상금을 영국통화 즉, 금으로 태환하는 화폐로 지불받기로 하여 이 제약에서 벗어날 수 있었고, 과거 일본정부의 구좌개설을 거절하였던 영국은행은 막대한 배상금을 마다할 리 없었다. 따라서 일본이 영국과 여타 유럽 금융시장에서 활동할 수 있는 길이 열렸다. 세계자본주의의 중심인 런던 금융가에서 일본은 국채를 발행하여 군사력 증강을 위한 전비를 충당할 수 있었고, 런던의 은행가들은 동맹국 일본정부를 위해 월스트리트의 협조를 얻어 러일전쟁 전비 마련에 도움을 주었다. 이는 러일전쟁 개전 초기 일본으로부터 금 유출을 막는 데 결정적 역할을 하였고, 또한 일본이 전쟁 중 런던, 뉴욕, 베를린에서 전쟁자금을 거액의 전쟁자금을 조달할 수 있는 배경이 되었다(Metzler, 2006: 47). 그 규모는 8억엔(8,200만 파운드)로서 당시 정부예산의 2배에 달하였고 일본국내 모든 은행의 예금고를 초월하는 수치이었다.

한편, 중국은 배상금을 갚기 위해 유럽으로부터 자금을 끌어들이려 이권 세일에 나섰고, 독일, 프랑스, 러시아 등 열강은 개발이권, 조차권concessions을 좇아 몰려들었다. 이들은 중국정부에 외채를 제공하였고, 그 결과 중국은 종전 3년만인 1898년 1,600만 파운드 규모의 영국-독일 융자로 배상금을 최종 상환할 수 있었다. 결과적으로, 일본의 청일전쟁 전비는 전적으로 유럽금융시장에서 조달된 셈이고 중국은 배상금 지불을 위해 유럽자본에 철저히 종속되는 결과를 가져왔다. 자본주의 이외 다른 선택지가 없었던 동아시아 국가들은 금본위제, 런던 중심자본시장, 자유무역체제를 받아들이고 그 속에서 생존과 번영의 꿈을 키워야만 했다. 선두에 나선 일본도 청일전쟁을 계기로 신일영新日英통상조약에 의해 불평등조약을 개정하며 관세자주권을 부분적으로 회복하기 시작하였고 독일(프러시아)에서 배운 산업정책에 의한 따라잡기를 시도하였지만, 영국 패권 세계자본주의 체제 속에서 가능한 상대적 자율성에 불과하였다. 결국 후쿠자와의 꿈은 동아시아에서 일본만의 독립을 지켜주는 대신, 본서 커밍스의 글이 주장하듯이 2등국 일본의 위치를 확보하는 현실로 귀결되고 말았다.

21세기 꿈의 경쟁

　21세기 초 동아시아 지역질서는 거대한 변환을 겪고 있다. 첫째, 미중간 세력균형의 변화에 따라 역내 중국의 경제적 영향력이 확대되고 이에 따른 군사적 균형도 서서히 변화하고 있으며 이런 변화를 바탕으로 중국은 기존 질서의 정통성에 시비를 걸며 대안적 규범과 제도를 제시하려는 움직임을 보이고 있다. 둘째는 세력의 분화와 확산diffusion이다. 지구화의 진전에 따라 다양한 행위자들의 위상이 제고되고 경제의 다자주의적 제도화가 다양한 형태로 이루어지고 있다. 미중 간 경쟁변수로 단순히 환원시킬 수 없는 현상이 드러나고 있는 것이다. 셋째, 근대이행과정에서 야기된 정체성 갈등이 부각되면서 전통적 외교관계가 동요하고 있다. 일본 제국 및 중화질서의 기억은 동아시아 지역에 독특한 국제정치적 관계를 제공하고 있다. 따라서 현재 동아시아는 이러한 현실을 담는 새로운 지역질서를 건축해야 하는 시대로 접어들었고 새로운 동아시아의 꿈을 이야기할 때가 왔다. 주요국은 어떻게 나오고 있는가.

　미국은 동아시아에서 중국이 급속한 경제성장으로 인접국들에 대한 영향력이 신장됨에 따라 "태평양을 가로막을 것"이란 전략적 우려, 자국경제 회생을 위해 세계경제의 동력이 되고 있는 동아시아 시장 진입의 필요성이란 경제적 고려가 결합되면서 지역질서 건축에 적극 나서게 된다. 힐러리 클린턴 국무장관에 의해 제시된 이른바 아시아 재균형정책은 양자동맹의 강화, 중국 등 신흥국과의 파트너쉽 심화, 지역다자제도에 적극적 개입, 무역과 투자의 확대, 군사적 전진배치, 민주주의와 인권 신장이란 6개 원칙으로 구성되어 안보, 경제, 가치 3면에서의 전진배치외교forward-deployed diplomacy로 표현되고 있다. 이는 동맹을 토대로 한 안보질서, APEC을 중심으로 한 경제질서란 기성질서에 새로운 층위를 보강한 것이다(Clinton, 2011).

미국은 나아가 "태평양의 꿈Pacific Dream"을 펼치고 있다. 2013년 4월 15일 케리Kerry 국무장관은 일본방문에서 널리 익숙한 미국의 꿈American Dream의 연장선상에서 태평양 저편의 아시아 국가들과 함께 성장해 가자는 비전으로서 보편가치를 통해 안보, 경제, 환경, 사회협력의 신시대를 열겠다고 선포하였다. 그는 아시아가 "세계의 평화와 번영"에 공헌하기 위해서 첫째, 동맹 네트워크를 중심으로 강력한 안보적 성장을 이룩하고, 둘째, 개방적이고 투명하며 책임성을 갖는 공정한 시장체제의 성장을 기하며, 셋째, 온실가스 감축을 중심으로 한 지속가능한 성장을 수립하고, 넷째, 민주주의, 법치, 보편적 인권 등에 기반한 정당한 성장을 추구하는 등 네가지 성장의 원칙을 제시하고 있다(Kerry, 2013).

중국은 미국의 아키텍처 구상을 대중봉쇄정책으로 인식하고 대안적 아키텍처를 제시하게 된다. 2012년 양제츠 외교부장은 "조화"란 가치를 띠우면서 "다양성을 존중하고 포용정신을 견지하여 조화세계"를 구축하자고 제창하였고, 후진타오 주석은 발전모델의 다양성을 존중하되 실물경제와 금융경제의 균형, 국내경제와 국제경제의 균형, 효율성과 평등성의 균형을 통해 인간중심의 포괄적 발전을 주창하면서 시장중심의 워싱턴 컨센서스를 우회적으로 비판하였다. 이어 시진핑 주석은 "중국몽"이란 수사와 함께 중화민족의 위대한 부흥을 외치며 군사력 강화와 함께 역내 우월한 경제적 지위를 지렛대로 삼아 지역질서의 주도권을 잡으려는 외교적 노력을 강화해 왔다. 미국이 재균형 정책의 주축으로 경제면에서 APEC, 안보면에서 EAS를 적극적으로 활용하면서 개입의 범위와 깊이를 확대해오는 데 대해 중화질서의 부활을 성취하기 위한 아시아 외교 지침으로 '친親·성誠·혜惠·용容' 즉, '친하게, 성심껏, 호혜 원칙에 따라, 넓게 포용한다'는 키워드를 제시하여 "중국의 발전을 위해서는 안정적인 주변 환경이 필요하고 주변 나라들이 중국의 발전 혜택을 넓게 받도록 하겠다"는 일종의 "신형주변국관계"를 제시하였다(Xi, 2013). 이제 중국은 가치판단과 행동기준을 정하는 규범과 이를 구현하는 제도를 독자적으로 제시하기 시작하고 있다. 동아시아 안보질서가 냉전의 유물인 동맹체제에 의해 지탱해 왔음을 비판하면서 공동, 포괄, 협력, 지속가능한 안보를 주요개념으로 하는 '신안보관'이란 규범을 제시하고 미국이 배제된 '아시아교류 및 신뢰구축회의(CICA)'를 지역안보 다자기구로 제안하고 있다. 경제면에서도 중국은 경쟁시장의 효율성을 강조하는 미국식 세계화를 비판하면서 지속가능성과 평등성, 다양성을 중시하는 포괄적 발전규범을 제시해왔다. 아시아인프라투자은행AIID은 금융·개발부문에서 새로운 규범을 담는 대안적 제도로 제시되었다. 통상부문에서도 고수준의 시장자유화를 지향하는 미국주도에 대항하여 새로운 규범을 담는 지역다자 FTA 모델을 들고 나올 것으로 보인다.

 미국은 중국과 명시적 대결구도로 가는 것을 원치 않는다. 미국은 재정압박으로 군사비를 감축해야하는 힘든 상황에서 기존 동맹국들과 군사동맹을 강화하고 중국이 아시아에서 미국을 밀어내고 있다는 판단 하에 이를 반접근, 지역거부전략이라 부르며 서태평양 지역에 군사력을 증강하고 있고, 중국 역시 서태평양 지역에서 해양권익을 수호하고 확장하기 위해 해공군력을 비약적으로 증강하고 있다. 그러나 양국은 군사적 갈등을 회피하면서 비군사적 영역에서의 상호의존관계를 바탕으로 협력의 가능성을 찾아가는 이른바 "신형대국관계"를 받아들이고 있다. 중국이 강대국에 걸맞는 외교를 하라는 미국의 요구에 부응하면서 책임있는 패권경쟁국으로서 위상을 설정한 반면 미국은 향후 경제력 회복과 글로벌 리더쉽 강화를 위한 시간벌기로 이를 활용하고 있다고 볼 수 있다. 두 국가는 지역질서 주도권 싸움을 벌이되 적나라한 패권경쟁으로 치다르지는 않겠다는 합의를 하고 있다(전재성, 2013).

미중 양강간 경쟁 구도 속에서 1894년 동아시아의 꿈을 주도했던 일본은 21세기 들면서 동아시아공동체론을 주창하고 나선 바 있다. 2009년 집권한 하토야마 유키오 총리는 "우애fraternity"를 키워드로 해서 동아시아 공동체 수립을 주장하였다. 그는 물질만능, 개체주의적 미국식 시장자본주의와 지구화globalization를 극복하고 외교적으로는 미국중심주의로부터 전환하려는 지역주의를 전면적으로 내걸어 주목을 끌었으나 동맹과 공동체의 양립과 조화를 이루는 전략을 마련하지 못한 채 퇴진하였고, 이후 "강한 일본"을 외치며 부흥을 내건 아베 신조 정권이 등장하면서 지역주의는 퇴조하고 "국제협조주의에 기반한 적극적 평화주의" 하에 군사적 능력 및 역할 확대, 미일동맹 강화, 보편가치를 공유하는 국가들과 협력관계 강화를 추진해 왔다. 일본은 미국의 안보 아키텍처에 적극 동참하는 한편, 미일동맹의 반중反中적 성격을 강조하면서 "미일 vs. 중국"의 구도를 만들어가고자 하며 나아가 호주, 인도 등 보편가치 공유국과의 연대를 통해, 또한 러시아, 북한과 관계개선 등 독자적 외교노선으로 중국포위 목표를 성취하고자 한다. 미국 주도 TPP 교섭 참가 선언 역시 한편으로는 경제성장의 수단으로, 다른 한편으로는 중국포위 전략의 일환으로 수용되었다고 볼 수 있다(손열, 2014). 이러한 반중적 흐름 때문에 일본의 국가전략에서 적극적 지역다자질서 구상은 찾아 볼 수 없다.

동아시아의 꿈과 한국의 역할

현재 동아시아 지역질서는 근대 지역질서의 전형인 서구처럼 힘의 각축과 세력균형논리가 작동하는 안보영역과 시장규율에 의한 초국가적 자본의 논리가 지배하는 경제영역으로 구성되어 존재해 왔던 반면, 여러 면에서 서구와 차이점도 보이고 있다. 첫째, 동아시아는 2,000여 년의 전통 위계질서로부터 근대 국제질서로의 변환을 급속하고 압축적으로 겪어 충분한 조정과 여과의 여유를 가지지 못했다. 따라서 전통질서가 역내 구성원들의 의식과 감정의 차원에 존속하고 있음은 물론, 전통질서의 요소들이 미래질서의 대안적 원형으로 복원되는 경향도 보인다. 동시에 19세기 말 이래의 제국주의가 여전히 기억의 정치 영역에서 남아 동아시아 국가들의 양자관계에 족쇄가 되고 있음도 쉽게 목격할 수 있다. 최근 일본의 군사대국화가 주변국들에게 20세기 제국주의 식민지 역사를 상기시켜 안보위협이 되는 경향을 목도하고 있다. 21세기 동아시아 지역질서는 안보영역에서 근대 세력균형의 논리와 경제영역에서 탈근대 거버넌스적 논리가 작동하는 동시에 정체성의 영역에서 집합적 기억collective memory의 유산이 안보 및 경제논리와 함께 상당한 영향을 미치고 있다.

이런 환경 하에서 미국의 꿈은 21세기 동아시아의 경험공간을 반영하면서 기대지평을 넓히는 미래가 될 수 있을까. 미국은 보편가치를 띠우면서 세련된 언어로 미래를 그리고 있지만 여러 결함을 노정하고 있는 자유주의 국제질서의 현상을 유지하려 한다는 점에서 한계가 노정된다. 동맹의 부채살 구조로 동아시아의 안정과 평화를 유지하는 데 충분하지 않으며 중국의 비중을 충분히 담지 못하는 미국주도 경제질서로는 지역의 번영을 가져다주는 데 한계가 있다. 현상유지를 원하는 미국의 현재주의presentism적 미래관으로 동아시아의 꿈을 채우기는 부족하다.

　21세기 중국의 꿈은 예기치 못한 미래라기보다는 경험의 부분이 크게 들어오는, 따라서 과거를 미래로 끌어들이는 진단이 내재되어 있다. 과거가 지니는 이미 보장된 미래성이 국가의 행동반경을 여는 동시에 제한하는 것이다. 그러나 21세기 미래를 전근대 혹은 전통의 시간구조로 진단하는 데는 한계를 가질 수 밖에 없다. 지구화와 정보화의 추세 속에서 전통적, 전근대적 시간구조로 회귀할 수 있으리라 전망하기는 어렵다. 이런 점에서 중국의 꿈은 과거의 영광을 부활하려는 전략적 의도가 강하게 깔린 프로젝트라 하겠다.

　미국과 중국의 꿈은 서로 자국이 중심이 되는 세계를 그리고 있다. 두 꿈은 서로 다른 미래를 상상하고 있으며 패권적 일면을 드러내고 띠고 있어서 이렇게 가면 동아시아의 미래는 어둡다. 그렇다면 동아시아에는 제3의 꿈이 필요하다. 문제는 일본이다. 미중 사이에서 전략적으로 중요한 역할을 수행할 위치에 있고, 지난 120년간 동아시아 담론을 주도한 경험을 가진 국가이다. 근대 진입이래 가장 오랫동안 풍부한 지역연대의 꿈을 제시해왔으나 식민지 과거와 전쟁 등 역사와의 화해에 따른 정체성의 문제를 해결하지 못하여 주저하고 좌절해 왔다. 현재 일본 수뇌부는 오늘의 어려움이 1945년 패전이후 들어선 전후체제의 구조적 모순으로부터 야기되었다고 믿고 있다. 승자에 의한 점령사관으로 일본의 아름답고 영광스런 과거가 부인되었고, 점령군의 손으로 씌여진 평화헌법때문에 군대를 보유하지 못하는 비정상 근대국가로 남게 되었다는 것이다. 일본이 재도약하려면 과거를 새롭게 해석하는 애국주의 교육과 함께 헌법개정으로 군대를 보유하는 정상국가로 거듭나야 한다는 것이다. 위안부 문제를 둘러싼 수구적 대응을 보면서 미래에 대한 일본의 전향적 태세를 기대하기 어렵다.

또한 반중 연대를 꾀하는 외교전략 역시 21세기 중국경제의 확장성과 그에 상응하는 군사력 강화의 추세를 볼 때 지극히 1894년적 사고방식을 답습하는 것으로 평가하게 된다. 1930년대 중일전쟁 전후 일본의 지배 엘리트들은 중국을 품지 못하는 동아공동체는 성립될 수 없음을, 나아가 일본의 활로를 개척할 수 없음을 지적한 바 있다(백영서 편, 1997). 21세기의 동아시아 역시 중일간 협력 없이 평화와 번영을 기대하기 어려움은 마찬가지이다.

이렇듯 미국, 중국, 일본이란 세 대국이 서로 다른 꿈을 갖고 있는 속에서 한국은 이들이 평화적으로 경쟁하며 협조할 수 있도록 돕는 중견국의 꿈을 키워야 한다. 한국은 어느 한편에 기대어 이득을 보려는 약소국 외교로는 더 이상 커진 덩치에 비례해 다면화된 국익을 성취할 수 없다. 중견국으로서 강대국간 신뢰구축을 돕고 이해관계를 조정하며 협력을 촉진하는 중개자 역할을 추구해야 하며 이를 위해서는 우선적으로 동아시아 미래에 대한 비전을 마련해야 한다.

21세기로 진입하기 이전 한국외교는 동아시아 지역region에 대한 관심이 적었다. 지역전략 없이도 한미동맹, 그리고 그 연장선상에서 한-미-일 안보협력, 한중 전략협력관계의 확보로 국익을 실현할 수 있다고 믿었기 때문이다. 역내 국가들과 다자연대를 추구하려는 시도는 냉전기 이승만의 태평양동맹구상과 박정희의 아시아태평양각료이사회ASPAC 주창 등이 있었고 냉전이후에도 노태우, 김영삼 정부의 동북아 다자안보협력 노력, 김대중 정부의 동아시아공동체 등이 제시된 바 있다. 하지만 한국정부가 본격적 관심을 가지고 국가전략차원에서 지역을 단위로 한 외교구상을 본격화한 것은 노무현 정부 출범이후의 일이다. 노무현 정부는 3대 국정목표의 하나로 "평화와 번영의 동북아시대" 실현을 설정할 만큼 동북아의 꿈을 갖고 있었다. 동북아를 단위로 한 경제협력 강화와 시장 개척 등을 통해 성장 잠재력을 확충하는 "번영의 공동체"를 실현하고 "평화의 공동체"로 발전해 나가며, 그 핵심과제로서 "진정한 동북아시대를 열자면 먼저 한반도에 평화를 제도적으로 정착"시키려는 것이다.

이러한 노무현의 꿈은 (1) 구상의 적실성과 실천능력, (2) 인정recognition의 문제란 두 차원에서 여러 난관에 봉착하여 결국 좌초하였다. 첫째, 지역구상은 자기중심적인 발상에 근거하였다. 노무현대통령은 취임사에서 "근대 이후 세계의 변방에 머물던 동북아가 세계경제의 새로운 활력으로 떠오르고" 있으며 "중국과 일본, 대륙과 해양을 연결하는 다리"로서 한국의 전략적 위치로 말미암아 "21세기 동북아 시대의 중심적 역할을 우리에게 요구"하고 있다고 주장하면서 동북아중심국가론을 펼쳤으나 막상 동북아의 중국과 일본은 동아시아란 보다 넓은 지리적 공간을 협력의 단위로 삼아 움직였고 한국을 중심으로 인정하지 않았다. 1997-8년 동아시아를 휩쓸고 간 금융위기를 계기로 동남아의 아세안 국가들과 한중일 삼국은 아세안+3APT란 지역 협의체를 결성하여 다양한 금융, 무역협력을 추진하였고, 새로운 지역질서의 그림을 "동아시아공동체"로 명명하면서 그 실천전략의 마련에 나섰다. 중국과 일본은 동아시아 지역협력을 주도하기 위해 치열한 외교경쟁을 벌이는 상황에서 한국의 주창한 동북아 협력에 큰 관심을 보이지 않았던 것이다.

보다 근본적으로 동북아 구상은 동아시아 지역질서의 본질에 대한 심도 있는 이해 속에서 설정되지 못하였다. 전술하였듯이 동아시아질서는 경제적, 사회적 차원에서 국경을 넘는 네트워크가 확장, 심화되어 탈근대적 양태를 띠는 한편, 국가간 세력배분구조의 변화에 따른 세력경쟁이란 근대적 경쟁구도가 자리하고 있고, 근대이행기 야기되어 미해결 상태인 역사, 영토문제가 엄존하여 국가간 대립구도를 연출하는 세가지

층위가 병존하면서 상호 연계되어 존재하고 있다. 노무현 정부는 동아시아의 경제/안보/역사 넥서스란 복합적 성격을 이해하지 못한 채 (신)기능주의에 근거하여 경제협력을 통해 안보로의 전이효과$_{spillover\ effect}$를 기대하는 나이브한 접근을 추구하였던 것이다.

둘째, 동북아구상은 한미동맹, 한일관계 등 양자관계와 정합적으로 설정, 운용되지 못하였다. 두 전통적 우방과 외교적 긴장을 초래한 속에서 다자주의와 양자주의가 상호보완적이지 못하고 대체적으로 운용됨에 따라 미국의 불신을 가져오는 결과를 초래하였다. 민족우선적 대북관계나 "동북아 균형자론," "협력적 자주" 등은 미국과 잦은 마찰을 가져왔다. 노무현 정부는 동맹보다 지역공동체를 우선한다는 인상을 주었고 미국은 한국의 지역적 주도권을 인정하지 않았으며 중국과 일본 역시 한국의 "중심"과 "균형자" 역할에 대해 대동소이한 반응이었다. 이런 만큼 국내적으로도 이념적 대립구도가 심화되었고 많은 논란을 초래하였다.

뒤이어 이명박 정부는 동북아구상을 폐기처분하고 한미동맹 강화에 주력하면서 "글로벌 코리아"란 슬로건 하에 지구적 책임과 역할을 강조하는 외교노선을 선택하였다. 그 결과 한미관계는 최상의 상태를 이룩하였고 녹색성장$_{green\ growth}$ 주도, G20 정상회의 및 부산 원조효과성 고위자회의, 핵안보정상회의 등의 성공적 개최로 지구 거버넌스에서 일정한 역할을 수행하는 외교적 성과를 거두었다. 반면 동북아 구상 폐기의 공백을 메우기 위해 "신아시아 구상"이란 정책을 내어 놓았으나 내용의 구체성이 떨어지는데다가 실행수단도 여의치 않고 주변국의 협조도 이루어지지 않은 속에서 소멸의 운명을 맞이하였다.

동북아 평화협력구상의 가능성[*]

　박근혜 정부의 지역전략은 표면적으로 동북아 평화협력구상에 근거하고 있다. 이 구상은 지역내 국가간 경제적 상호의존이 심화되고 있음에도 불구하고 정치안보협력이 미치지 못하는 현상에 주목하여 이를 "아시아 패러독스"로 부르면서 경제(혹은 비-정치안보)와 정치안보 이분법 발상에 근거하여 논리를 전개하고 있다. 구체적으로 협력이 용이한 비전통 연성안보 이슈(재난구호, 사이버안보, 에너지, 기후변화 등)에서 참여가 가능한 국가를 중심으로 시작하여 점진적으로 다자간 대화와 협력의 관행을 축적하여 역내 평화와 협력 메커니즘 구축으로 이어가겠다는 전략이다.

　여기서 핵심 개념은 신뢰이다. 한반도 신뢰프로세스가 신뢰외교의 한반도 버전이라면 "동북아 평화협력 구상은 신뢰외교를 동북아에 적용하여 신뢰가 부족한 이 지역에 신뢰를 쌓아가려는 노력"이다. 신뢰를 통해 협력의 관행을 쌓아가고 이러한 협력을 통해 동북아에 지속가능한 평화와 번영의 토대를 구축하겠다는 것이다. 이런 점에서 보면 이 구상은 장기적 시야에서 추진되고 있다. 또한 기존 역내 다자협력체를 대체하는 과감한 접근을 지양하고 한반도 신뢰프로세스, 유라시아 이니셔티브 등과 선순환적 발전을 모색하는 일부분으로서 설정하고 있으며, 또 주변국의 이해를 얻으려는 조심스런 시도로서 평가될 수 있다.

　그러나 동북아평화협력 구상은 지역구상으로서 몇가지 중대한 문제점을 노출하고 있다. 이는 상당부분 동아시아 지역질서에 대한 이론적 성찰이 미흡한 데서 나오는 것으로 보여진다. 첫째는 이 구상의 출발점

---

[*] 이하의 논의는 손열, "공생과 번영의 동아시아 다자질서 건축전략" (EAI 미간행논문)

으로서 "아시아 패러독스"론이 안고 있는 개념적 적실성을 들 수 있다. 사실 경제적 상호의존/협력과 안보갈등의 공존은 아시아만의 패러독스가 아니다. 과거 제1차 대전 및 양대전간기 영국과 독일, 독일과 프랑스 등이 대표적이고 현재 미국과 중국, 일본과 중국 사이 역시 양자 공존 현상이 드러나고 있다. 경제영역에서 기능적 협력이 안보갈등을 완화, 해소한다는 자유주의적 입장에서 볼 때 분명 이는 역설이나 경제와 군사가 별개의 논리로 움직인다는 현실주의적 입장에서 보면 결코 예외적인 현상은 아니다. 아시아의 사례는 자유주의적 역설이라 부를 수 있다.

보다 큰 이론적 이슈는 역설의 해결방식으로 제시하는 이른바 비안보영역(특히 비전통 연성안보 이슈)에서 협력의 관행을 축적하면 경성안보 이슈에서 협력이 가능할 것이라는 논리이다. 현 정부는 협력 관행 축적 방식으로 의제별 국가 정부대표회의 개최, 기존협의체의 활성화 및 참여국 확대를 통한 대화 촉진을 들고 있으나 이런 활동들이 심화될 때 경성안보이슈에서 협력을 가져올 수 있다는 결정적 논리, 논거를 제시하지 못하고 있다. 사실 '연성'에서 '경성'으로 협력전이 논리는 유럽통합을 설명하는 대표적 접근법으로 신기능주의$_{neofunctionalism}$의 핵심 개념인 이른바 전이효과$_{spillover\ effect}$로 설명될 수 있으며, 현 정부의 구상은 이를 받아들이고 있다고 보아야 한다. 비안보 영역에서 기능적 협력에 따른 전이효과가 발생하여 안보협력을 이끈다는 논리로서 동북아 평화협력 구상의 경우도 이론적으로 비전통 연성안보 의제에서 신뢰와 협력의 관행을 쌓아간다면 전이효과로 안보 의제에서도 협력이 가능하게 된다는 개념이다. 여기서 중요한 이론적 포인트는 전이효과의 조건과 전이의 메커니즘이다.

신기능주의에 따르면 비안보 영역에서 기능적 협력의 확산에 의해 자국내 평화이익$_{peace\ interest}$란 사회적 선호가 형성되고 상대국의 유사한 사회적 선호와 연계되면서 양국의 안보적 결정에 구속constraint을 가하게 된다. 여기서 전이효과는 기능적 상호의존성 즉, 서로 다른 부문(이슈영역)간 상호의존성이 상당히 높을 때 일어나게 된다. 한 분야에서 통합이 상호 연관된 여타 분야에 기능적 압력functional pressure을 가하여 통합의 확장이 이루어지는 것이다. 만일 비안보부문간 상호의존성이 낮은 경우, 또한 비안보영역과 안보영역이 거의 독립적인 경우에는 (즉, 비안보부문의 안보화가 상대적으로 낮을 때) 의미 있는 기능적 압력이나 전이효과를 기대할 수 없다. 따라서 동북아 평화협력 구상이 주요 이슈영역으로 잡고 있는 비전통안보 부문 간 상호의존성이 높아야 하고 나아가 이들과 안보영역간 상호의존성이 유의미하게 존재해야 전이효과를 기할 수 있을 것이다.

또 다른 이론적 쟁점은 상호작용의 유형과 강도에 따라 관련행위자들의 사회화socialization 가능성이 높아진다는 논리이다(Lindberg, 1963). 주요 행위자들간에 지역적 해법에 의존하는 습관이 형성된다는 것으로서, 상호협력의 관행이 쌓여갈수록 상대방에 대한 태도가 우호적으로 습관화됨으로써 결국 안보면에서의 협력도 가능하게 된다는 일종의 정치적 전이효과political spillover라 할 수 있다. 여기서 형성된 습관은 정체성을 구성하여 안보영역에 영향을 미칠 만큼 강력해야 하기 때문에 광범위한 부문에서 혹은 중요한 특정 부문에서 협력의 관행이 진전되어야 하며 그 효과는 장기적으로 나타날 것이다. 이 이론에 기초하여 동북아 평화협력을 구상한다면 협력의 범위와 심도가 비전통 연성안보란 신흥영역 보다는 더 광범위하게 파급효과가 큰, 혹은 전통안보 영역과 상호의존성이 큰 부문이 선정되어져야 한다.

끝으로 근본적 쟁점은 신기능주의의 대표학자인 하스Haas이 술회하였듯이 이 이론이 서유럽의 다원적 산업사회를 전제로 성립되기 때문에 비서구사례에 적용되기 어렵다는 데있다. 주권국가뿐만 아니라 다양한 행위자들간에 공식, 비공식정부네트워크, 시민사회 및 전문가 네트워크, 초국적 이익집단 네트워크 등 다양하고 다층적인 네트워크와 인식공동체epistemic community를 형성할 수 있는 정치사회적 조건이 요구되기 때문에 여전히 국가중심성이 강하고 민족주의가 건재한 동아시아지역에 적용하기는 어려울 수 있다.

 동아시아의 문제는 경제협력의 진전이 안보영역으로 쉽게 전이되지 않고 있다는 현실이다. 본래 경제협력은 그 협력이 고도화될수록 안보적 외부효과를 가져오게 마련이다. 경제적 상호의존의 비대칭성은 이득배분의 비대칭을 가져와 상대적 교섭력의 격차, 나아가 국력격차를 초래한다. 그런데 동아시아에서는 국가간 전략적, 안보적 경쟁이 엄존하고 있어 주요국들은 자국에 부정적인 안보외부효과를 가져오는 경제협력에는 주저하고 있다. 이른바 경제의 안보화securitization가 작동하는 것이다. 이런 까닭에 유럽과 달리 동아시아에는 포괄적 지역제도가 존재하지 않는다. 동아시아에서는 경제질서와 안보질서가 분리된 가운데 양 영역간 전이효과가 제한되어 있다. 따라서 향후 지역경제제도화에 가장 큰 과제는 안보화의 부정적 외부효과를 제어하고 긍정적 전이효과를 창출하는 일이라 하겠다.

 이를 위해서 앞서 언급하였듯이 협력의 고도화 가능성이 높은 경제부문 중 안보이슈와 상호의존/연관효과가 큰 부문을 선정하여 이를 풀어나가면서 전이효과를 기할 수 있어야 한다. 무역과 금융 부문은 대외의존형 경제체제를 갖고 있는 동아시아 국가들의 번영에 사활적인 동시에 안보적 연관효과가 비교적 큰 부문이다. 경제주의적 접근으로 호혜적 결과를 강조하면서 이 영역에서 작동하는 안보화의 부정적 효과를 통제하여 높은 수준의 제도화를 이룰 경우 경제적 번영과 함께 안보조건의 향상을 기할 수 있다. 한국은 기존 다자/소다자 협력체인 아세안+3, 동아시아정상회의EAS와 한중일정상회의 등 세 협력체를 중심으로 정경분리 원칙에 입각하여 이해관계의 조정을 이룰 수 있는 중견국 역할을 모색하여야 한다.

나아가 한국은 강대국간 구상 혹은 질서건축 경쟁이 대립적으로 전개되어 양자택일적 상황을 초래하지 않도록 지역질서를 디자인하는데 역점을 두어야 한다. 미국, 중국, 일본이란 세 대국이 서로 다른 동아시아 구상을 꿈꾸는 속에서 한국은 이들이 평화적으로 경쟁하며 협조할 수 있도록 중견국으로서 역할을 정의해야 한다. 한국은 중견국으로서 강대국간 신뢰구축을 돕고 이해관계를 조정하며 협력을 촉진하는 중개자 역할을 추구해야 한다. 특히, 미중 및 중일간 경합하는 규범과 제도들을 품는 동시에 이들이 기능적으로 분화하고 조화를 이룰 수 있도록 중견국의 적극적 역할공간을 만들어 가는 제도 틀을 설계해가야 할 필요가 있다. 이를 위해서는 "아키텍처"의 시각이 필요하며 따라서 "설계/디자인" 능력이 대단히 중요하다. 다만 중견국의 입장에서 강대국과 경합할 만큼 설계능력을 보유하고 있지는 않다. 뜻을 함께 하는 행위자를 모으고 이를 바탕으로 강대국간 이해관계를 중개하며 제도설계를 이루어내는 네트워크 능력이 필수적이다.

요컨대, 중국의 꿈이 대안적 미래의 성격을 갖으나 전통적 과거로 회귀하는, 항상적 시간의 시대로 귀환하는 경향을 보이는 반면, 미국과 일본의 꿈은 현상유지에 있으며 일본은 더불어 120년전 근대화의 영광으로부터 벗어나지 못하는 한계를 노정하고 있다. 한국의 대안은 21세기 환경에 부합하는 시간관념 속에서 주변국의 동의를 구할 수 있는 동시에 국내적으로 지지를 획득할 수 있는, 여러 꿈을 엮어 내는 능력에 의해 도출될 수 있을 것이다.

참고문헌

백영서·최원식. 1997. 『동아시아인의 '동양' 인식: 19-20세기』. 서울: 문학과지성사.
손열. 2014. "일본의 TPP 교섭참가결정 분석: 지역경제질서 건축전략의 맥락에서". 『일본연구논총』 39.
____. 2014. "공생과 번영의 동아시아 다자질서 건축전략" (EAI 미간행논문).
장인성. 2003. "근대 동아시아 국제정치와 인종". 『근대 국제질서와 한반도』. 서울: 을유문화사.
전재성. 2013. "미중간 '신형대국관계' 전망과 한국의 외교전략". 『외교』 107(2013.10).

福澤諭吉. 1981. "文明論之概略". 『福澤諭吉選集 4卷』. 東京: 岩波書店.
_____. 1981. "時事小言". 『福澤諭吉選集 5卷』. 東京: 岩波書店.
_____. 1981. "脫亞論". 『福澤諭吉選集 7卷』. 東京: 岩波書店.
山室信一. 2001. 『思想課題としてのアジア』. 東京: 岩波書店.

Clinton, Hilary. 2011. "America's Pacific Century." *Foreign Policy*.
Kerry, John. 2014. "Remarks on a 21st Century Pacific Partnership" (April 15, 2014). http://www.state.gov/secretary/remarks/2013/04/207487.htm
Koselleck, Reinhart. 1985. *Futures Past - On the Semantics of Historical Time*, The MIT Press.
Lindberg, L. N. 1963. The Political Dynamics of European Economic Integration. Stanford: Stanford University Press.
Metzler, Mark. 2006. Lever of Empire: The International Gold Standard and the Crisis of Liberalism in Prewar Japan. University of California Press.
Najita, Tetsuo and Harrotunian, Harry. 1988. "Japanese Revolt against the

West," in Duus ed., *The Cambridge History of Japan Vol. 6*, Cambridge: Cambridge University Press.

Xi Jinping. "China to further friendly relations with neighboring countries" http://news.xinhuanet.com/english/china/2013-10/26/c_125601680.htm